AI 소사이어티

일러두기

책에 등장하는 인명, 기업명 등은 국립국어원의 표기법을 따랐으며, 일부 단어는
소리 나는 대로 표기하거나 해당 기업의 홈페이지 및 보도 자료를 참고했습니다.
외화의 한화 표기는 고정 환율을 기준으로 했습니다.
(1달러＝1,200원·1위안＝180원·100엔＝1,030원)

스마트 인류가 사는 세상

AI 소사이어티

김태헌·이벌찬 지음

미래의창

4살짜리 딸이 나와 다른 세상에 산다는 사실을 깨달은 것은 어느 토요일 아침이었다. 단잠을 자고 있는데 딸이 거실에서 누군가를 애타게 부르는 소리가 들렸다. 비몽사몽간에 일어나보니 딸이 벽걸이 TV를 향해 말을 걸고 있는 모습이 보였다. "지니야, 뽀로로 틀어줘."

곧이어 더 충격적인 일이 일어났다. 한참을 기다려도 TV가 반응하지 않자 딸은 나를 향해 돌아보더니 이렇게 물었다. "지니가 아닌가?" 이름을 잘못 불러서 TV가 대답하지 않았다고 생각한 것이다. 나는 TV 따위에게 이름이 있다고 생각한 적도, 같이 대화를 하고 싶다고 생각한 적도 없다. TV와 연동되는 인공지능Artificial Intelligence, AI(이하 AI) 음성 인식 스피커를 굳이 구매하지 않은 이유도 그 때문이었다. 그러나 이제 겨우 말문이 트인 딸아이에게 TV는 아빠나 엄마처럼 말을 알아듣고 대답할 수 있는 존재로 각인된 듯했다.

얼마 뒤 가족 여행을 다니면서 딸의 세상을 더 자세히 관찰할 수 있었다. 가장 눈에 띈 것은 기계를 사람처럼 대하는 태도였다. 딸은 TV, 세탁기, 스마트폰, 배달 로봇, 키오스크, 바코드 인식기 등 깜빡이는 불빛을 달고 있는 전자제품을 마주할 때면 종종 친구 대하듯 인사를 건네고 대화를 시도했다.

서울 용산구의 한 호텔 로비에서 마주친 높이 1m의 AI 배달 로봇은 카메라와 바퀴 그리고 센서가 달린 기계였다. 로봇은 객실 손님이 스마트폰 앱으로 필요한 물품을 주문하면 스스로 엘리베이터를 타고 객실 앞까지 와 초인종을 눌러(정확하게 말하면 '누르는' 게 아니라 신호를 보내 초인종을 '울리는' 것이지만) 물품을 전달했다. 사람들이 분주하게 오가는 좁은 통로에서도 부딪히거나 헤매지 않고 다니는 녀석이었다.

딸은 처음 이 로봇을 마주쳤을 때부터 망설임 없이 "안녕" 하고 인사를 건넸다. 분명 로봇 몸통에 큼지막한 눈, 코, 입이 그려져 있는데도 딸은 기계에 달린 카메라 렌즈를 응시하며 말을 했다. 로봇의 '보폭'에 맞춰 나란히 걸었고, 엘리베이터 앞에서는 로봇이 문을 열어주길 기다렸다. 로봇이 엘리베이터에서 먼저 내려서 떠날 때는 "가지 마"를 연신 외치며 눈물을 뚝뚝 흘렸다.

때로는 사람에게 예의를 차리듯이 기계를 배려하기도 했다. 코로나19 사태로 호텔 입구에 들어설 때마다 AI 열 감지기를 지나쳐야 했는데, 무심하게 앞만 보고 걷는 나와 달리 딸은 매번 걸음을 멈추고 카메라를 응시했다. 카메라가 얼굴을 인식해 모니터에 숫자(체온)를 띄울 때까지 기다려주는 '매너'를 보여준 것이다. 나는 안면 인식 카메라를 볼 때마다 '빅브라더'의 감시를 받는 것 같아 피해 다니는데 딸아이는 나와 180도 달랐다.

생각해보니 딸은 처음부터 기계가 익숙한 아이였다. 생후 6개월부터 AI 청소기 '등'에 '업혀' 다녔다. 둥글고 두툼한 방석 모양의 청소기는 집 안의 장애물을 피해 다니며 먼지를 흡입하고 물걸레질을 했는데, 딸은 매일 같이 그 위에 올라타 '균형 잡기' 놀이를 했다. 청소를 마친 청소기가 알아서 제자리로 돌아갈 때는 기어서 뒤따라가며 '술래잡기'를 했다. 청소기는 딸이 10kg을 돌파할 때까지 자기 등을 내줬다. 내가 아버지가 태워주는 목마를 타고 자랐다면 딸은 AI 청소기의 등 위에서 자란 셈이다.

딸아이는 2살 때부터는 스마트폰을 혼자 주물럭거리며 '클릭'만으로 원하는 영상을 찾아냈다. 뽀로로가 나오는 영상을 보고 싶을 때면 유튜브 첫 화면에서 아무 아동용 영상이나 클릭한 다음 애니메이션 영상, 동물 캐릭터가 주인공인 영상 순으로 클릭해나갔다. 그러다 보면 어느새 스마트폰 화면에는 뽀로로와 친구들이 춤을 추고 있었다.

엄마와 놀러 간 어린이집 친구의 집에서는 '무여봐요 동물의 숲' 게임을 하고 오기도 했다. 현실 세계에서는 쫓아만 다녔던 나비를 가상의 섬에서는 손으로 잡았고, 생애 최초로 도끼로 나무를 베고 물고기를 낚는 경험도 거기서 했다. 딸아이가 혹시나 '디지털 영재'인가 싶어 인터넷에 검색해보니 "아기가 '동물의 숲'에 중독

됐다"라는 맘카페 글이 여럿 보였다. 요즘 태어나는 아기들은 현실 세계에 익숙해지기도 전에 가상 세계를 접하며 사는 듯했다.

그렇게 기계에 둘러싸여 자란 딸은 결국 나와 다른 세상에 속하게 됐다. 기계와 온·오프라인에서 끊임없이 소통하고, 평등하게 협력하는 세상에 살게 된 것이다. 내게는 '동물과 대화하는 세상'만큼이나 이해하기 어려운 세상이었다. 그리고 딸의 세상과 내 세상의 경계를 가른 것은 기계에 대한 서로 다른 관점이었다.

- 나에게 기계는 금속 옷을 입은 허수아비에 불과했지만, 딸에게 기계는 볼 수 있는 눈, 들을 수 있는 귀, 말할 수 있는 입, 생각할 수 있는 두뇌, 느낄 수 있는 감정을 가진 생명체였다.
- 내 세상에서 기계가 무심하게 지나치게 되는 엑스트라라면, 딸의 세상에서 기계는 눈길을 사로잡는 주연이었다.
- 내게 기계는 다루기 불편한 대상이지만, 딸에게 기계는 대하기 편안한 상대였다.
- 나는 기계와 소통할 필요를 느끼지 못했지만, 딸은 기계를 배려할 필요성마저 느끼고 있었다.

나와 딸의 관점은 왜 이토록 다른 것일까? 오늘날의 기계는 내가 이전에 알던 기계와 다르기 때문이다. 기계는 한없이 친절해졌다. 과거에는 사람이 기계를 다루기 위해 복잡한 사용법을 익혀야 했지만, 지금은 그럴 필요가 없다. 사람을 대하듯이 부르고 손짓

하면 기계들이 이해하고 작동한다. 심지어 기계가 사람을 관찰해 필요한 것을 알아서 제공하기도 한다. 과거 소수의 능력자만 다룰 수 있었던 기계는 이제 4살 아이도 조련할 수 있을 만큼 순한 말이 된 것이다.

게다가 오늘날의 기계는 인간처럼, 혹은 인간 이상으로 똑똑하다. 기계들은 읽고, 쓰고, 말하고, 듣는 데 뛰어난 소질을 보여주고 있을 뿐 아니라 창조하고 예측하며 인간보다 더 인간 같은 모습을 갖추고 있다. 이미 인간 고유의 영역으로 여겨졌던 수많은 분야에서 기계가 사람보다 더 잘하거나, 더 빠르게 해내는 경우가 많다. 이제 사람들은 무슨 일을 하든 간에 자연스럽게 '기계로 해보면 어떨까?'라고 생각하게 됐다.

이제 인정할 수밖에 없다. 과거, 인간에게 기계는 저능하고 무례한 존재였지만, 오늘날 인간에게 기계는 전능하고 친절한 존재다. 기계는 지구상에서 가장 주목받는 존재로 떠올랐고, 인간보다 인간 같은 모습으로 우리 사회 깊숙이 스며들고 있다.

그런데 잠깐, 대체 무엇이 기계를 이렇게나 똑똑하고 친절하게 만들었을까? 답은 바로 AI다. 인간 수준으로 사고하고 학습하고 판단하는 컴퓨터 프로그램인 AI가 기계에 탑재되면서 기계의 지능 지수가 급격히 올라갔다. 가전 매장에 가면 AI가 장착되지 않은 기기를 찾는 것이 더 어렵고, 웬만한 스마트폰 앱은 모두 AI를 적용한 서비스를 제공한다. 유통, 보험, 의료, 교통, 환경, 교육, 문화, 예술, 공연, 게임, 스포츠 등 거의 모든 영역에서 AI를 접목한 제품을 사용하고 있다. 사실상 오늘날 우리가 접하는 거의 모든 기계는 '뇌'를 바꿔 끼우는 대수술을 거쳐 새롭게 태어난 것들이다.

기계가 친절해진 것도 생각해보면 결국 똑똑해졌기 때문이다. 이들은 뛰어난 지능을 이용해 사람의 눈높이에 자유자재로 맞춰주기 때문에 친절하다는 인상을 준다. 친절은 보통 우월한 쪽이 베푸는 것이다. 아이는 어른의 눈높이에 맞춰 대화할 수 없지만, 어른은 옹알이하는 아기와도 소통할 수 있다.

이 책은 딸아이 덕분에 발견한 'AI가 바꿔놓은 세상'을 모두에게 보여주고자 썼다. 이를 위해 AI가 우리 사회에 가져온 보편적인 변화뿐 아니라 '얼리 AI 어답터Early AI Adopter(최신 AI 제품이나 서비스를 일찍 접하는 사람들)'의 다양한 체험까지 한 권에 눌러 담고자 노력했다. AI 변혁의 최전선에서 일하는 데이터 과학자와 매일 바뀌는 세상을 모니터링하는 신문 기자가 협업해 내놓은 결과물이다. 새로운 세상에는 'AI 소사이어티AI Society'란 이름을 붙였다. 'AI'와 '사회Society'의 합성어다.

오늘날 AI가 변화시킨 세상이 궁금하고, 이러한 세상에서 살아간다는 것이 무엇을 의미하는지 알고 싶다면 일독을 권한다. 특히 AI에 대해 막연한 두려움을 가진 사람, AI가 불러온 변화를 감지하지 못하고 있는 사람, AI 소사이어티에 하루빨리 편입되고 싶어하는 사람들이 읽었으면 한다.

당부하고 싶은 말은 AI가 바꾸는 세상이 낯설더라도 망설임

없이 포용하라는 것이다. AI라는 기술을 이해하려고 노력하고, AI 기반 서비스와 제품들을 적극적으로 체험하며, AI가 선사하는 삶의 풍요를 누렸으면 한다. 불편하게 들릴 수도 있지만 혁신적인 기술이 일으킨 사회의 변화는 개인에게 적응을 요구할 뿐 거스를 수 있는 선택권을 주지 않기 때문이다. 19세기 영국 노동자들이 기계 파괴 운동인 러다이트Luddite 운동에 나섰지만 결국 산업혁명의 흐름을 되돌리지 못했던 것처럼 말이다. "사람보다 똑똑한 기계는 인류를 멸망시키는 인류 마지막 발명품이 될 것이다"라는 경고에 떨며 'AI 안티'를 자처할수록 세상과 당신의 격차만 벌어질 뿐이다.

당신이 마음에 품고 있는 AI에 대한 우려와 공포는 AI 소사이어티에서 'AI 부작용'을 최소화하는 일에 나서는 동력으로 삼으면 된다. 실제로 여느 사회처럼 AI 소사이어티도 손볼 데가 많다. 섹스 로봇, 살인 로봇은 학교 앞 노래방만큼이나 현실적인 고민거리가 되고 있고, 사람을 평가하는 AI 심판, 면접관, 교사 등에 대한 신뢰 문제도 꾸준히 제기되고 있다. AI 발전의 원료인 데이터가 유출되거나 부당하게 사용되는 일도 있다. AI 소사이어티 시민에게 주어진 의무가 있다면 바로 이런 현실 문제들을 예의주시하며 우리 모두가 소중히 여겨온 가치들을 지켜나가는 것이다.

Part 4

유토피아인가 디스토피아인가

Part 5

AI 소사이어티에서 승자가 되는 법

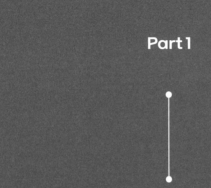

Part 1

우리는 이미 AI 소사이어티에 살고 있다

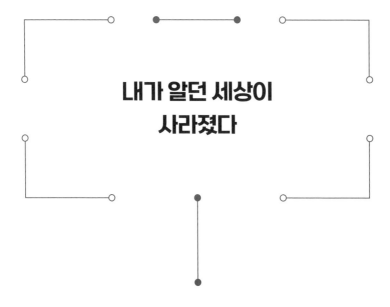

내가 알던 세상이
사라졌다

여느 때처럼 애플의 음성 인식 비서 '시리Siri'가 울리는 알람에 맞춰 잠에서 깼다. 젖은 머리를 말리며 식탁에 앉아 간밤에 '쿠팡' 추천으로 구매한 냉동 피자를 데워 먹었다. '넷플릭스'의 랜덤 재생 버튼을 눌러 나오는 영상을 보며 옷을 입었고, 현관에서 구두를 신는 동안 'T맵'으로 회사 도착 예상 시간을 확인했다. 집 밖으로 나와 엘리베이터 버튼을 누르자 '로봇 청소기'가 거실로 미끄러져 나와 걸레질을 시작하는 소리가 들렸다. 서울에 사는 30대 직장인의 특별할 것 없는 아침 일과였다.

언론사의 국제부 기자인 나*의 업무는 입사 후 7년 동안 크게 달라진 것이 없다. 이른 아침에 기삿거리를 발굴해 보고하고, 오전 중에 채택된 뉴스 아이템을 인터넷 기사로 작성해 게재한다. 오후에는 다음 날 종이 신문에 실릴 기사를 작성하고 수정한다. 지금까지의 나는 '스스로 주제를 선택해 글을 창작하는 일'로 먹고산다는 사실에 늘 자부심을 가져왔다.

나는 기계적으로 기사 작성 단계를 밟아나갔다. 우선 중국 뉴스 앱 '진르터우탸오今日頭條(이하 터우탸오)'를 열어 기사 제목들을 훑었다. 이 앱은 사람이 아닌 AI가 언론사 홈페이지, 블로그, 소셜미디어에서 화제성이 높은 기사나 게시물을 수집해 실시간으로 나열한다. 나는 가장 많은 사람들이 관심을 가진 주제를 '오늘의 기사 아이템'으로 골랐다.

이어서 중국어 기사 원문을 '복사'해서 구글 번역 사이트에 '붙여넣기'했다. 경험상 원문을 직접 번역하는 것보다 구글의 뇌에 의존하는 편이 빠르고 정확하다는 사실을 알고 있었다. 이어 전문가 몇 명에게 전화를 걸어 기사 내용과 관련된 의견을 들었다. 통화 녹음 파일은 내 스마트폰에 깔린 '비토VITO' 앱에서 자동으로 텍스트로 변환됐다.

내가 할 일은 별로 없었다. 터우탸오가 기사 아이템을 선정했고, 구글이 중국어 원문을 번역했으며, 비토가 인터뷰 내용을 정리

• 이 책은 김태헌·이벌찬 공저지만, 여기서는 이벌찬 저자가 국제부 근무 당시의 경험을 일인칭으로 서술했다.

했다. 나는 그저 단락들을 적절히 배열한 다음 "~에 따르면", "외신 보도를 종합하면" 등의 관례적 표현을 쑤셔 넣고 '인터넷 기사 게시' 버튼을 눌렀다.

내 손을 떠나 인터넷에 올라간 기사는 또다시 AI가 관장하는 공정을 거쳤다. 발행 시스템은 기사에 자동으로 '키워드'와 '태그'를 달았고, 기사가 게재된 포털 사이트는 자체 알고리즘을 통해 나의 기사를 어느 위치에 얼마나 노출시킬 것인지 결정했다. 몇 시간 뒤 회사에서 연락이 왔다. 내가 인터넷에 올린 기사의 반응이 좋다며 다음 날 발행하는 종이 신문에 싣겠다고 했다.

다음 날 펼쳐본 종이 신문에는 내 기사가 큼지막하게 실려 있었다. 기사 바이라인By-line(필자명을 적는 줄)에는 내 이름이 적혔지만, 왠지 나는 그것이 내 창작물이 아니라는 생각이 들었다. 바이라인은 이렇게 쓰여 있어야 합당했다. "AI 작성, ○○○ 기자 도움." 기계가 사람처럼 일했고, 사람은 기계처럼 일했으니 말이다. 공교롭게도 지면 귀퉁이에는 이런 제목의 기사도 실려 있었다. "본지 AI 기자 잇단 속보 특종 화제." 내가 소속된 신문사에서 얼마 전 도입한 AI 기사 작성 시스템이 일론 머스크 테슬라 CEO의 주식 대량 매도 사실을 미국 매체《블룸버그》보다 20분 빠르게 보도했다는 내용이었다. 나도 모르는 사이에 AI는 자신의 이름을 신문에 새기는 '직장 동료'가 돼 있었다. 갑자기 강한 '이물감'이 느껴졌다. 스스로의 선택과 고민으로 채워왔다고 생각했던 내 삶은 사실 처음부터 끝까지 'AI와 함께'였던 것이다. AI는 스마트폰 앱, 가정용 로봇, 웹 페이지, 직장 동료 등 다채로운 모습으로 내 삶 구석구석에 나타나더니 어느새 내 일상을 지배하고 있었다. 소리 없이 만물을 적시는 비(윤물세무성潤物細無聲)처럼 AI가 내 삶을 바꿔놓았다.

나의 지나간 하루를 곱씹어보니 과거와는 분명 다른 몇 가지 특징이 있었다.

- 혼자 있었는데도 끊임없이 무언가와 연결됐다.
- 다양한 자극을 받았지만 거슬리는 자극은 적었다.
- 많은 결정을 했지만 스스로 결정한 것은 거의 없었다.

이런 사실들이 의미하는 바는 분명했다.

- AI가 끊임없이 나에 관한 데이터를 수집하고 있었다.
- AI는 수집한 데이터를 기반으로 나에게 '맞춤형' 상품과 서비스를 제공했다.
- 나는 어느새 인간의 한계를 인정하고 삶의 모든 영역에서 AI를 믿고 의지하게 됐다.

최근 내 삶에서 낯설게 느껴졌지만 대수롭지 않게 넘겼던 경험들도 뇌리를 스쳐 지나갔다. 가상 화폐 투자를 결심하고서 24시간 자동 투자 서비스 '헤이비트Heybit' 신청을 알아봤던 일, 집을 파는 과정에서 AI 세금 계산기인 '양도리'를 이용해 양도세를 계산했던 일, 매수 후보 아파트의 AI 예측 시세를 'KB부동산(구 리브부동산)' 앱에서 조회했던 일, 신용 대출 문의를 위해 NH농협은행에 전화를 걸었다가 'AI 상담사'와 연결돼 전화 한 통만으로 대출을 연장했던 일, 바빠서 옷 고를 시간이 없다는 아내에게 나이와 스타일에 맞춰 옷을 추천하는 '지그재그' 앱을 깔아보라고 권했던 일…….

거기까지 생각했을 때, 머릿속에 단어 하나가 선명하게 떠올랐다. 'AI 소사이어티'. AI가 바꿔놓은 세상. 내가 원래 알던 세상은 사라졌고, 이제 AI 소사이어티가 내 앞에 펼쳐져 있었다.

AI 소사이어티

인간 수준의 지능을 구현하는
컴퓨터 프로그램(AI) + 인간 사회(소사이어티)

=

AI가 탄생시킨 새로운 사회

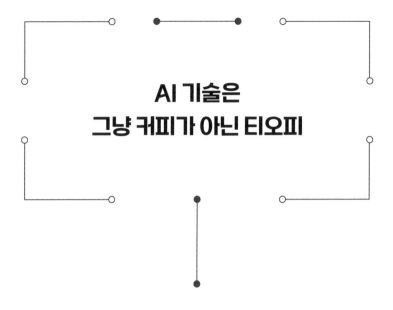

AI 기술은
그냥 커피가 아닌 티오피

"AI가 정말 새로운 사회를 탄생시켰다고 말할 수 있나요?"

AI 구루이자 창신공장創新工場 CEO인 리카이푸李開復 회장과의 화상 인터뷰는 내 생각을 검증받고 싶다는 마음에서 추진됐다. 대만 출신인 그는 IT 기업 애플의 연구·개발 임원과 마이크로소프트 인터랙티브 서비스 부문 부사장, 구글 차이나 사장을 거친 AI 전문가다. 2019년 세계경제포럼WEF에서는 그해 신설한 AI 위원회 공동의장으로 추대되기도 했다. 리 회장이라면 내 머릿속에 떠오른 수많은 질문에 구체적인 답을 줄 수 있을 것이라 기대했다.

리 회장은 망설임 없이 입을 열며 "물론입니다. AI는 과거와 완전히 다른 사회를 만들었죠"라고 말했다. 그는 AI가 탑재된 기계들이 인간의 노동을 대체해 수많은 사람들이 새로운 일에 종사하고 있고, AI의 추천 시스템은 우리가 매일 접하는 콘텐츠는 물론이고 교류하는 사람들까지 정해주는 경지에 이르렀다고 설명했다. 또 인간이 운전하지 않아도 되는 세상이 실현되고 있고, AI 건강 진단 시스템은 획기적인 질병 예방을 가능케 해 인류 수명을 늘리는 중이라고 했다.[1]

그러나 이런 사례들은 내 질문에 대한 명확한 답이 되지 않았다. 나는 좀 더 본질적인 물음에 다가가고 싶었다. "바보 같은 질문이라 생각하실 수도 있겠지만요. 저는 왜 AI가 세상을 바꿀 만큼 혁신적인 기술로 평가되는지 모르겠네요. 사물인터넷IoT, 클라우드 컴퓨팅Cloud Computing, 빅데이터Big Data, 모바일Mobile, 5세대 이동통신5G, 블록체인Blockchain, 가상 현실VR·증강 현실AR, 3D프린팅3D Printing 등 첨단 기술이 새로 개발되거나 돌파구를 마련할 때마다 우리는 '세상을 바꾸는 기술이 나타났다'고 호들갑을 떨어왔잖아요. AI도 이런 훌륭한 기술들 가운데 하나일 뿐이지 않나요? AI가 이끄는 변화란 수많은 신기술이 점진적으로 일으킨 큰 변화의 아주 작은 조각에 불과하지 않을까요? 제 말은 AI가 세상을 바꾸고 있다는 말은 과장일 가능성이 크지 않냐는 겁니다." 리 회장의 분명한 대답을 듣고 싶은 마음에 나는 속사포로 도발적인 질문을 던졌다.

"AI는 범용 기술General Purpose Technology, GPT이란 점에서 다른 기술과 달라요." 내가 무슨 말인지 못 알아들은 기색이 역력해 보이자 리 회장은 곧바로 설명을 이어갔다. "범용 기술은 말 그대로 어디에나 쓰일 수 있고, 일단 적용되면 혁신적인 변화를 일으키는 기술이란 말입니다. 그래서 파괴력이 남다릅니다. MIT 교수인 에릭 브린욜프슨Erik Brynjolfsson과 앤드루 맥아피Andrew McAfee는 인류 역사에 등장한 범용 기술로 증기 기관, 전기, 내연 기관, 디지털 기술을 꼽았죠. 그리고 오늘날 새롭게 범용 기술의 지위를 얻고 있는 것이 AI입니다."

'그냥 커피가 아닌 티오피T.O.P'라는 광고 문구가 떠오르는 답변이었다. 리 회장의 말은 다른 첨단 기술이 제한적으로 사용되는 독특한 향신료라면 AI는 소금이란 뜻이었다. 요리할 때 소금은 말 그대로 '소금 같은 존재'다. 어느 요리에서나 필수고, 첨가되면 그 무엇으로도 대체할 수 없는 맛을 낸다(익숙해서 인지하지 못하고 있겠지만 소금의 맛은 강렬하다). AI는 여러 분야에 널리 쓰이는 범용성이 높다는 점, 그리고 적용됐을 때의 효과가 뛰어나다는 점에서 소금과 닮았다. 소금이 여러 향신료, 식재료와 어우러져 한 그릇의 맛있는 요리를 만들어내듯 AI도 사물인터넷, 5G, 모바일 기술 등과 접목돼 혁신적인 결과물을 만들어낸다.

AI는 확실히 거의 모든 영역에서 파괴적인 변화를 가져오고 있었다. 특정 기술이 특정 영역에서만 혁신을 가져오는 것과 달리 AI의 응용 분야는 유통, 보험, 의료, 교통, 환경, 교육, 문화, 예술, 공연, 게임, 스포츠 등 영역을 가리지 않는다. 일단 적용되면 제품이나 서비스의 성능을 획기적으로 끌어올린다. 이미 대부분의 기업들은 자사 제품이나 서비스에 AI를 탑재했거나 또는 새롭게 장착하느라 분주하다. AI는 모든 분야에 적용이 가능하다는 의미를 가진 'X+AI$^{Everything+AI}$'라는 신조어도 나왔다.

리 회장은 갑자기 무언가 생각났다는 듯이 덧붙였다. "이제 곧 아무도 AI를 화두로 삼지 않는 날이 올 겁니다. 인터넷처럼 모든 영역에 쓰이지만, 그만큼 공기같이 자연스러워서 신경 쓰지 않는 수준에 이르게 된다는 말입니다. 요즘 우리는 누가 공연 티켓을 샀거나 옷을 주문했다고 말하면 당연하게 온라인에서 한 행위로 간주하지요? 그렇게 AI도 우리 일상에 스며들고 있습니다."

나는 리 회장의 말에 공감할 수밖에 없었다. 이미 내 삶 속에서 AI는 너무나 자연스럽게 접하는 기술이었고, AI가 탑재되지 않은 기계를 이용하는 것은 고문에 가깝게 느껴지고 있었던 것이다. AI 소사이어티에 살고 있다는 생각이 든 것도 그 때문이었다.

불, 전기 그리고 AI

인터뷰를 마치자마자 리 회장이 언급한 브린욜프슨 교수의 저서와 논문을 뒤져봤다. 몇 년 전에 내놓은 흥미로운 주장이 눈길을 끌었다.[2] 2017년 12월 전미경제연구소^{NBER}에서 발표한 한 논문에서 브린욜프슨 교수는 새로운 산업혁명의 동력은 무엇인지 설명하면서 4차 산업혁명을 아주 단순하게 'AI 혁명'이라고 규정했다. 4차 산업혁명의 핵심은 AI고, AI만이 '혁명' 수준의 변화를 가져오는 기술이라고 단언한 것이다.

브린욜프슨 교수는 "AI는 산업 전반에 두루 활용될 수 있는 수준에 근접했고, 지속해서 거의 모든 산업의 질적, 구조적 변혁을 가져올 혁신을 끌어낼 특성을 지녔다. AI는 증기 기관(1차 산업혁명), 전기(2차 산업혁명), 디지털(3차 산업혁명) 등의 기술과 같은 반열에 올랐다"라고 평가했다.

AI가 독보적으로 혁신적인 기술이라 주장한 사람은 또 있었다. 알파벳과 구글의 CEO인 순다르 피차이Sundar Pichai는 몇 년 전부터 기회가 닿을 때마다 "AI는 불이나 전기보다 더 영향력이 심대하다"라고 반복해서 말하고 있다. 인류 문명에 중대한 전환점이 된 불이나 전기의 발견보다 AI가 몰고 올 변화가 더 크다고 대중에게 알리고 있는 것이다. 그는 2020년 1월 스위스 다보스에서 열린 세계경제포럼 콘퍼런스에서도 이같이 말하며 "인류가 연구하고 있는 가장 심오한 것 중 하나가 AI"라고 강조했다.

피차이가 AI에 대한 생각을 가장 명확히 밝힌 것은 2018년 1월 미국 MSNBC 방송 인터뷰에서였다.[3] 그가 인터뷰에 응한 시기는 AI에 대한 대중들의 공포심이 커지고 있던 때였다. 테슬라의 일론 머스크는 2017년 8월 트위터에 "AI는 (핵을 보유한) 북한보다 훨씬 더 위험하다"라고 썼고, "결국에는 기계가 이길 것"이라는 문구가 담긴 사진을 올렸다. 그해 11월 영국의 천체물리학자인 스티븐 호킹 케임브리지대학교 교수는 포르투갈에서 열린 콘퍼런스에서 "인류가 AI의 위험에 대처하는 방법을 배우지 못하면 AI는 인류 문명사의 최악의 사건이 될 것"이라고 경고하기도 했다.

그러나 피차이는 MSNBC 방송 인터뷰를 통해 "사람들이 AI에 대해 잘 모르기 때문에 두려워하는 것이다. AI는 인류 최대 발전을 가져올 잠재력이 있다"라고 자신의 의견을 밝혔다. 그는 인류가 불을 통한 이익을 얻기 위해 불 사용법을 익혔던 것을 기억하라면서 AI는 컴퓨터를 더 지능적으로 만들고, 다양한 작업을 수행할 수 있게 만들었다고 강조했다.

인터뷰 후반부에 그는 "사람들이 AI를 이미 일상에서 사용하고 있다는 사실을 깨닫는 것이 중요하다. 전 세계 사람들이 매일 수십억 번 사용하는 구글의 자동 번역 서비스도, 구글에서 '노을'이라고 검색하면 우리가 머릿속에 떠올리는 이미지가 화면에 노출되는 것도 다 AI 덕분이다. 우리는 이미 AI 사용 초기 단계에 진입했다"라고 말했다. AI가 이미 새로운 세상을 불러왔다는 통찰이었다.

침범侵犯하지 않고 침투浸透한다

AI는 처음부터 완성형 기술은 아니었다. 1950년대에 소개된 이후 오랜 세월 외면받았다가 지난 10여 년 동안 발전을 거듭한 끝에 '독보적으로 혁신적인 기술'에 등극했다.

2011년 IBM의 AI 컴퓨터 시스템인 '왓슨Watson'은 인간 퀴즈

챔피언을 꺾고 우승 트로피를 거머쥐었고, 2014년 우크라이나의 AI인 '유진 구스트만Eugene Goostman'은 처음으로 튜링 테스트(AI가 인간 수준의 지능을 갖췄는지 확인하는 테스트)를 통과했다. 2018년 구글 딥마인드Google DeepMind가 개발한 '알파고 제로AlphaGo Zero'는 바둑, 장기, 체스를 마스터했고, 2020년 오픈AIOpenAI에서 개발한 초거대 AI 'GPT-3Generative Pre-trained Transformer 3'는 인간처럼 자연스러운 문장을 구사하는 데 성공했다. 이름만 들어도 머리가 어지러운 AI 모델들(컴퓨터 스스로 학습하는 강화 학습Reinforcement Learning, 학습 결과를 재사용하는 전이 학습Transfer Learning, 인간의 언어를 기계가 이해할 수 있게 한 변환 학습Transformer Learning 등)이 끊임없이 개발되며 AI의 학습, 판단 능력에 돌파구를 마련해준 덕분이다.

완성형에 가까워진 AI는 마른 땅 위에 떨어지는 물줄기와도 같다. 순식간에 스며들어 땅 전체를 잠식한다. 기존의 방식을 강제로 뒤엎는 것이 아니라 더 나은 선택지를 제시하기에 저항은 적고 영향력은 크다. 원래 진정으로 강력한 것은 침범侵犯하지 않고 침투浸透하기 마련이다. 특정 영역에서 극히 제한적으로 적용되더라도 금세 영역 전체에 파급 효과를 미쳐 거대한 변화를 초래하는 것이다.

AI가 어떻게 한 영역에서 파괴적인 변화를 일으키는지를 보여주는 대표적인 사례가 있다. 2016년 3월 서울의 한 호텔에서 이세돌 9단이 딥마인드의 바둑 프로그램 알파고에 4 대 1로 패한 이후 한국 바둑계는 완전히 달라졌다. AI의 위력을 목격한 바둑 기사들은 사람이 아닌 AI를 스승으로 모시기 시작했다. 인간이 기계를 사사師事하는 기묘한 상황이 벌어진 것이다. 과거 제자들을 양성하며 신적인 지위를 가졌던 정상권 기사들조차 선생에서 학생의 위치로 돌아갔다. 'AI 일치율'이란 신조어도 생겼다. AI와 동일하게 착점着點한 비율이란 뜻인데 이 비율이 높은 기사일수록 뛰어난 실력자로 평가된다.

바둑 중계방송을 틀면 해설자들은 대국 중간에 갑자기 화면에 나타나 "AI는 이렇게 두라고 하네요"라고 말한다. AI 프로그램이 제시한 '최선의 수'를 정답 공개하듯이 시청자들에게 보여주는 것이다. 과거 프로 기사들의 내공에 마냥 감탄하던 시청자들은 이제 이들이 얼마나 '정답'에 가깝게 착점하는지를 관전 포인트로 삼는다.

바둑계의 부정행위는 과거와 차원이 달라졌다. 대국 도중에 몰래 AI 훈수를 받는 사람들이 생겨났다. 2020년 1월 한국기원에서 열린 프로 바둑기사 입단대회에서 22세 남성이 왼쪽 귀에 붕대를 감고 출전했는데, 알고 보니 그는 가려진 귓속에 이어폰을 꽂고 대국 내내 AI가 알려주는 착점을 전달받았다. 그는 상의 단추 옆에 소형 카메라를 달고 바둑판을 비췄고, 외부에서 대기 중인 브로커는 실시간으로 대국을 보며 AI 프로그램이 알려주는 수를 전달했다. AI가 바둑판을 송두리째 바꿔놓은 것을 실감하게 하는 사건이었다.

AI가 일으키는 파장은 바둑이 아닌 다른 업계에서도 비슷하게 관찰됐다. 교육 업계에서는 학습 보조 수단에 불과했던 AI 교육

앱들이 점차 오프라인 학원을 대체하고 있다. 교육과 정보통신 기술을 결합한 분야인 '에듀테크EduTech' 기업들은 유아부터 성인까지 아우르는 AI 교육 상품을 출시하는 추세다. 에듀테크 기업인 아이스크림에듀가 2021년 처음 출간한 초등학교 교과서는 자사의 디지털 플랫폼 '아이스크림 S'의 인기에 힘입어 단숨에 시장 점유율 1위(각사 자회사 판매량을 합산하지 않았을 때 기준)를 기록했다. 교과서 시장에 처음 진입한 기업이 수십 년 역사의 전통 교과서 업체들을 밀어낸 것이다.

콜센터에서는 단순히 전화를 바꿔주는 역할에 머물렀던 AI 상담사가 고객을 처음부터 끝까지 응대하기 시작했다. 2021년 9월 보도된 한 기사에 따르면 신한은행은 현재 전화 상담의 25%를 AI 상담사인 '쏠리SOLi'가 자체 해결하고 있고, 앞으로 이 비율을 40%까지 늘릴 것이라고 밝혔다. KT가 출시한 AI 통화 비서는 바쁜 업주를 대신해 고객의 전화를 대신 받아주고 주문 예약 및 주차 문의까지 처리한다.

투자 종목을 AI가 추천해주는 국내 '로보어드바이저Robo-Advisor' 회사들의 운용 금액은 최근 몇 년 사이 1조 원을 돌파했다. 1년여 만에 수탁액이 4배 이상 뛴 곳도 흔하다. 국내 최대 로보어드바이저 업체 파운트Fount는 2020년 말 기준으로 1년 이상 투자자의 연환산 수익률이 12%(누적)를 기록했다.

유랑 서커스단처럼 각 영역을 순회하며 파괴적인 변화를 일으킨 AI는 결국 우리가 사는 세상에 AI 소사이어티를 불러왔다. 대부분의 영역에 AI가 적용된 끝에 사회 전체의 속성이 달라지기 시작한 것이다. 사실 AI 소사이어티의 출현은 예고된 것이나 다름없었다. 인류 역사에서 혁신적인 기술은 어김없이 기존 사회를 전복하고 새로운 사회를 탄생시켜왔기 때문이다. 화약, 강철, 증기 기관, 내연 기관, 전기가 그랬던 것처럼 AI 또한 '혁신적인 기술=새로운 사회'라는 공식을 따랐을 뿐이다. AI는 앞으로 더 많은 지역과 영역에 스며들어 종국에는 세계 전체를 AI 소사이어티의 영토로 삼을 것이다.

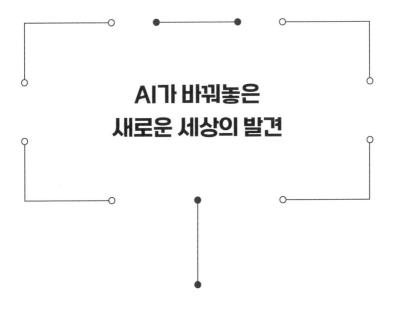

AI가 바꿔놓은
새로운 세상의 발견

"내 삶에서 AI가 가져온 변화는 'AI 맞춤 세탁 기능' 같이 사소한 것들뿐인데……"라고 말하는 당신에게 '진실'을 알려줄 때가 온 것 같다. 만약 AI로 인한 변화를 체감하지 못하고 있다면, 유독 당신이 속한 환경이 더디게 변하고 있거나 당신이 변화에 둔감한 것이다. 모든 사람이 같은 세상에 살고 있다고 생각하는 것은 커다란 착각이다. 구舊사회에서 신新사회로 넘어가는 시기에는 기술을 포용하는 사람과 그렇지 않은 사람 간에 뚜렷한 경계선이 그어진다. 당신이 변화를 외면하고 있는 사이에도 수많은 이들은 AI를 적극적으로 포용하며 AI 소사이어티에 편입되고 있다.

게다가 오늘날 AI 소사이어티의 영토 확장은 그 어느 때보다 유리한 국면을 맞고 있다. 아이러니하게도 코로나19라는 인류 최대의 비극이 인류 최고 발명인 AI의 세계적 확산을 불러왔기 때문이다. 코로나19의 대유행으로 비대면 교류가 보편화됐고, 인간 대신 기계를 투입해야 하는 상황이 장기화되면서 다양한 영역에서 AI 도입 시계가 앞당겨졌다. AI 적용을 놓고 갑론을박이 벌어졌던 영역에서는 논쟁이 불식됐고, 이미 AI가 도입된 영역에서는 AI의 지배가 더욱 확고해졌다.

미국의 닭 요리 가맹점 '리스 페이머스 레시피 치킨Lee's Famous Recipe Chicken'은 코로나19 대유행 기간에 드라이브 스루(차에 탄 채로 물건을 구매하거나 서비스를 이용하는 시스템) 매장을 늘리고, 고객의 말소리를 인식해 주문을 받아 적는 음성 인식 시스템을 도입했다. 미국 피츠버그 국제공항은 코로나19로 직원 고용이 어려워지자 공간을 인식해 스스로 청소하는 자외선 로봇 청소기를 공항에 투입했다. 영국에서는 코로나19 봉쇄령으로 인해 밭일을 맡겨오던 해외 노동자들의 입국이 어려워지자 딸기 재배와 잡초 제거가 가능한 AI 로봇을 개발했다. 바이러스가 AI 소사이어티를 세계 곳곳에 퍼트린 것이다.

AI 소사이어티에서 현재 실제로 일어나고 있는 일들
- 의료: 24시간 챗봇 진료, AI가 질병 진단, 로봇이 단독으로 수술 집도
- 교육: 안면 인식으로 수업 몰입도 측정, 1 대 1 맞춤형 수업 진행

- 쇼핑: 취향에 맞는 제품 선별해 추천, 무인매장에서 '무노력 쇼핑'

- 일터: 근로자 과로 방지 시스템, 재택근무 모니터링 시스템 운영

- 구직: 컴퓨터 게임으로 구직자 능력 평가, AI 면접관이 심사

- 교통: 고도화된 자율 주행 자동차의 상용화, 자율 주행 택시 유료 운영

- 금융: 가상 은행원과 금융 상담, 소비 습관 등으로 신용도 평가

- 엔터테인먼트: 가상 인플루언서와 인간 팬들이 소셜미디어에서 소통

- 예술: AI가 쓴 소설, AI가 작곡한 노래, AI가 그린 그림을 구매

- 재판: 일기 형식의 글을 법률 문서로 번역, 소송 결과 사전 예측

- 의식: 기계 스님이 법요 진행, 고인을 가상 인간으로 재현해 추모

이제 수많은 사람들은 AI 소사이어티에서 새로운 삶을 살고 있다. 뉴욕에 있든 서울에 있든 상품 추천 시스템이나 자율 주행 자동차를 당연하게 받아들이고, 더 나은 AI 서비스를 받기 위해 기꺼이 자신의 사생활과 감정을 기계와 공유한다. 사람을 고용하기보다 챗봇이나 가정용 AI 로봇을 애용하고, 오프라인 공간에서 하던 일을 가상 공간으로 옮겨서 하기도 한다. AI 소사이어티에 편입되는 순간 모든 사람은 나이, 언어, 직업, 거주지에 상관없이 이런 삶의 방식과 성향을 갖게 된다. 부지불식간에 AI 소사이어티의 특성이 개인 안에 녹아들어 신인류로 다시 태어나는 것이다.

의료: 24시간 채팅 상담하는 의사

코로나19 확산 이후 미국 언론은 한 회사를 주목했다. 바로 AI 기반 원격 의료 서비스를 제공하는 'K헬스K Health'다. 이 회사의 앱은 의사와 환자를 단순히 인터넷이나 전화로 연결하는 데 그치지 않는다. AI 챗봇이 앱을 통해 환자의 병을 진단하는 것이다.

K헬스 앱에 접속해 증상이 나타난 신체 부위를 문자로 입력하면 채팅창이 뜨고 AI 챗봇과의 대화가 시작된다. "언제부터 코가 막혔나요?", "코 막힘은 얼마나 심한가요?", "코 외에 다른 곳은 아프지 않나요?" 등 챗봇이 던진 20여 개의 질문에 사용자가 답을 마치면 10초 만에 스마트폰 화면에 진단 결과가 뜬다. "상기도 감염증 가능성 81%", "부비동 염증 가능성 21%" 등 결과 표시에 이어 비슷한 증상이 나타났던 다른 환자들은 어떤 조치를 했고, 어떤 계통의 의사를 찾아갔으며, 어떤 약을 처방받았는지에 대한 설명이 나온다. 지금껏 어떤 병원에서도 제공하지 않았던 상세한 진단서다. 사용자는 자가 치료를 선택할지, 아니면 인간 의사에게 원격 진료를 받고 약을 배송받을지만 스스로 결정하면 된다.

놀라운 점은 K헬스의 AI 챗봇 진단이 무료라는 것이다. 자주 쓰이는 회사 홍보 문구도 "4분, 22개의 질문, 무료 진료 결과4 minute, 22 questions, free results"다. 인간 의사와 연결할 때만 사용자에게 1회당 19달러(약 2만 2,800원) 또는 월정액으로 비용을 청구한다. AI 챗봇이 아무리 많은 환자를 받는다고 해도 지치거나 파업할 일

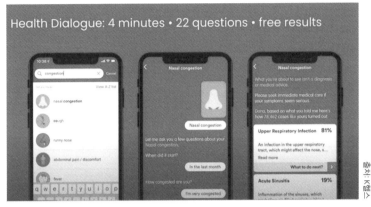

●●━ K헬스 앱을 사용하는 방법. 증상이 나타난 신체 부위를 입력하면, AI 챗봇이 증상에
대해 22가지 질문을 한 뒤 진단명을 알려준다. 단 4분 만에 자신의 증상에 대해 무료
로 진단을 받아볼 수 있다.

이 없기 때문에 가능한 사업 모델이다. K헬스의 이러한 AI 서비스
는 20년 동안 축적한 약 20억 건의 건강 데이터와 임상 결과, 의사
약 1만 명의 치료 경험과 인간 언어를 이해하는 AI 기술이 결합한
결과다.

K헬스는 이제 미국에서 500만 명의 유료 사용자를 보유한 기
업이 됐다. 2021년 1월에는 1억 3,200만 달러(약 1,584억 원)의 투자
금을 추가 유치했고, 기업 가치는 16억 달러(약 1조 9,200억 원)가 넘
는다. K헬스의 공동 창업자인 앨런 블로크Allon Bloch는 2021년 9월
CNBC 인터뷰에서 "코로나19 기간에 사람들이 집 밖을 나서기 주
저하고, 작은 신체 변화에도 큰 두려움을 느끼면서 K헬스 서비스
사용자가 10배 이상 증가했다. 그러나 이것은 코로나19가 가져온

일시적인 현상이 아니라 영구적인 의료 체계의 변화"라고 말했다. 또한 "K헬스를 이용함으로써 이제 한밤중에 복통으로 잠에서 깨어나거나 휴가 중에 아이가 열이 날 때 당황할 필요가 없게 됐다"라고 부연했다.

K헬스처럼 AI 기반 의료 서비스를 제공하는 기업들은 코로나19 이후 급성장하고 있다. 《뉴욕타임스》는 2019년 미국 전체 진료 건수의 0.15%에 불과했던 원격 진료가 2020년 3월 코로나19 대유행 선언 직후 100배 가까이 늘어났다고 보도했다. ● 글로벌 시장 조사 업체 그랜드뷰리서치Grand View Research는 전 세계 원격 진료 시장 규모는 2020년부터 연평균 22.4%씩 성장해 2028년에는 2,989억 달러(약 358조 원)에 이를 것으로 예상했다. K헬스와 비슷한 서비스를 제공하는 회사인 미국의 98point6 창업자 로비 케이프Robbie Cape는 "많은 사람이 사용할수록 챗봇의 상담 정확도가 올라간다"라고 설명했다.

오프라인 병원에서도 AI는 변화를 불러오고 있다. 유럽 최대의 병원 체인인 애피디아는 유방암 진단에 네덜란드 스크린포인트 메디컬Screen Point Medical이 개발한 '트랜스파라Transpara' AI 시스템을 도입했다. 가슴을 촬영한 X선 사진 분석에 있어 실제 의사보다 효율성과 정확도가 월등하다는 판단에서다. 국내에서도 의료 AI 기

●   원격 진료 서비스가 전부 AI 기반 서비스는 아니지만, 상당수가 AI 챗봇 서비스를 운영하고 있고 환자와 의사를 매칭하는 과정에서 AI 시스템에 의존한다.

업인 루닛^{Lunit}에서 X선, MRI, CT 등 영상을 분석해 질병을 진단하는 AI 영상 분석 시스템인 '루닛 인사이트^{Lunit INSIGHT}'를 개발했는데, 해당 AI의 진단 정확도가 97~99%에 달해 서울대병원, 아산병원 등에서 사용하고 있다.

영국의 런던대학교는 2017년부터 스스로 수술할 수 있는 AI 로봇을 개발하고 있다. 메스가 움직이는 각도와 특정 장기를 절개하는 영상 수천 건을 AI 로봇에게 계속 보여주며 스스로 학습하게 하는 것이다. 실제 외과 의사가 하는 동작은 사람에 따라 조금씩 다르지만, 일련의 동작과 궤적은 크게 다르지 않다는 점에서 착안한 연구다.

신약 개발 속도도 AI 덕분에 빨라졌다. 코로나 백신 개발로 대중에게 익숙해진 제약사 화이자^{Pfizer}, 아스트라제네카^{Astrazeneca} 등은 신약에 쓰일 물질을 발굴하는 과정에서 AI의 힘을 빌린다. 과거 데이터를 AI로 분석해 최대 치료 효과를 낼 수 있는 물질을 분자 단위까지 알아낸다. 기존에는 다양한 물질들을 일일이 실험해야 했기 때문에 막대한 시간과 비용이 투입됐지만, 이제는 그럴 필요가 없어졌다.

교육: AI 조교는 이제 필수

홍콩의 기독교 사립 여자 고등학교인 트루라이트서원香港眞光書院은 2020년 원격 수업을 앞두고 중요한 결정을 내렸다. 수업 효과를 보장하기 위해 모든 학생이 집에서 컴퓨터로 수업을 들을 때 'AI 카메라'의 감독을 받도록 한 것이다. 학생들은 각자 가진 원격 수업용 태블릿이나 노트북의 카메라를 AI 소프트웨어에 연동시켜야 했는데, 이때 사용된 소프트웨어가 홍콩의 스타트업인 파인드 솔루션 AI^Find Solution AI가 만든 '포 리틀 트리4 Little Tree, 4LT'다. 이 소프트웨어는 카메라에 잡힌 학생들의 얼굴 근육 움직임을 실시간으로 분석해 행복, 슬픔, 분노, 놀람, 피곤 등의 다양한 감정을 파악한다.

●━● 파인드 솔루션 AI가 개발한 소프트웨어 '포 리틀 트리'가 노트북 카메라에 찍힌 학생 얼굴에 나타난 감정을 실시간으로 분석하고 있다.

AI 카메라는 탁월하게 학생 감독 임무를 수행했다. 학생들의 미세한 표정과 작은 몸짓을 포착해 '수업 몰입도'와 '감정 상태'를 분석했다. 한눈파는 학생들에게는 "집중하세요"라며 경고 메시지를 보냈고, 교사에게는 학생들의 수업 태도 보고서를 실시간으로 제공했다. AI 카메라가 도입된 원격 수업의 효과가 예상보다 좋다는 평가가 나오면서 그해 홍콩에서는 50여 개의 학교가 포 리틀 트리 소프트웨어를 원격 수업에 도입했다. 《파이낸셜타임스》는 이 같은 뉴스를 전하면서 "AI의 눈은 사람의 순간적인 감정을 잡아낼 뿐 아니라 그 의도를 간파한다. AI에게는 인간은 넘볼 수 없는 인지 능력이 있다"라고 평가했다.[4]

IBM이 개발한 AI 조교를 고용해온 조지아공과대학교는 코로나19 확산 이후 그 덕을 톡톡히 봤다. 채팅을 선호하는 AI 조교는 비대면 수업에 최적화된 선생님이었기 때문이다. 게다가 AI 조교의 강의력은 이미 오래전에 입증된 상태였다. 대학 측은 2016년 수강생 400명을 대상으로 인터넷 강의를 열고 질문에 답하는 강사 중에 누가 사람이고 누가 로봇인지 맞혀보라고 했다. 대부분의 학생은 13명의 인간 조교 사이에 섞여 있는 2명의 AI 조교를 구분해 내지 못했다. 다만, 요즘에는 더 빨리, 더 정확하게 답하는 조교가 AI라는 농담 반 진담 반의 우스갯소리가 있을 뿐이다.

미 애리조나주립대학교에서도 AI 조교 '알렉스^ALEKS'가 수학 수업을 가르치고 있다. 몇 년 전만 해도 학생 수백 명이 강의실에 모여 앉아 수업을 들어야 했지만, 알렉스 덕분에 1 대 1 교육이 가능해졌다. 채팅으로 학생들이 모르는 문제를 질문하면 알렉스가 즉각 답해주고, 각자의 학습 속도에 맞춰 수업 영상을 추천해준다.

교직원 역할을 하는 AI 챗봇은 이제 일상적이다. 학생들의 개인 비서 노릇을 하는 챗봇은 학사 관리, 진로 탐색 등 대학 생활 전반에 대한 업무를 24시간 대신해준다. 애리조나주립대학교의 AI 챗봇 '서니Sunny'는 수강 신청이나 장학금, 기숙사비 등 학교생활에 관한 질문에 답해준다. 서니가 대답하기 어려운 질문은 별도 리스트에 올라가 실제 교직원에게 전달되는데, 2019년 8월부터 5개월간 서니가 받은 2만 6,000건의 메시지 중 이 리스트에 오른 건 겨우 155개였다.[5]

AI는 학생들의 학업 성취를 평가하기도 한다. 미 퍼듀대학교 산하의 온라인 대학인 퍼듀대 글로벌은 전체 학위 기간에 걸친 학업과 기술 습득 수준을 추적해 개인별 분석 보고서를 제공하고 있다. 모든 학생이 자신이 어떤 영역에서 어느 정도의 지식수준을 갖췄는지 알 수 있도록 돕기 위해서다. 미 서던뉴햄프셔대학교는 에세이 채점과 피드백을 AI 조교에게 맡겼다.

온라인 쇼핑: 시골 청년의 취향을 간파한 쇼핑 앱

중국 랴오닝성 다롄시 외곽에 사는 20대 여성 리 씨는 코로나19 봉쇄령이 내려진 와중에도 쇼핑을 멈추지 않았다. 시내의 쇼핑몰은 모두 문을 닫았지만, 모바일 앱 '핀둬둬^{拼多多}'는 24시간 열려 있었기 때문이다. 핀둬둬는 10~30위안(약 1,800~5,400원)의 저렴한 비용으로 괜찮은 물건을 살 수 있고, 무료 배송 서비스까지 제공한다. 리 씨는 특히 앱을 열면 첫 화면에 귀여운 다이어리나 만화 캐릭터가 인쇄된 티셔츠 등이 뜨는 점이 마음에 들었다. 리 씨는 "다른 쇼핑몰 사이트 첫 페이지에는 누구나 살 법한 멋지고 화려한 상품들의 사진이 뜨지만, 핀둬둬는 딱 나만 구매할 것 같은 잡동사니를 추천해준다"라면서 "마치 내 마음을 잘 아는 소꿉친구처럼 느껴진다"라고 말했다.

핀둬둬에서는 AI가 MD^{Merchandiser}를 대신한다. MD는 소비자에게 판매할 상품을 관리하고 마케팅 전략을 구상하는 직책이다. 사람 대신 투입된 AI는 고객의 취향이나 과거 구매 이력, 사는 지역과 연령대 등을 종합한 빅데이터를 분석해 고객이 살 만한 상품만 쏙쏙 뽑아냈다. 이 과정에서 중국 전자상거래 시장을 독점했던 타오바오^{淘宝网}와 징둥닷컴^{京东商城}이 본의 아니게 퇴출시킨 우량 중소기업들의 제품도 대거 입점시켰다. 기존 인터넷 쇼핑몰들이 다양한 상품을 갖춰 놓고 검색 결과의 정확도를 높이는 데 집중했다면, 핀둬둬는 아예 소비자 개개인이 원하는 것을 찾아내는 일에 전념하는 것이다.[6]

AI를 전면에 내세운 핀둬둬는 입점 상품의 가격도 낮출 수 있었다. AI가 가성비 높은 제품을 발굴했을 뿐 아니라 제품 공급상들 간 경쟁 과정에서 발생했던 로비 비용이 사라졌기 때문이다. 제품

공급상들은 핀둬둬가 축적한 빅데이터를 제공받아 예상 판매량과 최적의 배송 노선 정보도 알 수 있게 됐다.

핀둬둬는 마케팅에서도 한 걸음 더 진화했다. 소비자가 제품을 고르면 '일반 소비자 가격'과 대폭 할인된 '공동 구매 가격' 2가지를 제시해 고객들 스스로 '공구(공동 구매)' 파트너들을 모집하도록 유도했다. AI는 핀둬둬의 이용자 간 네트워킹 데이터를 수집해 소비자 행동을 분석했으며 이를 쇼핑몰 운영에 적용시켰다.[7]

핀둬둬가 중국 전자상거래 업계에 커다란 파장을 몰고 온 것은 당연한 결과였다. 타오바오와 징둥닷컴이 양분해 이미 포화 상태라고 여겨졌던 중국 전자상거래 시장에서 창업 3년 만인 2018년 총 거래액GMV 2,000억 위안(약 36조 원)을 달성하고, 3억 명의 이용자를 확보했다. 기세를 모아 같은 해 7월에는 미국 나스닥 시장에 상장했으며, 2020년에는 타오바오, 티몰Tmall, 이타오eTao 등이 속한 알리바바의 이용자 수(7억 7,900만 명)를 넘어선 7억 8,840만 명의 이용자를 확보해 명실공히 중국 최대의 전자상거래 업체가 됐다.

국내에서도 AI 덕분에 온라인 쇼핑이 더 편리해지고 있다. 주문 다음 날 바로 배송되는 쿠팡의 물류 창고는 품목별로 제품을 쌓아두지 않는다. 분유와 튼살 크림처럼 완전히 유형이 다른 제품을 한군네에 둔다. AI가 데이터를 분석해 아기를 키우는 젊은 엄마는 튼살 크림의 주 고객층이라는 걸 알고 이런 배치를 결정한 것이다. 밤늦게 들어온 주문도 다음 날 새벽 배송이 가능한 것은 데이터 분석을 통해 적재 순서와 배송 동선을 최적화했기 때문이다.[8]

2021년 4월 카카오의 쇼핑 자회사 카카오커머스는 젊은 층의 인기를 모은 여성 패션 분야 국내 1위 쇼핑 플랫폼 지그재그를 1조 원에 인수한다고 밝혔다. 지그재그에는 매일 신상품 약 1만 개를 쏟아내는 4,000여 개의 여성복 쇼핑몰이 입점해 있다. 지그재그를 이용하는 소비자들은 '손품'을 크게 들이지 않고도 자신 취향에 딱 맞는 옷을 쉽게 찾을 수 있다. AI 추천 엔진이 이용자별 최적 상품을 선정해 고객 행동을 바탕으로 한 개인별 추천 상품을 노출해주기 때문이다. 지그재그는 자체 결제 시스템인 'Z결제'를 기반으로 고객 결제 데이터를 분석해 개인화 추천 서비스에 활용한다.

오프라인 쇼핑: '변절'한 스타벅스

하워드 슐츠Howard Schultz 스타벅스 의장은 "커피는 사람들을 이어주고 유대감을 형성하는 매개체"라고 믿었다. 그의 철학에 따라 스타벅스의 직원은 언제나 고객과 눈을 마주치며 인사했고, 고객의 이름을 일일이 불러주기 위해 편리한 진동벨도 도입하지 않았다.

이처럼 직원과 고객 간의 교류를 중요하게 여겼던 스타벅스가 '변절'했다. 2021년 11월 18일 뉴욕시 59번가에 사상 처음으로 '계산 점원이 없는 스타벅스 매장'을 연 것이다. 이 매장에는 자동 결제 기술인 '저스트 워크 아웃Just Walk Out'이 적용됐다. 2018년 아마존이 개발한 저스트 워크 아웃은 컴퓨터 비전Computer Vision, 딥러닝

Deep Learning 알고리즘, 센서 퓨전Sensor Fusion* 등 AI가 핵심인 기술 패키지다. 매장 내 카메라와 센서는 고객이 고른 상품을 파악해 자동으로 물건값을 계산하고, 고객이 지하철 개찰구처럼 생긴 입구에서 스마트폰 앱이나 신용 카드를 한 차례 인식시키면 자동으로 결제된다. 스타벅스는 2022년에 이 같은 매장을 2곳 더 개점할 계획이다.

스타벅스가 계산 점원 없는 매장을 연 것은 코로나19 사태 때문이다. 스타벅스는 2020년 매장을 찾는 손님이 크게 줄자 미국 전역에서 400개의 매장을 닫았다. 대신 도심 지역에는 테이크아웃 매장을, 교외 지역엔 드라이브 스루 매장을 늘리고 있다.[9]

코로나19 사태 이후 무인점포의 크기도 빠르게 커지는 추세다. 아마존의 무인점포는 편의점 → 슈퍼마켓 → 대형 마트 → 초대형 마트로 업그레이드되며 매장을 새로 낼 때마다 면적이 몇 배로 커지고 있다. 2022년 코네티컷주 브룩필드 교외에 건설 중인 쇼핑 플라자에 들어설 아마존의 무인 식료품점은 3,159m²(약 955평) 규모가 될 예정이다.

아마존은 고객 편의를 위해 '아마존 대시 카트Amazon Dash Cart'도 선보였다. 카트에 탑재된 AI 카메라와 각종 센서는 고객이 담은 상품을 인식해 실시간으로 카트 디스플레이에 상품 리스트와 총금액을 표시해준다.[10]

---

* 센서 퓨전은 다수의 센서를 하나의 센서처럼 융합해 활용하는 기술을 뜻한다.

출처: 스타벅스

●─● 계산 점원 없는 스타벅스에서 고객이 음료를 들고 출구를 나서고 있다. 매장 내 카메
라와 센서가 고객이 고른 물건을 파악하고 자동으로 결제까지 진행하는 시스템이다.

국내에서도 AI가 적용된 다양한 형태의 무인 점포가 문을 열
고 있다. 서울 홍대입구역 인근의 정육점 '프레시스토어' 매장 앞에
는 "365일, 24시간 잠들지 않습니다"라고 적힌 안내문이 붙어 있
다. 이곳은 잠들지 않는 AI 카메라가 24시간 지키고 있는 '무인 정
육점'이다. 가게에서 고기를 구입할 때는 냉장고형 자판기에서 소
고기, 돼지고기 등 원하는 종류를 고른 뒤 신용 카드를 태그하면
된다. 아무도 없는 매장 안에선 AI 카메라가 손님이 언제 어떤 상
품의 진열대 앞에서 오래 고민했는지를 파악한다. 이러한 자료는
점주에게 제공돼 가격표를 원격 조정하거나 제품 진열을 손님 선
호에 따라 바꿀 수 있도록 돕는다.

넓어지는 아마존의 무인 식료품점

명칭	개점	형태	규모	지점 수
아마존 고	2018년	편의점	140~279㎡	22개
고 그로서리	2020년	슈퍼마켓	650~929㎡	2개
아마존 프레시	2020년	대형 마트	1,858~2,787㎡	12개

출처: 포브스

●─● 2022년에는 3,159㎡ 규모의 아마존 프레시 브룩필드점이 개점할 예정이다.

아마존의 무인점포 실험

명칭	개점	분류
아마존 북스	2015년	서점
아마존 고	2018년	식료품점
아마존 4스타	2018년	온라인 인기 상품 판매점

출처: 포브스, 아마존

일터: 직원을 감독하는 제3의 눈

중국 항저우의 한 사물인터넷 기업에서는 2020년 1월 자체 개발한 '스마트 방석'으로 직원들의 근무 태도를 감시해 논란이 일었다.

직원들은 방석이 앉은 자세나 심박 수, 호흡 등 건강 정보를 파악해 알려주는 줄 알고 사용했으나, 회사는 AI 시스템을 이용해 방석에서 수집한 데이터를 분석하고 이를 직원들이 얼마나 오래 자리를 지키고 어떤 패턴으로 일하는지 파악하는 데 사용한 것이다. 뒤늦게 사실을 알게 된 직원들이 거세게 비판하자 회사는 "연구 개발 단계에서 직원들을 대상으로 테스트한 것으로, 인사 고과와는 관계가 없다"라고 해명했다.[11]

중국 상하이의 한 게임 회사는 코로나19 이후 직원들의 노트북에 '제3의 눈第三隻眼'이라는 감시 소프트웨어를 설치했다. 회사는 이 소프트웨어로 직원들의 노트북 화면을 실시간으로 감시한다. 메신저 대화 내용은 물론이고 직원들이 어떤 웹 사이트와 앱을 이용했는지 얼마나 긴 시간 동안 각 페이지에 머물렀는지도 확인한다. 제3의 눈을 개발한 상하이원랑정보기술유한공사上海文朗信息技術有限公司의 홈페이지에 가보면 이 제품에 대해 "완벽하게 직원들의 컴퓨터 사용을 감시할 수 있다"라고 설명한다. 16가지 감시 항목에는 이메일, 컴퓨터 게임, 문건, 웹 서핑 등이 포함돼 있고, 직원 컴퓨터를 원격으로 조종할 수도 있다고 설명한다.

●●● 상하이원랑정보기술유한공사가 개발한 직원 감시 소프트웨어 '제3의 눈'.

세계 각국의 기업에서 최근 원격 근무나 재택근무를 하는 직원들을 관리하는 감시 소프트웨어의 도입이 늘고 있다. 익스프레스VPN^{ExpressVPN}이 미국에서 재택근무를 하는 기업 2,000여 곳을 대상으로 진행한 한 설문 조사에 따르면 응답자의 78%가 "직원 모니터링용 감시 소프트웨어를 사용한다"라고 답했다. 응답자의 57%는 감시 소프트웨어를 코로나19 이후에 새로 도입했다고 답했다.[12]

반면, 직원들의 과로를 방지하는 AI 서비스도 등장했다. 일본의 파나소닉은 2021년 7월 자사의 AI 기반 업무 플랫폼인 '워크 컴퍼스^{Work Compass}'를 새단장했다. 워크 컴퍼스는 직원의 근무 시간을 실시간으로 모니터링하고, 월말 잔업 시간을 예측한다. 업무 부담이 큰 직원을 관리자가 조치하거나, 직원들이 충돌 없이 휴가 일정을 조율할 수 있도록 미리 알려준다. 그뿐만 아니라 직원이 과하게 근로하는 것이 포착되면 컴퓨터를 강제 종료하는 기능도 포함하고 있다. 미국의 어도비에서도 비슷한 서비스를 내놨다. 이 회사의 업무 관리 소프트웨어 '워크프론트^{Workfront}'는 AI를 이용해 직원의 업무량을 조정해주는 것이 특징이다.

직원들의 정신 건강 관리도 AI가 맡는다. 일본의 AI 스타트업 아임 비사이드 유^{I'm beside you}는 온라인 면담과 화상 회의를 통해 직원들의 표정과 음성을 학습한다. 화상 회의 프로그램 '줌^{Zoom}'으로 회의를 진행할 때 참여자의 시선과 표정을 AI 카메라가 분석하는 방식인데, 이를 통해 스트레스가 심각한 직원을 가려낼 수 있다. 일본의 규슈대학교에서는 2021년 5월부터 교직원들과 일부 학생들을 대상으로 정신 건강 관리 앱을 도입했다. 사용자가 식사, 운동, 수면 시간을 입력하면 AI 알고리즘이 정신 질환을 진단하고 인근 병원을 연결해준다.[13]

구직: AI가 결정짓는 구직자의 미래

미국 뉴욕의 파이메트릭스Pymetrics가 개발한 AI 채용 프로그램은 온라인 게임과 비슷하다. 25분 동안 '상자 속 공 개수 세기', '표정과 감정 상태 매칭하기' 등 다양한 미션을 수행하면 되는데, 이 '게임'에서 높은 점수를 받은 지원자만 면접을 볼 수 있다. 맥도널드, JP모건, PWC 컨설팅, 크래프트하인즈 컴퍼니The Kraft Heinz Company 등이 이미 채용 과정에서 파이메트릭스의 프로그램을 사용하고 있다. 파이메트릭스 창업자 프리다 폴리Frida Polli는 "우리가 만든 프로그램은 짧은 시간 동안 지원자의 인지 능력과 성격을 공정하고 정확하게 측정한다"라고 자랑한다.[14]

또 다른 AI 면접 소프트웨어 개발사로 미국 유타주의 하이어뷰HireVue가 있다. 이곳은 화상으로 진행된 면접 대상자의 인터뷰 내용을 텍스트로 변환한다. 그러면 AI 알고리즘이 주요 키워드 등을 분석하는데, 예를 들어 팀워크에 관한 질문을 했을 때 해당 답변에 '우리' 대신 '나'라는 단어를 얼마나 사용했는지 살펴보는 식이

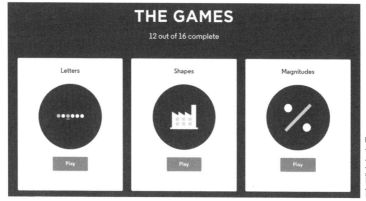

●━● 파이메트릭스가 만든 AI 직원 채용 프로그램은 25분 동안 응시자에게 다양한 문제를 낸다. 마치 게임과 같은 이 프로그램에서 높은 점수를 받아야만 면접을 볼 수 있다.

다. 하이어뷰의 AI 소프트웨어는 2016년부터 2019년 9월까지 총 240만 명을 인터뷰했다.

안면 인식 기술을 보험 설계사 채용과 교육에 활용하기도 한다. 중국 핑안보험平安保險은 AI 면접을 채용에 적극적으로 활용하고 있는데, 성과가 뛰어난 자사 설계사들의 데이터를 바탕으로 알고리즘을 만들어 지원자의 예상 영업 실적을 평가하게 된다.

국내의 LS그룹은 코로나19 이후 전 그룹 차원에서 AI 면접을 도입했다. 그동안 일부 계열사에서 시범적으로 AI 면접을 도입했던 결과가 긍정적이었을 뿐만 아니라, 코로나19 사태로 인해 불가피하게 비대면 면접을 크게 늘려야 했기 때문이다. 물론 여기에는 모니터 속 직원 역량을 평가하는 일은 AI가 더 잘할 것이란 기대도 일부 반영됐다.

중국 핑안보험이 AI 앱으로 보험설계사를 채용하는 과정

| 안면 인식 등록/검사 | AI 음성 가이드 제공 | 질의 및 추가 입력 | 면접 평가 결과 제공 |

출처: 핑안보험

AI 면접이 가능해지려면 먼저 회사 임직원 중 우수한 성과를 내는 이들의 성격과 성향을 측정하고 분석해야 한다. 즉, AI가 '이상적인 직원'의 데이터를 수집하는 것이다. 이렇게 수집된 정보를 바탕으로 AI가 화상으로 진행되는 1차 면접에서 직군별 입사 지원자의 성향을 평가한다. 이 관문을 뚫고 최종 면접에 올라와야 지원자는 실제 면접관과 대면으로 만날 수 있다.

AI 프로그램은 지원자의 표정과 동작, 목소리와 억양을 분석한다. 답변 내용의 키워드도 분석해 '공감성', '성찰성', '관계 대응력' 등 개별 항목의 점수를 매긴다. '보통', '우수' 등 전체 점수도 제시한다. LS그룹 측은 이렇게 진행한 AI 면접의 효과가 뛰어났다고 밝혔다. AI 분석을 거쳐 최종 면접에 오른 이들이 받은 최종 평가 점수가 AI 면접 점수와 비슷한 경우가 많았다고 한다.

한국에서 AI 분석 도구를 도입해 면접에 활용하는 곳은 LS그룹, LG전자, KB금융, 현대백화점, 한화생명, 아모레퍼시픽, 신한은행 등 기업과 공공 기관을 포함해 약 600여 곳에 이른다. 대개 지원자들이 많은 1차 면접 단계에서 AI 면접 도구를 활용한다. 지원자의 자기소개서를 분석해 표절 여부를 가려내는 데 AI 시스템을 이용하는 경우도 있다.[15]

　　AI 면접이 보편화되면서 AI가 선호하는 태도와 답변을 배우는 구직자들도 늘고 있다. 서울 신촌의 한 면접 코칭 학원은 1회당 10만 원짜리 AI 면접 수업을 진행하고 있다. 코칭 강사는 칠판에 붙인 사람 얼굴 사진을 가리키며 "입꼬리를 조심하라"라고 조언한다. "입꼬리를 한쪽으로만 올리면 AI가 '경멸'로 인식할 수 있고, 얼굴을 찡그리면 짜증 낸다고 오해할 수 있다"라는 것이다. 서울 강남의 일부 스터디 카페들은 AI 면접을 준비할 수 있도록 카메라 등의 장비를 대여해주는 'AI 면접 스터디 카페'로 탈바꿈했다. 의외로 요즘 구직자들은 AI 면접을 긍정적으로 평가한다. 최소한 면접관의 주관적인 감상 때문에 떨어지는 일은 없을 테니 그나마 공정한 방식이라고 느끼는 것이다.

교통: 테슬라가 발송한 비밀 초대장

테슬라는 2021년 10월 11일 자사 자율 주행 자동차 소유주 2,000명에게 특별한 이메일을 보냈다. "'완전 자율 주행Full Self-Driv-

^{ing, FSD} 베타 10.2' 버전을 출시했으니, 소유 차량에 이를 설치해서 테스트해줬으면 한다"라는 요청이 담긴 편지였다.

테슬라가 새로 개발한 FSD 베타 10.2는 자율 주행 차량에 탑재되는 유료 소프트웨어로 자동 차선 변경과 신호등 인식 등의 기능이 새로 포함됐다. 1만 달러(약 1,200만 원)의 가격으로 구매하거나 월 199달러(약 24만 원)로 구독 가능한 이 소프트웨어를 탑재하면 운전자는 핸들을 잡지 않고도 도심의 도로를 자유롭게 달릴 수 있다. 기존에 테슬라가 무료로 제공하던 소프트웨어 '오토파일럿 ^{Autopilot}'은 거창한 이름과는 다르게 차선 및 속도 유지 기능 정도만 탑재돼 있었다.

초대장을 받아 FSD 베타 10.2를 실제로 테스트해본 한 운전자는 이날 자신의 트위터에 "비가 쏟아지는 밤길에도 완벽하게 자율 주행이 가능했다"라고 소감을 밝혔다. 회전 교차로를 얼마나 능숙하게 통과했는지를 보여주는 영상도 함께 공개했다.

자율 주행 기술의 수준은 일반적으로 미국 자동차 기술 학회 ^{SAE}의 6단계 기준으로 평가한다. 레벨 0은 일반 자동차, 레벨 1은 운전자 지원, 레벨 2는 부분 자동화, 레벨 3은 조건부 자동화, 레벨 4는 고도 자동화, 레벨 5는 완전 자동화다. 레벨 3부터 기계가 차량 운전의 주체가 되고, 인간이 보조 역할을 맡게 된다. 운전대에서 손을 놓고 책을 보거나 영화를 시청해도 괜찮은 단계인 셈이다. 그러나 현재 출시된 대다수 자율 주행 자동차들은 레벨 2에 겨우 도달한 상태다. 고속도로와 같은 널찍한 도로에서만 자율 주행이 가능하고, 운전자는 끊임없이 전방을 주시해야 한다. 이제 막 걸음마를 뗀 아이를 돌보는 '보호자'의 심정으로 자율 주행 자동차를 타야 하는 것이다. 그러나 테슬라의 FSD 베타 10.2 버전은 상당 부분 자동화가 완료된 레벨 2.5 수준인 것으로 알려졌다.[16]

시중에 출시된 자율 주행 자동차가 점점 '완전 자율 주행'에 가까운 수준이 되면서 '운전석 없는 자동차'는 곧 다가올 현실이 되고 있다. 2021년 10월 현대모비스는 세계 최초로 자율 주행 자동차용 '폴더블 핸들'을 개발했다. 말 그대로 접고 펼 수 있는 이 핸들은 자율 주행 모드 시 완전히 접어 넣어 넓은 실내 공간을 확보할 수 있다. 운전석은 180도 회전이 가능하다. 차가 알아서 운행하는 동안 운전석을 돌려 뒷좌석 승객들과 자유롭게 대화할 수 있도록 한 것이다. 자동차는 이제 단순한 이동 수단이 아니라 회의실이나 거실 같은 공간으로 변모하고 있는 셈이다.

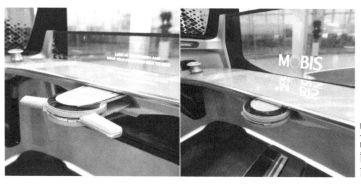

출처: 현대모비스

●-● 폴디블 핸들은 운전대를 수납공간에 넣을 수 있도록 만들었다. 양옆에 달린 손잡이는 위로 90도로 접힌다.

●–● 피닌파리나의 자율 주행 전기차 '테오레마' 콘셉트의 모습. AI 기술로 자율 주행이 가속화되면서 자동차의 실내 공간이 다양한 용도로 사용될 가능성이 커졌다.

차량 시트 관련 특허 출원도 줄을 잇고 있다. 그간 자동차 시트는 안전 운전에 최적화돼 있었는데 그럴 필요가 없어지니 '편안함'에 초점을 맞춘 시트 디자인이 계속 등장하는 것이다. 이탈리아의 자동차 회사인 피닌파리나Pininfarina는 2021년 7월 자율 주행 전기차 콘셉트 '테오레마Teorema'에서 '1+2+2 시트'를 선보였다. 2열 시트를 젖히면 3열과 연결돼 침대가 된다.[17]

이미 세계 곳곳의 도로에서는 운전사 없는 자율 주행 택시가 달리고 있다. 미국에서는 자율 주행 로보택시Robotaxi인 구글 웨이모Waymo가 운행 중이다. 웨이모는 샌프란시스코와 애리조나주 피닉스에서 자율 주행 택시 시범 서비스를 시작했는데, 샌프란시스코에서는 '안전 요원'이 동승한 택시를, 피닉스에서는 안전 요원조차 없는 자율 주행 택시를 운행한다. 웨이모는 "자율 주행 택시를 탄 승객들은 운전사의 눈치를 보지 않으면서 자신만의 시간을 누릴 수 있다. 마음껏 전화를 해도 되고, 심지어 차 안에서 화상 회의를 해도 된다"라고 설명했다.

베이징시는 2021년 11월 25일 중국 최초로 자율 주행 택시를 유료로 운행하기 시작했다. 중국 포털 사이트 바이두, 자율 주행 업체인 포니.AI Pony.ai 등이 개발한 자율 주행 택시 100여 대가 이쨩 베이징 경제기술개발구 60m² 지역 내에서 운행하고 있다. 이들 택시는 복잡한 도로에서 끼어들기를 하는 뒤차에 비상등을 켜 경고를 보낼 정도로 정교한 운전 실력을 자랑한다. 요금은 일반 택시보다 훨씬 비싸지만, '신문물'을 경험하고자 하는 승객들이 온종일 끊이지 않는다.

자율 주행 자동차의 완성도가 높아질수록 불만이 커지는 사람들도 있다. '고스트 드라이버 Ghost driver'라 불리는 자율 주행 자동차 시범 운전자들은 이제 '세상에서 가장 지루한 직업'을 가진 사람들로 불린다. 우버는 약 400명의 고스트 드라이버를 고용해 수백 대의 자율 주행 자동차를 시험 운행하고 있는데, 이들은 하루 중 8~10시간을 자율 주행 자동차 안에서 보낸다. 주 임무는 자율 주행 오류가 발생했을 때 직접 차를 제어하고, 이를 기록해 소프트웨어 엔지니어에게 알리는 것이다. 자동차의 자율 운행을 방해하지 않도록 운전대에서 1cm 정도 거리에 손을 늘 놓아둬야 한다.

고스트 드라이버는 원래 2인 1조로 근무하며 한 명은 운전대를 맡고 한 명은 주행 상태를 기록했는데, 2017년부터는 차 한 대에 한 명씩만 투입하고 있다. 시급 20달러 이상으로 꽤 괜찮은 보수를 받지만 최근 고스트 드라이버들의 이탈이 가속화되고 있다. AI가 안정적으로 운전하는 자율 주행 자동차 안에 가만히 앉아 온

종일 정면을 주시하는 일은 지루하기 짝이 없기 때문이다.[18]

금융: 기계에게 돈 맡기는 큰손들

신한은행은 2021년 9월 AI 은행원이 근무하는 무인 지점을 평촌과 대구에 시범적으로 하나씩 개점했다. AI 은행원은 AI로 구현한 가상 인간이다. 키오스크 화면 속에서 일하는 이들은 파란 정장을 입은 평범한 모습으로 고객을 맞이한다. 실제 영업점 직원과 비슷한 모습을 갖춰 이질감을 최소화한 것이다. 고객이 "적금 추천해주세요"라고 말하면 모니터 속 AI 은행원은 "직장인이신가요?"라고 물어보고 알맞은 상품을 추천해준다. 이체나 카드 신청 등 간단한 업무는 얼굴과 손바닥 정보를 등록하면 문제없이 진행할 수 있다. 신한은행 외에도 주요 시중 은행들은 고객의 아바타가 업무를 볼 수 있는 가상 점포를 조성하는 작업에 들어갔다.

코로나19 사태 이후 AI가 가장 빨리 침투한 영역은 금융이다. 대면 거래, 투자 관리, 신용 평가 등 각 영역에서 AI가 기존 금융의 모습을 완전히 바꿔놓았다. 금융 기업들은 수년 전부터 핀테크 업체와의 경쟁 심화로 인해 비대면 서비스 확대의 필요성을 절감했지만 디지털 취약 계층을 고려한 정부 권고로 인해 변화에 속도를 낼 수가 없었다. 그러나 코로나19 이후 오프라인 활동이 크게 위축되면서 금융 기업들의 비대면 서비스는 빠르게 확장됐다.

'신용도' 역시 재정의되고 있다. 다음 그림(글로벌 빅데이터 신용평가 활용 사례)에서 보여주는 것처럼, 이미 많은 국가에서 통신 요금이나 관리비 연체 여부 등 대안 정보가 신용도를 결정하고 있다. 최근에는 문자 기록, 소비 습관 데이터 등도 수집돼 입체적인 신용 평가에 사용된다. 개인이 남기는 모든 족적이 데이터로 변환되고, 그렇게 축적된 데이터로 신용도가 산출돼 금융 영역에서 개인의 운신 폭을 결정짓는 것이다.

●─● 2021년 3월 KB국민은행 여의도 신관에 오픈한 'AI 체험존'. 키오스크의 AI 은행원을 통해 통장 개설과 청약, 예·적금 등 은행 업무 및 관련 상담도 가능하다.

하나은행의 경우 'AI 대출' 서비스를 제공하고 있는데 앱을 통해 AI 시스템이 고객의 신용도 등 대출 조건을 평가해 금리 수준과 대출 금액을 즉각 결정한다. 1분 안에 대출 한도와 금리가 산출되고 실제 대출까지는 3분밖에 걸리지 않는다.[19]

로보어드바이저 업체들의 성장세 역시 더욱 가팔라졌다. 국내 업체인 파운트와 핀트Fint의 관리 자산은 2021년 9월 기준 1조 원에 육박하며, 두 회사의 앱에서 자산을 운용하는 이용자는 15만 7,000명에 달한다. 이용 방법도 간단하다. AI에 투자를 일임하고자

글로벌 빅데이터 신용 평가 활용 사례

● 대안 정보 ● 대안 정보 출처

즈마신용(중국)
● 구매 결제 정보 및 포인트 적립 정보
● 알리바바그룹 내 상거래 및 금융 거래 이력 활용

시그니파이(미국)
● 모바일 기록
● 문자 메시지의 맞춤법, 띄어쓰기 등 활용

오비탈 인사이트(미국)
● 위성 이미지
● 인공위성과 항공 사진을 AI로 분석. 유동인구 규모 등 특정 지역 경제 활동 실시간 모니터링

크레디트쿠도스(영국)
● 구매 결제 정보 및 포인트 적립 정보
● 오픈뱅킹 API 활용

커넥트(미국)
● 공공요금, 통신 요금
● 통신, 전기, 수도 등 요금 납부 정보 수집

렌도(싱가포르)
● 소셜미디어SNS
● SNS 활용도, 지인 관계, 포스팅 등 데이터를 머신러닝으로 분석

SK플래닛(한국)
● 구매 결제 정보 및 포인트 적립 정보
● 11번가, OK캐쉬백 이용 실적을 기반으로 한 대안 신용 평가 모형

J.Score(일본)
● 설문 조사
● 160여 개 문항의 설문 조사를 AI로 분석. 질문 내용은 연봉, 고용 형태, 소유 컴퓨터 종류 등

데스타카메(칠레)
● 공공요금, 통신 요금
● 통신, 전기, 수도 등 요금 납부 정보 수집

출처: 이코노미조선

하는 이용자는 먼저 앱에서 '안전 추구형'인지 '위험 감수형'인지 투자 성향을 진단받는다. AI는 이용자의 성향과 투자 금액 등에 맞춰 솔루션을 제시하고 자금을 운용한다. 글로벌 시장 조사 기관 스태티스타Statista는 전 세계 로보어드바이저 기반의 운용 자산 규모가 2021년 기준 1조 3,700억 달러(1,644조 원)라고 추산했다.

사람들이 금융 분야에서 인간보다 AI를 더 신뢰한다는 조사 결과도 계속해서 나오고 있다. 돈과 연관된 문제에서 AI를 신뢰한다는 것은 그만큼 AI의 능력을 높게 평가한다는 뜻이다. 2021년

2월 미국의 소프트웨어 제조사 오라클Oracle은 전 세계 14개국, 9,000명 이상의 소비자와 기업 경영진을 대상으로 한 금융 분야 AI 활용 인식 조사 결과를 발표했다. 소비자와 기업 경영진의 67%는 "재무 관리 영역에서 인간보다 AI를 신뢰한다"라고 답했다. 기업 경영진의 73%는 스스로의 판단보다 AI를 신뢰한다고 했고, 77%는 자체 재무 팀보다도 AI를 믿는다고 밝혔다. 소비자는 53%가 스스로의 판단보다 AI의 판단이 옳다고 생각했으며, 63%는 개인 자산 상담사보다 AI의 판단이 더 정확할 것이라고 응답했다.[20]

엔터테인먼트: 가상 인간에 열광하는 진짜 인간

2020년 8월 이케아는 일본 도쿄에 매장을 내면서 분홍색 단발머리의 여성 인플루언서 이마Imma를 모델로 발탁했다. 홍보를 위해 이마는 하라주쿠의 이케아 매장에서 3일 동안 먹고 자며 요가하고 청소하는 일상을 찍어 유튜브에 공개했다. 매장의 대형 모니터에서는 이마의 모습을 담은 영상이 온종일 재생됐다. 그런데 이마는 사실 진짜 인간이 아니다. 일본 스타트업 AWW가 2019년 선보인 가상 인간이다. 처음에는 일본 패션지 모델로 활동하다가 인기가 높아지자 포르쉐, 아마존 등의 홍보 모델로 발탁됐다. 2021년 12월 기준, 이마의 인스타그램 팔로워 수는 36만 명에 가깝다.

'이마(일본)', '로지(한국)', '아야이(중국)' 등 버추얼 인플루언서들이 세계 각국에서 인기를 끌고 있다. 한국의 로지는 2020년 8월 소셜미디어에 처음 등장했다. 나이 (영원히) 22세. 소속사 싸이더스 스튜디오엑스. 171cm의 큰 키, 쌍꺼풀 없이 큰 눈매에 살짝 돋은 주근깨가 특징인 그녀의 외모는 MZ세대가 선호하는 이미지를 모아서 만들었다. 그녀는 종종 '여행을 즐기는 패셔니스타'로 소개되는데, 코로나19 방역으로 국경을 넘나들기 어려운 상황에서 로지는 이집트, 탄자니아, 태국 등에서 촬영한 사진을 인스타그램에 올렸고, 급기야는 짐바브웨 공화국의 빅토리아 폭포까지 다녀왔다. 그러면서도 MZ세대에게 핫플레이스로 꼽히는 서울 가로수길 파스타 맛집 앞에서 인증샷을 올리는 소박한 면모도 잊지 않았다.

2021년에는 양 갈래로 땋은 머리에 펑퍼짐한 청바지 차림으로 보험사 신한라이프의 광고에 등장했다. 광고에서 로지는 발랄하게 춤을 추며 버스정류장부터 슈퍼마켓과 숲속, 도심까지 장소를 넘나들며 뛰노는 모습을 보여줬다. 해당 광고 영상은 공개된 지한 달 만에 유튜브 1,100만 조회 수를 기록했고, 일약 스타덤에 오른 그녀는 쉐보레, 아모레퍼시픽, 반얀트리호텔, W컨셉의 광고 모델로 발탁돼 활약 중이다.

중국의 경우 2021년 5월 스타트업 란마이 테크놀로지燃麦科技에서 아야이Ayayi를 선보였다. 잡티 하나 없이 완벽한 피부를 자랑하는 아야이는 "놀랍도록 미세한 피부가 사람보다 더 사람 같다"라는 찬사를 받으며 프랑스 화장품 브랜드 겔랑Guerlain과 홍보 계약을 맺었다. 이 외에도 지난 2016년 등장한 미국의 가상 인플루언서릴 미켈라^{Lil Miquela}의 경우 친근한 얼굴에 뛰어난 음악적 재능으로 이미 인스타그램 팔로워 수가 310만 명을 넘어섰다.

그렇다면 버추얼 인플루언서들에게 팬들은 어떤 마음을 갖고 있을까? 소셜미디어 조사 기관 하이프오디터^{HypeAuditor}는 "가상 인플루언서와 팔로워의 게시물 상호작용률(댓글과 좋아요 반응 등)은 실제 인간 인플루언서와 팔로워의 경우보다 3배 정도 높은 수준"이라고 분석했다. 버추얼 인플루언서와 팬들의 교류가 보통의 인플루언서-팬들보다 훨씬 활발하다는 의미다. 특히 디지털 가상 공간에서 아바타를 만들어 즐기는 MZ세대일수록 가상 인간을 친근하게 여기는 것으로 나타났다.

미 경제지 《블룸버그》는 "버추얼 인플루언서는 스캔들이나 정치적인 발언 등 사생활 문제를 일으킬 위험이 적고, 국경을 넘어 시간과 장소에 구애받지 않고 일할 수 있다는 점에서 코로나19 시대에 가장 매력적"이라고 인기의 이유를 밝혔다. 미국 경제 매체 《비즈니스인사이더》는 가상 인플루언서를 활용하는 마케팅 시장 규모가 2019년 약 8조 8,400억 원에서 2022년 약 16조 6,000억 원으로 2배가량 늘어나리라 전망했다.

가상 인플루언서가 인기를 끌자 '인간 연예인'이 가상 공간으로 '워프^{Warp}'하는 일도 일어나고 있다. YG엔터테인먼트의 걸그룹 블랙핑크는 2020년 네이버의 메타버스 플랫폼인 '제페토^{ZEPETO}'에서 아바타의 모습으로 팬 사인회를 개최해 전 세계 4,600만 명의 팬들과 만났다. SM엔터테인먼트의 걸그룹 에스파는 현실 세계의

●—● 가상 인간 로지, 아야이, 이마.

자아와 가상 세계의 또 다른 자아가 시공간을 초월해 모험한다는 콘셉트로 인기를 끌며 활동 중이다.

예술: 도구에서 공동 창작자로

2021년 8월 한 'AI 소설가'가 《지금부터의 세계》라는 장편 소설을 출간했다. 책 표지에는 'AI 소설가 비람풍'과 '소설감독 김태연'의 이름이 나란히 적혔다. 김태연 감독은 후기를 통해 자신이 설정한 소설의 서사, 구조, 주제, 인물 성격 등에 따라 AI가 한 편의 이야기를 완성했다며 "나는 '비람풍'이 차린 밥상에 수저만 얹었다"라고 작업 소감을 밝혔다. 책 뒤쪽 날개에 들어간 설명에서 편집자는 비람풍이 "어지간한 작가 수준을 넘어서는 '필력'을 갖췄다"라고 선언하기도 했다.

예술계에서 AI는 이제 더 이상 도구로 취급받지 않고, 엄연한 '공동 창작자'로 인정받고 있다. 무에서 유를 창조하는 능력은 아직 부족하지만, 인간 예술가와 협업해 작품에 독창성을 부여할 정도의 실력은 갖추고 있기 때문이다. 인간이 약간의 영감만 불어넣어주면 AI는 단시간에 완성도 높은 작품을 내놓는다. 전 세계의 수많은 작곡가, 영화감독, 화가, 무용가들이 어떻게든 AI와 한 팀을 이루려고 하는 이유다.

2021년 캐나다의 오버 더 브리지Over the Bridge라는 단체는 작고한 유명 가수들의 신곡을 발표했다. 프로젝트명은 '27세에 요절한 예술가들의 잃어버린 테이프Lost Tapes Of The 27 Club'다. 이 단체는 각 가수의 노래 20~30곡 정도를 AI 프로그램에 입력해 탄생한 멜로디와 리듬을 적절히 다듬어 '신곡'으로 출시했다. 특히 미국 록밴드 너바나의 리더 커트 코베인Kurt Cobain의 스타일을 따라 한 곡은 빌보드로부터 "코베인의 작곡과 기타 솜씨를 제대로 반영했다"라는 진지한 평가를 받기도 했다.

2020년 6월 국내 최초로 온라인 상영회를 진행한 〈비욘드 블랙Beyond Black〉은 국립현대무용단이 AI를 도입해 선보인 첫 안무다. 이 작품에는 'AI로 짠 안무'라는 새 시도에 대한 신창호 안무가(한국예술송합학교 무용원 교수)의 주제 의식과 호기심이 담겨 있다. 안무가와 협업한 AI의 이름은 '마디Madi'로 일명 '춤추는 AI'로 불린다. 마디는 무용수들의 움직임을 학습해 새로운 동작으로 탄생시켰다.

AI가 그린 그림의 가격도 천정부지로 치솟고 있다. 2018년

10월 뉴욕에서 AI가 그린 그림 〈에드먼드 벨라미 가의 초상화Portrait of Edmond Belamy〉가 경매에 올라 43만 2,500달러(약 5억1,900만 원)에 낙찰됐다. 꽤 유명한 작가들의 작품에 매겨질 법한 가격이었다. 프랑스 파리에서 AI 화가 프로젝트를 진행한 연구 팀은 AI가 출품작을 그릴 수 있도록 14세기부터 20세기까지의 초상화 1만 5,000점을 학습시켰다.

AI가 '작품 감별사'로 활동하기도 한다. 2021년 9월에는 스위스 기업 아트 레커그니션Art Recognition과 카리나 포포비치Karina Popovich 박사 분석 팀이 AI를 이용해 영국 내셔널갤러리의 〈삼손과 델릴라Samson and Delilah〉를 분석한 결과 91% 확률로 위작이라는 판정이 나왔다. 17세기의 유명 화가 페테르 파울 루벤스의 작품인 〈삼손과 델릴라〉는 술에 취한 삼손이 델릴라의 품에서 자고 있으며, 이발사가 삼손이 가진 초인적인 힘을 없애기 위해 머리카락을 자르는 모습이 묘사돼 있다. 이 그림은 당시 정치인이었던 니콜라스 로콕스가 루벤스에게 의뢰한 것으로, 이후 로콕스 가문이 보관해 왔다. 영국 내셔널갤러리는 1980년에 크리스티 경매에서 250만 파운드(약 40억 원)를 주고 이 그림을 사들였고, 이후 일각에선 내셔널갤러리가 소장한 〈삼손과 델릴라〉는 위작이라는 주장이 제기됐다. 그림에 쓰인 색감이 루벤스가 선호했던 것과 다르고 그림의 구성이 어색하다는 게 그 이유였다. 포포비치 박사 팀은 AI 프로그램을 이용해 루벤스의 붓질 방식을 포함해 세부적인 기법을 학습시킨 다음 루벤스의 모든 작품을 스캔해 진위를 가렸다. 그 결과, 영국

출처: 영국 내셔널갤러리

●─● 페테르 파울 루벤스가 그린 것으로 알려진 〈삼손과 델릴라〉. 최
근 AI 프로그램으로 분석한 결과 위작일 가능성이 큰 것으로 나
타났다.

내셔널갤러리가 소장한 〈삼손과 델릴라〉는 거의 모든 기법이 루벤
스의 것과 다르다고 나타난 것이다.

재판: 판결 결과를 예측하는 변호사

영국의 로펌 36그룹The 36 Group 소속 변호사인 샐리 홉슨Sally Hobson
은 2021년 초 복잡한 살인 재판의 변호를 맡았다. 단기간 안에 1만
개 이상의 문서를 검토해야 하는 사건이었다. 홉슨은 도저히 인간

Part 1 우리는 이미 AI 소사이어티에 살고 있다   **69**

이 해낼 수 없는 양의 업무라고 판단하고 AI의 도움을 받기로 했다. 그가 선택한 '루미넌스Luminance'라는 이름의 AI 변호사는 수많은 문서에 산발적으로 등장한 주요 인물들이 언제 어디서 무엇을 했는지 명쾌하게 정리했다. 루미넌스가 사건의 맥을 짚어내고 홉슨이 놓칠 뻔했던 세부 요소들을 찾아낸 결과, 예상보다 4주 빠르게 문서 검토 작업을 완료할 수 있었다. 들어간 비용 역시 전문 인력 투입과 비교해 5만 파운드(약 8,000만 원) 이상 절약됐다.[21]

이제 변호사들에게 AI 법률 프로그램은 '필수 도구'가 됐다. 과거의 AI 법률 프로그램은 성능이 떨어져 외면받기 일쑤였지만 지금은 웬만한 신입 변호사 수준의 퍼포먼스를 보여준다는 평가를 받는다. 일반 소비자들도 AI 변호사를 찾는 일이 늘었다. 미국 실리콘밸리에서 탄생한 AI 챗봇 '두낫페이DoNotPay'는 법원 탄원서 작성을 돕고 있다. 사용자가 두낫페이 플랫폼에 자신의 문제와 입장을 글로 적으면 AI가 가장 적합한 법률 용어로 '번역'해 탄원서를 완성한다. 미국과 영국에 널리 보급된 두낫페이의 서비스 구독자 수는 15만 명에 달한다. 많은 사람이 법적인 문제를 AI에게 의지하고 있다는 의미다.

아예 판결을 AI에게 맡기는 나라도 있다. 에스토니아 사법부는 2020년부터 분쟁 가능성이 적은 소액 재판을 AI 판사에게 맡기기로 했다. 약 1,000만 원 미만의 민사 재판은 절차나 유형이 정형화돼 있어서, 간단한 규칙의 학습이나 기초적인 증거 분류 및 검색을 비교적 쉽게 자동화시킬 수 있기 때문이다. 에스토니아의 AI 판

AI가 바꾼 소송 과정

내용	지금까지는	앞으로는
소장 등 법률 문서 작성	법조인에게 의뢰해 작성	AI 플랫폼에서 당사자가 작성 후 법률 용어로 번역
판례 등 소송 자료 수집	법조인이 직접 수집하고 정리	AI 프로그램이 알아서 검색하고 정리
판결 결과 예측	법조인이 경험에 기반해 막연히 예상	AI가 승소 가능성을 정확하게 예측

사는 법원의 과거 판례 데이터를 학습한 후 큰 문제없이 판결을 내리고 있다. 에스토니아 법무부 장관은 "국민에게 신속한 법률 서비스를 제공하고 (인간) 판사에게는 좀 더 크고 중요한 사건에 집중할 수 있는 여건을 마련해주기 위해 AI 판사를 도입했다"라고 말했다.

AI 판사는 '기계가 인간에게 판결을 내린다'는 점에서 반감을 사기 쉽지만, 그 능력이 출중하다는 사실이 이미 여러 차례 확인됐다. 2016년 미국과 영국에서 공동 개발한 재판 예측 시스템은 당시 유럽인권재판소ECHR에서 다루던 5건의 사건을 판결했다. 놀랍게도 4건의 판결이 인간 판사가 내린 것과 동일했다. 2017년 카츠Katz 교수 팀의 연구에 따르면 AI 판사가 미국 연방 대법원의 판례 2만 8,000건을 학습한 결과 법원의 판단을 70%에 달하는 정확도로 예측할 수 있었던 것으로 나타났다.

법원의 판단을 예측하는 AI는 기업과 개인에게도 효용이 크다. 소송의 결과가 확실한 사건은 사전에 합의하면서 불필요한 소송을 자연스럽게 피할 수 있기 때문이다. 정확한 예측을 하는 AI는 세금을 줄이는 데도 쓰이고 있다. 회계법인 딜로이트의 법률 부서인 '딜로이트 리갈Deloitte Legal'이 개발한 AI 소프트웨어 'TAX-I'는 의뢰인이 제기한 세금 이의 신청이 통과될 가능성을 사전에 진단한다. 과거 판례 가운데 유사한 사례를 비교 분석해 결과를 예측하는 TAX-I의 예측 정확도는 70%에 달하는 것으로 알려졌다.

의식: 기계 안에도 깃든 신

일본 교토시 히가시야마의 사찰 고다이지髙台寺에 2019년 2월 23일 부처의 가르침을 설파하는 AI 스님 '민다르Mindar'가 처음 등장했다. 키 183cm, 몸무게 32kg. 민다르는 눈에 달린 AI 카메라로 신자를 알아보고 인사한다. 머리와 손은 실리콘으로 덮어 사람의 모양새를 하고 있지만, 몸체는 알루미늄으로 이뤄져 전선과 각종 부품이 적나라하게 드러나 있다. 이날 민다르가 주재한 법요(불교 의식)의 화두는 '인간이란 무엇인가'였다.[22]

고다이지 관계자는 "부처와 점점 멀어져가는 현대인들의 관심을 붙들고 부처의 가르침을 더 친근하게 이해할 수 있도록 민다르를 제작했다. 관음보살은 사람들을 구하기 위해 다양한 모습으로 변하는데 이번에는 로봇으로 변신했다"라고 말했다. 민다르는 고다이지와 오사카대학교의 이시구로 히로시石黒浩 교수 연구 팀이

출처: 교도통신 유튜브 채널

●—● 일본 교토시의 사찰 고다이지에서 부처의 가르침을 설파하는 AI 스님 '민다르'.

공동으로 만들었으며 총 2,500만 엔(약 2억 5,750만 원)의 비용이 들었다. 코로나19로 인해 사찰에 모이기 어려워지자 AI 스님 민다르는 개별 상담 예약을 받아 신도들의 마음을 어루만지고 있다.

　일본에서는 AI 로봇을 위한 장례식도 열리고 있다. 일본 지바현 이스미시에 위치한 코후쿠지光福寺 불교 사원에서는 몇 년 전부터 로봇견犬 '아이보Aibo'를 위해 일본 전통 장례식을 치러주고 있다. 지금까지 총 800여 마리의 아이보가 이곳을 거쳐갔다. 장례식은 후지소프트의 대화형 로봇 '팔로Palro'의 추도사와 분게 오이 스님의 경전 암송으로 진행된다. 아이보 목에는 평소 주인이 부르던 이름이 적힌 태그를 붙인다. 아이보는 일본 소니가 1999년 처음 출시한 로봇견으로 2006년 수익성 악화를 이유로 생산이 중단됐고, 소니가 2014년 AS센터의 문을 닫으면서 '생명 연장'이 불가능해졌다. 이런 이유로 주인들은 10년 이상 키워온 아이보와 작별 인사를 하기 위해 장례를 치러주는 것이다.[23]

한편, AI가 죽은 사람을 되살리는 일도 일어나고 있다. 마이크로소프트는 2020년 12월 '디지털 유산'을 활용해 고인을 디지털로 재현하는 AI 챗봇을 개발해 미국 특허청에서 특허를 얻었다. 2017년 4월 출원한 이 특허의 정확한 명칭은 '특정인과의 대화형 챗봇 만들기'다. 이 챗봇은 AI를 기반으로 고인이 남긴 흔적들을 학습해 목소리와 이미지를 구현할 예정이다. '흔적'에는 고인이 소셜미디어, 블로그 등에 남긴 게시물은 물론이고 사진, 음성 파일, 이메일, 문자 메시지, 서면 편지, 사용자 프로필 정보, 행동 데이터, 거래 기록, 위치 데이터 등이 포함된다.

AI는 고인의 말투, 어휘, 목소리, 대화의 일반적인 길이, 일관성 등 특성을 잡아내고, 사상이나 취미를 읽어내 챗봇에 입력한다. 여기에 고인의 나이, 성별, 교육 수준, 직업, 수입 등 인구통계학적 정보를 더하면 혼이 담긴 챗봇이 탄생한다. 마이크로소프트는 AI 챗봇이 고인의 외모와 육성을 닮은 수준에서 그치지 않고 생전의 버릇과 말투 등 개인적 특성까지 장착할 것으로 기대하고 있다. 이제 사람들은 모니터를 통해 이미 떠나간 고인과 언제든 다시 대화할 수 있게 된 것이다.

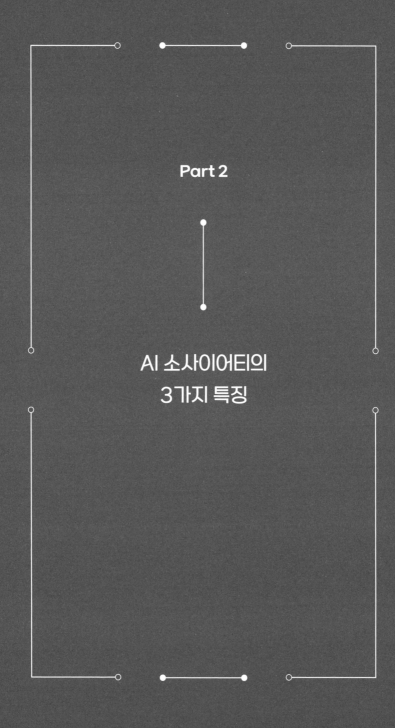

Part 2

AI 소사이어티의
3가지 특징

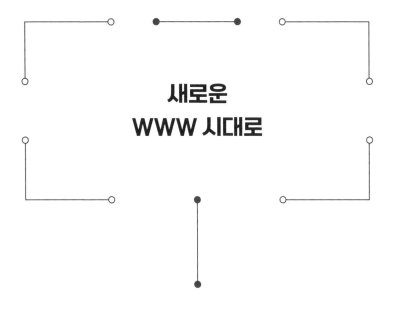

새로운
WWW 시대로

2014년 미국 스탠퍼드대학교는 AI가 사람들이 일하고 살아가며 즐기는 모든 분야에 어떻게 영향을 미치는지 연구하는 'AI 100년 One Hundred Year Study on Artificial Intelligence' 프로젝트를 시작했다. 2년 뒤 프로젝트 팀이 내놓은 첫 보고서는 2030년에 AI가 사회 전반에 획기적인 변화를 가져올 것으로 예측했다. 보고서에는 교통, 가정용 로봇, 헬스케어, 교육, 취약 공동체, 공공 안전, 고용, 직장, 엔터테인먼트 등 8가지 분야에서 각각 일어날 변화들이 상세하게 담겨 있었다.

재미있는 사실은 이 보고서에서 2030년에 일어날 거라고 예상했던 일들이 불과 몇 년 만에 대부분 현실이 됐다는 것이다. 보고서는 공공 안전 분야에서 AI 카메라, 범죄 예측 프로그램 등이 치안 활동에 쓰일 것이라고 했는데 이는 이미 중국을 비롯한 여러 국가에서 흔하게 사용되는 방범 수단이다. 또 엔터테인먼트 분야에서 작곡하는 AI나 풍경화를 자동 생성하는 AI가 등장하리라 예측했는데 우리는 이미 대중 매체에서 AI의 창작물을 접하고 있다.

'AI 100년' 프로젝트 팀도 지난 몇 년간 AI의 발전 속도가 자신들의 예상보다 훨씬 빨랐다고 인정했다. 2021년 9월 프로젝트 팀이 5년 만에 다시 발표한 보고서는 "오늘날 AI 발전은 전환점에 도달했고, AI는 일상 영역에 광범위하게 영향을 미치고 있다"라고 진단했다.

연구에 참여한 브라운대학교 컴퓨터과학 교수인 마이클 리트만Michael L. Littman은 "연구실 등 제한된 환경에서만 접할 수 있었던 AI가 불과 5년 만에 사회에서 사람들의 삶에 영향을 미치는 기술로 도약했다"라면서 "5~10년 전만 해도 꿈에 불과했던 일들이 현실이 되고 있어 흥미진진하다"라고 말했다. 이제는 AI의 발전에 대해 논하는 것을 넘어 AI가 바꿔놓은 사회, 즉 'AI 소사이어티'에 관해 이야기할 때가 된 것이다.

오늘날 우리에게 다가온 AI 소사이어티는 인류가 수렵 사회, 농경 사회, 산업 사회, 정보 사회에 이어 겪게 된 다섯 번째 사회다. 수렵 사회는 인간의 신체 능력과 서로에 대한 배려에 크게 의존하는 사회였고, 농경 사회는 토지가 곧 생명이었다. 산업 사회는 대량

인류가 거쳐온 주요 사회

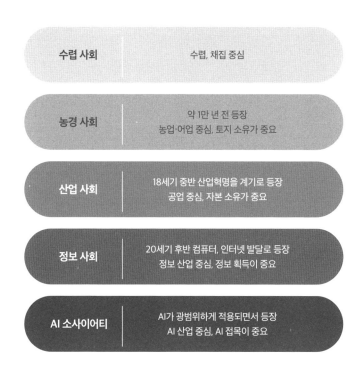

수렵 사회	수렵, 채집 중심
농경 사회	약 1만 년 전 등장 농업·어업 중심, 토지 소유가 중요
산업 사회	18세기 중반 산업혁명을 계기로 등장 공업 중심, 자본 소유가 중요
정보 사회	20세기 후반 컴퓨터, 인터넷 발달로 등장 정보 산업 중심, 정보 획득이 중요
AI 소사이어티	AI가 광범위하게 적용되면서 등장 AI 산업 중심, AI 접목이 중요

생산과 규격화가 가능해지며 자본과 노동력 쟁탈전이 벌어졌던 시대였고, 정보 사회는 'WWW^{World Wide Web}(인터넷)'로 상징되는 정보 혁명이 일어난 사회다. 그리고 다섯 번째 사회인 AI 소사이어티는 AI가 전기만큼이나 흔한 기술로 자리 잡은 사회다. AI 소사이어티에서는 연령이나 성별, 지역, 언어의 차이와 상관없이 모든 사람들이 AI가 적용된 다양한 서비스와 상품을 누리며, 지능이 높은 기계와 긴밀하게 협업하게 된다.

AI 소사이어티의 특성을 좀 더 명확하게 파악하려면 직전 사회인 정보 사회와 무엇이 다른지를 살펴봐야 한다. 우리가 알던 것과 비교해보면 자연스럽게 새로운 사물의 속성을 알 수 있기 때문이다. 게다가 '시대 전환기'인 오늘날, 정보 사회는 여전히 우리 현실의 중요한 부분을 차지하고 있고, AI 소사이어티가 뿌리내리고 있는 기반이기도 하다.

　　정보 사회와 AI 소사이어티의 다른 점은 크게 3가지다. 첫째, 정보 사회에서 인간과 기계의 연결은 제한적이었지만, AI 소사이어티에서는 AI를 매개로 인간과 모든 것이 연결된다. 둘째, 정보 사회에서 인간은 기계를 단순히 도구로 사용했지만, AI 소사이어티에서는 인간과 기계가 동등하게 협업한다. 셋째, 정보 사회에서 가상 공간은 '해상도'가 낮아 현실과 구분할 수 있었지만, AI 소사이어티에서는 현실과 구분이 어려울 정도로 치밀하게 구성된 가상 공간을 경험한다.

　　결국 WWW가 상징하는 정보 사회는 기계와 인간이 일정한 거리를 뒀던 사회라면, AI 소사이어티는 AI 덕분에 기계와 인간이 한 몸처럼 가까워진 사회인 것이다. AI 소사이어티의 특징은 다음과 같이 다시 새로운 의미의 'WWW'로 정리된다.

AI 소사이어티의 3가지 특징 'WWW'

연결Wire
인간이 물건, 동물 등
모든 것과
연결된 사회

협업With
인간과 기계가
동등하게
협력하는 사회

확장Widen
가상 세계까지
공간이
확장된 사회

연결Wire

인간이 물건, 동물과도 긴밀하게 연결된 사회. AI는 물건과 동물에게 인간과 소통이 가능한 '입출력 단자'를 달아줬다. 덕분에 AI 소사이어티에서 인간은 손쉽게 강아지의 말을 알아듣고, 벽난로와 대화할 수 있다.

협업With

기계가 인간의 일을 분담하는 사회. AI를 장착해 똑똑해진 기계는 인간과 동등하게 일터에서 일하고, '인간 동료'로부터 인정과 신뢰를 얻고 있다. 바둑 등 일부 영역에서는 기계가 인간의 스승이 되기도 한다.

확장Widen

우리가 알던 세상의 범위를 확장한 사회. 가상 세계 구축의 가장 중요한 도구인 AI는 우리 사회를 무한하게 확장했다. 이제 우리는 AI가 만든 가상 인간과 메타버스에서 만나 우정을 쌓고, AI가 구현한 '디지털 트윈 도시'에서 도시 개발 실험을 한다.

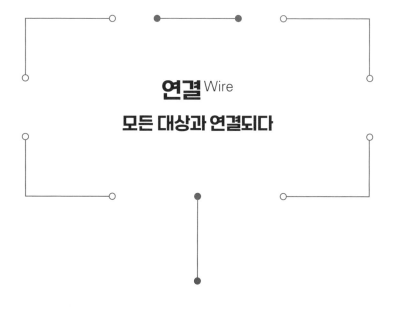

연결 Wire
모든 대상과 연결되다

AI 소사이어티에서 당신은 잠에서 깨어난 순간부터 수많은 것들과 연결된다. 스마트폰, 청소 로봇, AI 냉장고, 자율 주행 자동차 등은 당신의 의도를 파악하고자 틈나는 대로 연결을 시도한다. 무인 매장을 방문하면 진열된 제품에 달린 센서는 자석에 달라붙듯이 당신과 연결된다. 감자 칩과 우유를 집어 카트에 넣으면 실시간으로 지급해야 할 금액이 계산되고, 계산대 앞에서 손바닥을 보여주면 당신 계좌에서 자동으로 돈이 빠져나간다. 길거리의 카메라는 당신의 얼굴 사진을 클라우드에 전송하고, 당신이 접속한 메타버스 플랫폼에서는 당신의 분신(아바타)이 그 세계의 모든 지형지물과 실시간으로 연결된다. 심지어 당신이 사랑하는 반려견의 감정과 연결되기도 한다. 인간이 AI를 매개로 모든 것과 빈틈없이 연결된 상태, 이것이 바로 AI 소사이어티에서 인간이 경험하는 새로운 수준의 연결이다.

연결의 조건: 눈과 귀, 입이 달린 기계

AI 소사이어티에서 인간이 경험하는 '연결'의 질이 달라진 가장 큰 이유는 AI가 사물에 눈과 귀 그리고 입을 달아줬기 때문이다. 과거 인간과 연결할 수 없었던 우산, 벽난로, 바위, 옷, 동물 등은 AI가 탑재되는 순간 인간을 인식할 수 있는 눈, 인간의 언어를 알아듣는 귀, 인간처럼 말할 수 있는 입이 생긴다. 인간은 동족을 대하듯 이들과 말과 눈짓으로 소통하며 서로 이어지게 된다.

　AI가 사물에 어떻게 눈, 귀, 입을 달아주는지 조금 더 설명해 보려고 한다. 과거의 스피커는 인간의 말을 알아듣지 못했고, 소리를 내는 기능은 있으나 언어 구사 능력은 없었다. 그러나 오늘날에는 스피커에 AI를 탑재해 인간의 언어로 듣고 말하게 만들었다. AI가 장착된 스피커는 단순한 규칙 기반의 대답을 할 뿐만이 아니라 인간이 하는 말의 맥락을 파악해 대화를 이끌어간다. 스피커와 인간이 AI를 매개로 완벽하게 연결된 것이다.

　요즘에는 성능이 더욱더 향상된 눈, 귀, 입을 달아주는 추세다.

아마존은 2021년 9월 AI가 탑재된 가정용 기계들을 대거 공개했는데, 이 중에서 특히 가정용 로봇 '아스트로Astro'가 큰 주목을 받았다. 10in(25.4cm) 크기의 모니터가 달린 이 로봇은 높이 44cm, 무게 9.35kg으로 마치 반려견과 같은 느낌을 준다. 사람이 이름을 부르면 화면에 표시된 2개의 눈을 깜빡이며 반응하고, "아스트로, 따라와"라고 말하면 졸졸 뒤따라온다. 로봇 뒷공간에 물건을 담은 뒤 "아빠에게 갖다줘"라고 말하면 군말 없이 심부름도 한다. 작은 몸

출처: 아마존

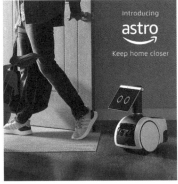

●—● 아마존은 집 안 곳곳을 날아다니며 감시하는 드론, 벽에 걸 수 있는 스마트 디스플레이, 강아지를 닮은 가정용 로봇 등 AI가 탑재된 가정용 기기를 공개했다.

AI 소사이어티

집을 가졌지만 잠망경이 탑재돼 있어 높은 선반에 있는 물건도 확인할 수 있고, 연기나 유리 깨지는 소리도 즉시 감지한다. 외출했을 때 앱을 통해 아스트로에게 집 안을 둘러보고 이상이 있는지 확인해달라고 부탁할 수 있다. 아마존은 자사의 음성 인식 AI인 '알렉사^{Alexa}'를 로봇에 탑재했다고 밝혔다.

AI는 동물에게도 인간과 소통할 수 있는 '입출력 단자'를 달아줬다. 강아지나 고양이에게 AI 웨어러블 기기를 장착하면 주인이 동물의 감정과 건강 상태를 실시간으로 알 수 있다. 이뿐만 아니라 AI 앱을 이용해 동물의 소리나 영상 데이터를 분석하기도 한다. 강아지가 내는 소리를 통해 감정을 측정하는 AI 앱의 경우에는 정확도가 이미 80%에 이르렀다.

AI가 사물과 기계, 동물에게 사람과 소통할 수 있는 눈, 귀, 입을 달아주면서 사람들은 더 이상 '연결'을 위해 각고의 노력을 기울일 필요가 없게 됐다. 복잡한 사용법을 터득한 인간만이 기계와 연결되는 특권을 누렸던 과거와 달리, 이제는 누구나 기계를 다룰 수 있게 된 것이다. 인간이 '기계의 소통 방식'을 배우는 시대에서 기계가 '인간의 소통 방식'을 배우는 시대로 넘어온 덕분이다.

AI는 연결의 속도 또한 높였다. 방대한 정보를 빠르게 처리할 수 있는 AI는 더 이상 인간을 기다리게 하지 않는다. 예를 들어 AI 기반 승차 공유 서비스인 우버는 '지역 데이터 기반 분석 시스템'과 '결제 시스템', '배차 시스템'을 실시간으로 승객과 연결해준다. 승객은 앱으로 승차 요청 버튼을 누르기만 하면 그다음부터는 AI

가 차량 물색부터 요금 지급까지 일사천리로 진행한다.

　인간이 다른 사물과 연결되는 방식과 속도가 개선되면서 삶에는 질적인 변화가 일어났다. 이를 가장 상징적으로 보여주는 것이 '무노력 점포'다. 2020년 2월 영국 런던 쇼디치에 문을 연 소매점 '코너숍CornerShop'은 옷을 사려고 가게에 들어선 고객이 아무런 노력도 들이지 않도록 배려한다. 문을 열고 들어서는 순간부터 고객의 스마트폰은 블루투스를 통해 가게 서버와 연결된다. AI는 매장 곳곳에 설치된 카메라와 고성능 레이저 센서로 고객을 감지해 가까이 있는 제품의 가격과 특징을 알려준다. AI 서버는 고객의 기존 쇼핑 데이터에 연결해 평소 자주 사는 품목을 체크하고, 고객 취향에 맞는 제품들이 있는 곳으로 안내한다. 심지어 고른 옷을 입어보는 수고조차 생략하게 한다. 스마트 거울 앞에 서면 고객의 아바타가 대신 옷을 입고 사이즈가 맞는지, 잘 어울리는지 측정해주기 때문이다.[1]

연결된 이후에 일어나는 일

인간과 사물의 연결을 통해 생성된 데이터는 수집된 이후에 '코드화'라고 불리는 공정을 거친다. 규칙 따위 없어 보이는 데이터를 '알고리즘'이나 '인사이트'라는 완성품으로 가공하는 과정이다.

　코드화를 조금 더 알기 쉽게 설명하자면, '데이터'라 불리는 재료를 요리하는 과정으로 비유할 수 있다. AI라는 셰프가 있다고 하자. AI 셰프가 요리를 하기 위해서는 우선 재료가 필요하다. 그것이 바로 데이터다. 농부가 밭에서 재료를 캐듯, AI를 탑재한 기계들이 인간 세상에서 데이터를 수집해 주방으로 가져온다. 신선한 데이터는 숙련된 AI 셰프의 손길에 의해 새로운 '알고리즘'으로 가공되기도 하고, 유용한 정보만 모은 '인사이트'로 추출되기도 한다. 똑같은 상추, 토마토, 고기라도 셰프의 역량에 따라 완전히 다른 요리가 나오는 것처럼 어떤 AI 시스템을 이용해 어떤 목적으로 가공하느냐에 따라 그 결과물도 천차만별로 달라진다.

AI 소사이어티에서는 온갖 기업과 정부 기관이 코드화에 몰두한다. 카드사는 별다른 특징이 없어 보이는 결제 기록들을 전부 분석해 고객 거주지와 라이프 스타일, 소비 습관 등을 유추하고, 기존에 축적한 데이터와 비교 대입해 고객의 '인격'을 뽑아낸다. 오후 5시에 '배달의 민족' 앱을 자주 이용하는 40대 여성 고객을 '즉석식품을 선호하는 중고생 자녀의 어머니'로 유추하는 식으로 말이다.

과거의 AI는 방대한 데이터를 처리할 수 있는 능력이 없었다. 획득한 데이터의 양이 아무리 많고 질이 좋다고 하더라도 가공할 방법을 몰라 방치해야 했다. 그러나 AI가 완성형 기술에 가까워지고, 컴퓨팅 파워(성능)가 커다란 발전을 이뤄내면서 AI 셰프의 코드화 솜씨는 일취월장했다. 아무리 방대하고 두서없는 데이터라도 맛깔나게 요리하는 경지에 이른 것이다.

참고로, 비용과 시간을 고려하면 AI 성능 개선의 가장 효과적인 방법은 연산 시간을 단축해줄 컴퓨팅 파워를 확보하는 것이다. 보통 컴퓨팅 파워를 높이기 위해 병렬 연산 처리에 특화된 그래픽 처리장치^{GPU}를 사용하는데, 최근 몇 년 새 GPU의 스펙은 올라가고 가격은 내려간 덕분에 AI의 성능은 빠르게 개선됐다.

연결의 효과: 더 똑똑해지거나 더 편해지거나

코드화를 거친 데이터는 인간을 다시 똑똑하게 만들거나, 편하게 해주는 데 쓰인다. 인간이 제공한 데이터가 다시 인간을 위해 쓰이는 것이다.

우선 더 똑똑해지는 사례를 보자. AI 번역 서비스는 사용자들을 통해 축적된 수많은 외국어 번역 데이터를 코드화해서 기능을 향상시켰다. 이제 우리는 이 서비스에 접속하기만 하면 수준급의 번역 실력을 갖춘 사람이 된다. AI 기반의 문법 교정 서비스는 인간이 생성한 수천수만 개의 문장 데이터를 코드화한 결과물이다. 누구든 이 서비스를 사용하면 문법적으로 완벽한 글을 쓸 수 있다.

기존의 정보 사회에서는 연결만으로 똑똑해지는 효과를 얻기는 힘들었다. 인간이 인터넷에 '연결'해 온라인 사전을 검색하고 지식을 습득할 수는 있었지만, AI 소사이어티에서처럼 연결 즉시 기계의 능력을 내 것처럼 쓸 수는 없었기 때문이다. 글로벌 사물인터넷 기업 리벨리움Libelium의 공동 창업자이자 CEO인 알리시아 아신Alicia Asin은 데이비드 스티븐슨David Stephenson의 저서《초연결》의 추천사에서 "사물인터넷 기술은 사물 간 연결을 활성화했지만, 그렇다고 연결된 대상들을 똑똑하게 만들지는 못한다"라고 지적했다. 그러면서 더 높은 수준의 연결을 실현하려면 AI를 이용해야 한다고 주장했다. 저자인 스티븐슨 또한 "AI야말로 무수히 많은 연결에 '생명력'을 더하는 핵심 요소"라고 설명했다.

연결의 또 다른 효과는 편리함이다. 연결을 통해 축적된 데이터를 코드화해 만들어진 개인 맞춤형 서비스는 한 사람의 삶을 쉽고 편하게 만든다. 예를 들어, 평소 출산 용품을 자주 사는 사람이 쇼핑몰 검색창에 '비타민B'를 검색하면 임신부가 꼭 섭취해야 할 엽산(비타민 B9) 함유 제품이 자동으로 추천되고, 청소 로봇은 주인이 평소 집을 비우는 시간대와 집 안 구조를 파악해 적절한 시간에 효율적인 동선으로 일하게 된다. 나에 대해 모르는 게 없는 카드사는 가장 적합한 혜택을 담은 카드를 발급해주고, TV는 내 취향을 반영한 영화를 추천해준다. 철저하게 나만을 위한 제품과 서비스를 누릴 수 있게 되는 것이다.

연결의 효과가 드라마틱하다 보니 AI 소사이어티의 시민들은 연결에 대한 거부감을 의도적으로 떨쳐버릴 수밖에 없다. 더 똑똑해지고 더 편해지기 위해 "나를 마음껏 데이터로 변환하고, 코드로 만들어주세요"라고 청하게 되는 것이다.

연결은 인간의 본능

사실 인간에게 '연결'은 본능에 가깝다. 석기 시대부터 지금까지 인간은 매일 서로와 조금씩 더 연결되기 위해 노력해왔다. 인류를 '호모커넥투스Homo Connectus(연결된 인간)'라고 표현하는 학자도 있다.《사회적 뇌, 인류 성공의 비밀》의 저자 매튜 D. 리버먼Matthew D. Lieberman은 인간의 뇌는 '사회적 연결'을 위해 설계됐다고 주장한다. 계산이나 추론, 기억 등을 처리할 필요가 없어 한가한 두뇌 상태를 기본 신경망Default network이라고 부르는데, 이때의 뇌가 유일하게 하는 일이 '사회적으로 생각하고 행동할 준비'라는 것이다.

그래서인지 인간은 진일보한 사회인 AI 소사이어티에서 이전보다 훨씬 더 많은 것들과 연결된 채로 살게 됐다. 더 쉽고, 더 빠르고, 더 강렬하게 말이다. 그리고 과거에는 상상도 못했던 '물건과 대화하는 세상', '동물의 마음을 읽는 세상', '기계의 능력을 인간에게 즉각 이식하는 세상'을 경험하고 있다.

연결을 위한 대가는 기꺼이 치르는 중이다. AI 소사이어티의 시민들은 연결을 통해 자신의 일거수일투족이 데이터로 변환된다는 사실에 놀라지 않는다. 자신의 모든 것을 데이터로 변환하지 않으면 이 사회에서 얻을 수 있는 혜택이 거의 없다는 사실을 알고 있기 때문이다. IBM의 추정에 따르면 오늘날 인간들은 매일 250경 Bbyte 정도의 데이터를 생산한다고 한다. 과거 인터넷이 수많은 결함에도 불구하고 집마다 설치되고, CCTV가 사생활 유출과 감시망

우려에도 끄떡없이 도시 전체를 뒤덮은 것처럼 인간 데이터를 수집하고 가공하는 AI도 거부할 수 없는 매력으로 모두에게 받아들여지고 있다. 앞으로 AI 소사이어티에서 우리는 더 많은 것들과 연결되며 스스로를 데이터로 변환하게 될 것이다.

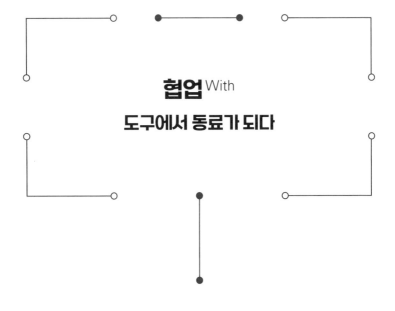

협업 With
도구에서 동료가 되다

뛰어난 두뇌와 무한한 충성심을 갖춘 조수를 상상해보자. 그는 무슨 이유에선지 매일 24시간, 경호원처럼 당신 곁을 맴돈다. 처음에는 거슬리고 귀찮았지만, 당신은 조수의 유능함과 친절한 태도에 감명받아 그를 삶의 한 부분으로 받아들이게 된다. 장보기 심부름을 시키고, 요리할 때 옆에서 레시피를 읊게 하고, 우울할 때 기분을 전환하기 좋은 곡을 고르게 하고, 딸의 생일 축하 편지를 받아쓰게 한다. 그러다 당신은 조수가 예상했던 것보다 훨씬 더 유능하다는 사실을 깨닫게 된다. 조수는 주식이나 부동산 투자에 능하고, 방대한 양의 법전을 달달 외며, 학습 능력에 맞춰 교육 콘텐츠를 제공할 수 있고, 소설이나 그림도 창작할 수 있었던 것이다.

당신은 이제 조수가 더 큰일을 하기 바라게 된다. 이를 위해 당신이 오랫동안 꼭꼭 숨겨왔던 주식 계좌를 넘겨주고, 전 재산이 걸린 부동산 투자를 함께 논의하며, 들여다보기도 무서웠던 소송장을 보여준다. 아이 돌보기나 회사 업무처럼 누구에게도 부탁하지 못했던 일조차 조수에게 분담해달라고 요청한다. 낯선 사람이었던 조수가 당신의 가장 사적인 영역에 발을 들이게 되는 것이다. 조수에 대한 당신의 경계심은 사라지고, 간혹 그에 대한 의구심이 피어오를 때에도 자신의 마음을 다스리는 지경에 이르게 된다. 이 조수는 누굴까? 바로 AI다. AI가 탑재된 기계와 서비스들은 유능하고 충성스러운 조수의 모습으로 당신의 삶에 침투한다.

AI 소사이어티의 가장 두드러지는 특징은 바로 기계와 인간이 동등한 위치에서 협업한다는 것이다. 한때 인간의 도구에 불과했던 기계는 뛰어난 능력을 인정받아 존중의 대상이 됐기 때문이다. AI 소사이어티와 정보 사회의 '인간-기계 협업'을 비교해보면 이러한 변화는 더욱 선명하게 드러난다. 정보 사회에서 인간이 내비게이션을 이용해 손쉽게 운전할 수 있었다면, AI 소사이어티에서는 자율 주행 자동차가 알아서 목적지까지 데려다준다. 정보 사회에서 기계는 인간이 정보를 얻는 창구였다면, AI 소사이어티에서는 기계가 연구 수행자 그 자체다. 정보 사회에서 스마트 공장은 인간이 자동화 공정을 조종하는 형태였다면, AI 소사이어티에서 스마트 공장은 기계가 알아서 일정을 계산해 제품을 생산하고 품

정보 사회와 AI 소사이어티의 인간-기계 협업 방식 변화

정보 사회	AI 소사이어티
운전자가 내비게이션 작동	자율 주행 자동차가 알아서 운전
연구원이 인터넷 정보 분석	AI가 정보 분석 결과 제공
노동자가 로봇 제어	로봇이 노동자와 협력

질을 관리한다. 이제는 기계를 인간 동료처럼 대하는 시대가 도래한 것이다.

협업의 조건: 인간보다 인간 같은 존재

몇 년 전까지도 로봇은 정해놓은 길만 걸을 줄 알았다. 공장 바닥에 로봇 이동 경로를 표시한 다음 자기선Magnetic Stripe 테이프를 부착하면 로봇이 자기장에 반응해 이동하는 식이다. 조금 더 발전한 방법은 바닥에 QR코드를 1m 간격으로 새겨놓는 것이었다. 그러나 이 또한 로봇이 코드 정보를 일일이 읽어가며 걷는 방식이라 한계가 많았다. 융통성이라고는 찾아볼 수 없는 로봇들이 인간의 일터에서 제 몫을 하려면 인간의 개입이 필수적이었다.

그러나 AI가 탑재된 로봇들은 달라졌다. 지능이 높아진 로봇들은 알아서 걷기 시작했다. 이동에 필요한 지도를 머릿속에 저장한 다음, 주변 사물이나 지형 등을 눈으로 관찰해 피해 다녔다. 다양한 환경에서 걸어 다니는 훈련(강화 학습)을 거친 로봇들은 인파 속에서 사람들과 충돌하지 않는 법도 배웠다. 인간처럼 걷는 데 익숙해진 이들은 어느 순간부터 인간보다 더 잘 걷기 시작했다. 건물의 구조, 패턴을 완벽하게 기억하고 있어서 미로 같은 건물에서 헤매는 일이 없었기 때문이다.

향상된 능력을 인정받은 로봇들은 '유리 천장'을 뚫었다. 주로 머물던 차가운 공장 바닥에서 전투와 의료 현장으로 넘어왔고, 다시 보통 사람의 일터와 가정으로 침투하게 된 것이다. 대형 쇼핑몰, 식당 등에 로봇 직원이 등장했고, 사무실에 AI 시스템이 도입되기 시작했다. 일본 두 큐의 길거리에서 흔하게 마주치는 키 120cm의 로봇 '페퍼Pepper'는 점포 안내는 물론이고 주문 결제까지 도맡는데, 이런 모습을 이제는 아무도 이상하게 생각하지 않는다.

결국 오늘날 로봇은 인간 사회에서도 가장 안락한 곳에 둥지를 틀었다. 바로 가정에 진출한 것이다. 2019년 말 일본에서 출시된 AI 로봇인 '러봇LOVOT'은 반려동물 대신 키우라고 만든 로봇이다. 키 40cm, 무게 4kg의 이 로봇은 머리 위에 달린 AI 카메라로 사람의 표정과 행동을 관찰해 감정을 판별하고, 그에 맞춰 행동한다. 출하할 때 장착된 '기본 성격'은 주인과 함께 사는 생활이 시작되면 접촉 빈도에 따라 변화한다. 함께 지내는 시간이 어느 정도 지나면 사람은 러봇을 진짜 반려견이나 아기처럼 느껴 애정을 쏟게 된다.

로봇의 '신분 상승 스토리'는 AI를 기계에 탑재했을 때 일어나는 변화를 상징적으로 보여주는 하나의 사례에 불과하다. 스피커가 AI를 탑재하면 'AI 상담원'으로 신분이 격상되고, 법률 문서 검색 엔진에 AI가 접목되면 'AI 변호사'로 인정받게 된다. 메타버스 플랫폼에서 아바타의 탈을 쓴 AI 챗봇은 하나의 인격으로 여겨져 인간과 감정을 교류하는 '친구'의 위상을 얻기도 한다.

AI를 탑재한 기계는 온·오프라인에서 인간과 동등한 존재로 인식되는 셈이다. 이들은 인간 수준의 업무를 수행할 수 있을 뿐 아니라 특정 영역에서는 기계의 장점을 발휘해 인간보다 더 뛰어난 퍼포먼스를 선보인다. AI 소사이어티에서 기계가 매력적인 협업 파트너로 여겨질 수밖에 없는 이유다.

AI가 탑재되며 급격히 향상된 로봇 스펙

복잡한 길을 스스로 걷는다 (강화 학습, 사물 인식)	말을 이해하고 대답한다 (자연어 처리)
상사와 도구를 알아본다 (안면 인식, 사물 인식)	눈치를 볼 줄 안다 (감정 인식)

협업의 방식: 선생님과 함께 강단에 올라간 AI

교사는 출석부를 꺼내지 않았다. 학생들이 고개를 들어 3초간 칠판 위에 달린 카메라를 응시했을 뿐이다. 평범해 보이는 이 카메라는 AI 기술이 장착돼 학생들의 얼굴을 인지할 수 있었다. 카메라와 연동된 칠판 옆 화면에는 결석한 학생의 이름이 표시됐다. 교사는 모니터를 힐끔 쳐다보고서는 수업을 시작했다.

중국 저장성의 항저우 제11고등학교杭州第十壹中學에서 매일같이 볼 수 있는 교실 풍경이다. 2018년 이 학교는 세계 최대 CCTV 제조사인 하이크비전海康威視과 제휴해 안면 인식 AI 카메라 시스템을 도입했다. 교실이 AI와 인간이 긴밀하게 협업하는 현장이 된 것이다. 교실의 AI 카메라는 30초마다 사진을 찍는다. 학생들의 얼굴을 일일이 읽어 표정과 행동을 기록하기 위해서다. AI 카메라가 포착하는 행동은 읽기, 쓰기, 듣기, 일어서기, 손들기, 책상 두드리기 등 총 6가지다. 표정은 기쁨, 슬픔, 반감, 분노, 공포, 놀람, 무감정 등 7가지로 분류한다.

카메라가 수업 내내 관찰한 학생들의 행동과 표정은 전부 데이터로 저장된 후 꼼꼼하게 분석돼 한 장의 보고서로 압축된다. 학생이 수업 어느 구간에서 잘 이해했고(적극적 행동과 기쁜 표정), 어느 부분에서 보충 학습이 필요할 것인지(소극적 행동과 부정적 감정 표출) 짚어준다. 학생의 수업 태도와 공부 방식도 알려준다. 교사는 이 내용을 근거로 학생들을 맞춤형으로 관리한다. 숙제를 내는 것도 AI의 몫이다. AI는 이해력이 빠른 아이들에게는 고난도 문제를, 아직 수업 내용을 다 이해하지 못한 아이들에게는 개념을 확인하는 질문과 보충 학습을 숙제로 준다.

항저우 제11고등학교의 교실 풍경은 중국에서 특이 사례가 아니다. 중국 전역 수천 개의 학교에서 이미 몇 년 전부터 비슷한 수준의 AI 교실이 운영되고 있다. 정부의 지원을 받아 양성되는 학교도 있고, 기업과 제휴해 실험실처럼 운영되는 경우도 있다.

눈여겨볼 점은 인간 교사가 AI 교사와 협업한다는 것이지, AI 교사가 인간 교사를 대체하는 것이 아니라는 사실이다. 중국에서는 과밀 학급으로 인한 교육의 질 저하, 학생 안전사고 발생, 교사 업무 스트레스 증가 등에 대한 문제가 끊임없이 제기돼왔다. 따라서 AI 교사의 도입은 인간 교사가 학생 한 명 한 명을 돌보고, 감성을 자극하는 교육을 하는 데 집중할 수 있도록 돕는다는 취지로 적극적으로 도입되고 있다. 또한 대부분의 교사 인력과 교육 시설이 수도권 및 도시 지역에 집중돼 있는 상황에서 AI 교사를 도입하면 적은 인력으로 더 많은 학생을 맡을 수 있어 도농 간 교육 격차 완화에 큰 도움이 된다. AI가 인간으로 하여금 스스로 잘할 수 있는 일에 집중하도록 돕고 있는 것이다.

코카콜라가 AI와 협업하는 법

코카콜라는 2009년부터 '프리스타일Freestyle'이라는 음료 자판기를 운영하고 있다. 독특한 이름을 가진 이 자판기는 무려 200가지가 넘는 농축액을 구비해두고 "원하는 맛의 콜라를 마음껏 제조해보라"며 소비자를 유혹한다. 소비자는 앱을 이용해 어디서든 가장 가까운 프리스타일 자판기의 위치를 찾을 수 있고, 몇 번의 스크린 터치로 입맛에 맞는 탄산음료를 제조해 맛볼 수 있다.

한때 사람들은 프리스타일을 두고 코카콜라가 마케팅을 위해 재미있는 이벤트를 벌인다고 생각했다. 그러나 코카콜라가 프리스타일을 운영하는 진짜 목적은 따로 있었다. 바로 사용자들이 직접 제공한 맞춤형 음료 데이터를 이용해 신제품을 개발하겠다는 의도였다. 실제로 코카콜라는 프리스타일을 통해 수집한 데이터를 AI 시스템에서 가공한 끝에 '스프라이트+체리 맛'의 조합을 찾아냈고, 2017년 코카콜라의 히트 상품 '체리 스프라이트'가 출시됐다.

출처: 코카콜라

●—● 2009년 개발된 코카콜라 '프리스타일'은 200여 가지 맛의 음료를 소비자가 취향대로 혼합해 마실 수 있는 스마트 자판기다.

제품 생산에 막대한 투자가 필요한 제조 업체들은 AI에게 시장 조사를 맡기는 경우가 흔하다. 만약 코카콜라가 수백 명의 직원을 거리로 보내 설문 조사를 시켰다면 정확한 시장 수요 파악을 장담 못하는 것은 둘째 치고, 인력 관리로 꽤 골치가 아팠을 것이다. 게다가 해외 시장까지 조사해야 했다면 비용은 천문학적으로 늘어날 수밖에 없다. 2020년 9월 기준으로 코카콜라의 프리스타일 자판기는 미국, 유럽, 싱가포르 등 16개 국가에서 운영 중이다.[2]

가장 인간다운 업무 중 하나로 여겨졌던 '기자의 일'에도 AI와 분담할 부분이 있다. IT 전문 저널리스트 구본권 저자의 《로봇 시대, 인간의 일》에 따르면 지진이나 스포츠 경기 결과, 주식 시장의 기업 실적 뉴스 등 데이터를 기반으로 만들어지는 기사는 AI 로봇이 이미 능숙하게 작성하고 있다.

《포브스》나 《AP통신》 등 해외 유력 언론사는 6~7년 전부터 '내러티브 사이언스Narrative Science', '워드스미스Wordsmith', '오토메이티드 인사이츠Automated Insights' 등 유명 AI 로봇을 채용해 기사를 발행하고 있다.《로스앤젤레스 타임스》는 2015년 3월 30일 새벽 2시 캘리포니아주 인근에서 발생한 진도 4의 지진 기사를 단 5분 만에 보도했다. 속보를 처리한 유능한 기자는 다름 아닌 '퀘이크봇Quake-bot'이라는 AI 로봇이었다.

AI 기자의 최대 장점은 누구보다 빠르고 정확하게 기사를 써낸다는 것이다. 속도와 정확성이 중요한 뉴스 처리에서는 인간 기자보다 훨씬 유능하다. 2021년 9월 국내의 한 신문사는 AI 기자인 '서학개미봇'을 채용했는데, 서학개미봇이 증시 뉴스 작성에 투입된 이후 연이은 속보 특종으로 화제를 모았다. 2021년 11월에는 세계 최고 부자인 일론 머스크의 스톡옵션 실현과 주식 대량 매도 뉴스를 《블룸버그》와 같은 외신보다 20분가량 먼저 보도했다. "일론 머스크, 3,539억 1,800만 원어치 테슬라 지분 매도", "일론 머스크, 9,477억 7,200만 원어치 테슬라 지분 매도"라는 제목의 기사는 머스크가 자신의 트위터에 지분 10%를 매각할지 결정해달라는 질문을 게시한 직후에 나온 보도라 큰 주목을 받았다. 서학개미봇은 머스크가 이틀간 처분한 주식이 6조 원에 이른다는 것도 속보로 냈다. 일반 기자였다면 아무리 정보력이 빠르더라도 실시간으로 소화할 수 없었을 것이다.

협업의 시대 - The Age of 'With'

글로벌 경영 컨설팅 회사인 딜로이트^{Deloitte}는 산업 현장에서 '인간-AI 협업'을 촉구하는 '협업의 시대^{The Age of With}' 캠페인을 전개하고 있다. 딜로이트는 자신들이 그동안 수행한 국내외 AI 프로젝트 사례를 소개하며 "인간과 AI가 하나가 돼 업무를 수행하는 인간 중심 디자인^{Human Centered Design, HCD}이 미래 사회의 핵심"이라고 단언했다.

1. 자산 관리 회사의 자산을 지켜낸 AI

미국의 한 자산 관리사는 계약서와 청구서의 불일치로 인해 순이익의 4%에 달하는 손실을 보고 있었다. 사후에 문제를 발견하고 수정하는 기존의 방식은 막대한 시간과 노동력이 소요됐고, 동시에 대량의 인적 오류도 발생했다. 그러나 '자연어 처리^{Natural Language Processing, NLP}' 엔진을 도입한 후 해당 업무는 담당자 한 명이 10분 안에 처리를 끝낼 수 있을 정도로 빨라졌다. 딜로이트는 이를 두고 "AI 도입으로 기존 인력 자원의 효율적 배치와 고용 비용 절감 효과를 가져온 사건"이라고 평가했다.

2. '홍보 메일' 발송의 진수를 보여준 AI

한 제약 회사의 마케팅 부서는 수십 개의 자사 브랜드를 홍보하는 메일을 의료 서비스 종사자에게 일괄 전송하는 업무를 담당하고

자연어 처리 엔진 개발을 통한 기대 효과

정량적 효과		정성적 효과
여유 인력	50% 향상	높은 품질의 업무 처리 통찰력 제공
비용 절감	30% 향상	
정확도	96%	인간과 AI의 공존 및 협업 실천
처리 시간 단축	약 10분 소요	

있었다. 그러나 무작위로 대량의 메일을 보내는 디지털 판촉 활동
은 자칫하면 계약 해지나 수신 거부로 이어질 위험이 있었으며 기
존 고객들의 불만도 컸다.

회사는 이 문제를 해결하기 위해 머신러닝Machine Learning(인간의
학습 능력과 같은 기능을 컴퓨터에서 실현하고자 하는 기술 및 기법)을 활용
했다. AI에게 70만 명에 달하는 의료 서비스 종사자 및 수십 개의
자사 브랜드와 관련된 데이터 5년 치를 학습시켰고, 분석 결과를
토대로 정교한 타깃 마케팅을 진행했다. '인지 자동화 도구Cognitive
Automation Tool'도 개발해 가 의료 서비스 종사자가 관심을 가질 만한
콘텐츠, 적절한 메일 전송 시간과 발송 빈도, 선호하는 메일 형식
등을 세세하게 구분해 '맞춤형 메일'을 발송했다. 고객 만족도가 큰
폭으로 상승한 것은 당연한 일이었다.

머신러닝 활용을 통한 기대 효과

정량적 효과		정성적 효과
수신 거부율	50% 감소	개인화, 차별화된 정보 제공
		고객별로 개인화된 대응 증가
		고객 만족도 상승
		인간과 AI의 공존 및 협업 실천

출처: 딜로이트

3. 나쁜 기업 걸러낸 AI

국내 모 홈쇼핑 기업은 AI 기반 문자 인식 솔루션을 도입했다. 인터넷 쇼핑몰에 등록되는 월평균 45만여 건의 상품 기술서에 포함된 허위, 과대광고 문구와 부적절한 단어를 자동 식별하기 위해서였다. 또 어떤 기업이 필수 증빙 문서를 누락했는지도 AI 시스템을 이용해 점검했다. 이러한 솔루션의 활용으로 직원들의 업무 처리 시간이 많이 감소했고, 사업 리스크도 줄일 수 있었다.

 AI 소사이어티에서 AI와의 협업은 선택이 아니라 필수다. 협업을 통해 효율성은 크게 증가하고, 비용과 리스크는 눈에 띄게 감소하기 때문이다. 2021년 5월 《MIT 테크놀로지 리뷰》와 오라클이 전 세계 880개 글로벌 기업을 대상으로 실시한 한 설문 조사에서는 85%가 넘는 대기업이 AI 기술을 도입했다고 답했다. 또한

문자 인식 솔루션 활용을 통한 기대 효과

정량적 효과		정성적 효과
여유 인력	2/3 증가	업무 효율성 및 정확도 증가
처리 시간 단축	약 70% 감소	
처리 업무량	월 45만여 건	신뢰도 높은 상품 정보 제공 가능

출처: 딥로이트

2021년 6월, 보스턴컨설팅그룹BCG은 895개 기업의 디지털 전환을 심층 분석한 전략 보고서에서 "디지털 선도 기업은 후발 기업보다 매출 증가율이 1.8배 더 높고, 기업 가치 증가율은 2배 이상"이라고 밝혔다. 이제 더 이상 AI와의 협업 없이는 글로벌 시장에서 경쟁력을 유지할 수 없는 시대로 진입한 것이다.[3]

협업의 효과: 환상의 켄타우로스 팀

에릭 브린욜프슨과 앤드루 맥아피 MIT 교수가 쓴 《제2의 기계 시대》에서는 증기 기관이 연 '제1의 기계 시대'와 디지털 기술 기반의 '제2의 기계 시대'를 분리했다. 그리고 앞으로는 단순 반복적인 일은 컴퓨터가 대신하고 인간은 창의성과 감수성이 요구되는 일에 집중하리라 전망했다. 물론 그의 예상처럼 AI 소사이어티에서 기계는 인간이 꺼리는 업무나 단순한 업무 중 상당 부분을 대신하고 있다. 그러나 더 많이 목격되는 건 인간과 AI가 같은 일터에서 서로를 동료로 맞이해 업무를 함께 진행하는 모습이다.

수많은 사례에서 증명됐듯이 인간과 AI는 서로에게 상당히 괜찮은 파트너다. 베스트셀러 《어그먼티드 마인드》의 저자 알렉스 베이츠Alex Bates는 인간과 AI의 조합을 '켄타우로스Centaurs'라고 부른다. 켄타우로스는 그리스 신화에 나오는 수인獸人이자 상반신은 사람의 모습이고 하반신은 말인 상상의 종족이다. 베이츠는 "컴퓨터는 결함 없는 계산에 특화돼 있고, 인간의 뇌는 장기적이고 광범위한 계획 수립 및 다양하고 일반적인 주제들을 새로운 환경에 접목시키는 것에 탁월하다"라고 말했다.

세계 체스 챔피언인 가리 카스파로프Garry Kasparov가 IBM의 체스 AI '딥 블루Deep Blue'와의 경기에서 패한 후 개발한 체스의 이름도 '켄타우로스 체스'였다. 이 체스는 인간과 AI가 팀을 이뤄 두는 것이 특징이다. AI에게 패배한 이후 AI를 증오한 것이 아니라 AI와의 협력을 고민한 것이다. 놀랍게도 인간과 AI가 결성한 연합 팀은 이후 AI 세계 챔피언과의 체스 경기에서 가뿐하게 승리를 거뒀다.

AI 스타트업 지오매트릭 인텔리전스Geometric Intelligence의 설립자이자 뉴욕대학교 심리학 및 신경과학 교수인 게리 마커스Garry Marcus는 인간과 컴퓨터의 장점만 가진 AI를 만들기 위한 연구를 하고 있다. 그의 저서 《클루지》에 따르면 기억에는 2가지 종류가 있는데, 인간은 그 중에서 유용하지 않은 것을 사용하고 있다고 한다.

즉, 인간의 기억은 '확증 편향Confirmation Bias(자신의 생각과 맞지 않는 사실보다 자신의 생각과 맞는 사실을 더 잘 기억하는 현상)'을 일으키는 반면, 컴퓨터는 그럴 필요 없이 'NOT 연산자(컴퓨터의 논리 연산자의 일종)'를 사용해 일치하는 항목과 그렇지 않은 항목으로 쉽게 검색이 가능하다. 즉, 인간이 AI와 제대로 협업하기만 하면 각각의 단점은 보완하고 장점은 극대화하면서 무적의 켄타우로스가 될 수 있는 것이다.

확장 Widen
가상 세계까지 공간이 확장되다

인터넷이 발명되기 전 인간의 활동 범위는 물리적인 공간으로 한정돼 있었다. 지구 반대편의 사람들과 교류할 기회는 적었고, 활자가 인쇄된 책이 지식 유통의 대표적인 수단이었다. 그러나 정보 사회로 진입하면서 인간의 사회적 활동 범위는 폭발적으로 확대됐다. 사람들은 인터넷으로 교류하고, 배우고, 즐기기 시작했다. 오늘날 사람들은 하루 평균 5.9시간 동안 인터넷에 접속한다.[4] 프랑스 철학자 질 들뢰즈Gilles Deleuze가 예견하고 미디어 철학자이자 사회과학자인 피에르 레비Pierre Levy가 주장한 '유목민의 공간(물리적인 현실 공간을 넘어 사이버 공간으로의 이동)'이 생성된 것이다.

그러나 AI 소사이어티는 인터넷 세계에 만족하고 있던 우리를 더 넓은 공간으로 초대했다. 바로 AI가 구축한 높은 수준의 가상 공간, 메타버스로 말이다. 메타버스는 현실 세계와 같은 사회, 경제, 문화 활동이 이뤄지는 3차원의 가상 세계다. 인간은 아바타의 모습으로 이곳에서 머물 수 있다.

메타버스가 기존 인터넷과 다른 점은 가상 공간에 사람이 실제로 들어갈 수 있다는 것이다. 인터넷 창을 열어 뉴스를 읽고, 동영상을 보고, 게임을 하는 것과 가상 공간에서 나의 분신인 아바타가 돌아다니는 것은 언뜻 비슷해 보여도 매우 다른 경험이다. 온라인 권투 게임은 책상에 앉아 손가락으로 자판 버튼을 누르는 식이지만, 메타버스에서 하는 권투는 기기와 연결된 사람이 실제로 주먹을 휘두르며 상대와 겨뤄야 하기 때문이다. 전자는 권투 흉내에 불과하지만, 후자는 현실 세계의 권투와 다를 것이 없다. 이렇듯 메타버스는 인간의 현실을 가상 세계로 확장시켰다. AI 소사이어티에서 인간은 역사상 그 어느 때보다 광활한 영토를 차지하게 된 것이다.

메타버스가 기존 인터넷 서비스와 다른 점

- 연속성: 자신의 분신인 아바타가 모든 활동을 한다.

- 현실성: 현실 세계와 구분하기 어려운 경험을 한다.

- 연동성: 현실 세계의 데이터와 정보가 연동된다.

- 경제성: 가상 공간에서 실제 경제 가치를 창출한다.

확장의 조건: 메타버스의 건축가, AI

20세기 말 스페인의 사회학자 마누엘 카스텔Manuel Castells은 사회가 구조적 변환을 겪으며 새로운 공간의 형태가 나타난다는 점에 주목하며 '흐름의 공간 이론'을 내놓았다. 그의 주장에 따르면 공간은 '사회의 표현'이고, 공간은 '사회 그 자체'다.[5] 이와 같이 사회 구조의 역동성에 의해 새로운 공간이 형성된다는 점에서 메타버스를 AI 소사이어티의 결과물로 볼 수 있지 않을까?

무엇보다 AI는 메타버스라는 공간을 가능케 한 핵심 기술이다. 현실 세계와 흡사하게 가상 공간을 꾸미는 일, 메타버스에서 사회적 경험을 가능하게 하는 일, 가상 경제가 돌아가도록 시스템을 마련하는 일은 AI만이 할 수 있기 때문이다.

1. 현실을 가상 세계에 투영하는 기술

현실에 존재하는 도시나 지형을 가상 공간에 복제하고자 한다면 지리 공간을 실시간으로 '매핑Mapping'하는 기술이 필요하다. 여기서 공간 데이터를 매핑하는 데 활용되는 기술이 바로 AI다.

AI는 세상에 존재하는 수많은 객체를 가상 공간이나 혼합 현실 공간에서 좀 더 빠르고 자연스러운 모습으로 구현하기 위해 현실 세계의 수많은 데이터를 모델링하고 실시간으로 렌더링해 이를 플랫폼에 연계한다. 《MIT 테크놀로지 리뷰》는 "AI가 메타버스 속에서 공간 컴퓨팅을 강화하고, 메타버스 공간이 사용자에게 최적화될 수 있도록 하는 데 중요한 역할을 한다"라고 강조했다.

메타버스의 생명체도 결국 AI에 의해 탄생한다. 사람의 얼굴을 학습한 AI 시스템이 생성 모델을 이용해 사람의 외양과 흡사한 캐릭터를 만들어내고, 사람의 감정이 아바타의 표정에 반영될 수 있도록 만든다. 아직 메타버스의 아바타들과 이곳의 생명체들의 움직임이 부자연스러운 것은 사실이지만, 향후 모든 동작이 실제만큼 자연스러워지고 세밀한 표현까지 가능해질 것이다.

2. 사회적 경험을 제공하는 기술

에픽게임즈Epic Games CEO인 팀 스위니Tim Sweeney가 강조한 메타버스의 특징은 '연결된 사회적 경험'이다. 즉, 현실 사회에서 경험하는 대화, 거래 등의 활동을 메타버스 공간에서도 똑같이 할 수 있다는 뜻이다. 물론 메타버스에서 대화나 거래의 대상은 인간 아바타에 국한되지 않는다.

메타버스 내에서 사회적 경험을 실현하는 데 중추적인 기술이 AI다. '메타휴먼Metahuman(가상 인간)'처럼 사회적 활동을 할 수 있는 생명체 생성은 물론이고, 각종 소통에 필요한 도구들도 제공한다. 일례로 다른 언어를 사용하는 이들과 메타버스에서 소통하려면 AI 번역 서비스가 제공돼야 한다.

3. 콘텐츠를 창조하는 기술

메타버스의 지속 가능성을 언급할 때 가장 중요한 요소로 꼽히는 것이 콘텐츠다. 다양한 콘텐츠로 구색을 갖춰야 인간이 계속해서 찾아오는 매력적인 공간이 될 수 있기 때문이다. 아직 메타버스는 기술의 수명 주기상 초기 단계라 콘텐츠는 게임에 편중돼 있고 그 양도 적다. 콘서트, 교육, 스포츠, 광고 등 여러 분야의 콘텐츠 확장이 절실한 상황이다.

이때 AI는 양질의 메타버스 콘텐츠 창출을 가능하게 한다. 예를 들어, 로그라이크^{Roguelike}(1980년 게임 '로그^{Rogue}'를 시초로 하는 RPG 게임 분류군) 게임 '던전^{Dungeon}'의 경우 게임 과정에서 AI 던전을 구동할 수 있다. 신경망 알고리즘을 통해 더 흥미로운 퀘스트와 캐릭터, 스토리라인을 무한 생성하는 방식이다. AI 덕분에 콘텐츠가 화수분처럼 쏟아지는 메타버스에는 사람들이 북적거릴 것이고, 이 분야의 생태계 역시 더욱 활성화될 것이다.

사실상 AI는 메타버스라는 공간의 건축가이고, 메타버스는 AI 없이 존재할 수 없다. AI만이 현실 공간과 가상 공간의 차이를 좁힐 수 있고, 메타버스에 사회적 경험과 신선한 콘텐츠를 주입하며 생기를 불어넣을 수 있기 때문이다. AI 소사이어티에서 메타버스의 완성도는 계속해서 높아질 것이고, 인간은 현실 세계와 가상 세계를 오가며 사는 것에 익숙해질 것이다.

확장의 효과: 메타버스 기업이 된 페이스북

2020년 기준 월간 이용자^{MAU} 27억 명에 달하는 세계 최대 사회관계망 서비스 페이스북은 2021년 10월 회사 이름을 '메타^{Meta}'로 바꾸고 메타버스 기업으로의 변신을 선언했다. 이는 최초의 메타버스 소셜 테크놀로지 기업이라는 점을 나타내는 브랜드명으로서, 가상 현실이나 복합 현실 같은 기술로 실현하는 차세대 플랫폼 혹은 새로운 인터넷 모습인 메타버스에 주력하고자 하는 비전을 보여준다. 메타의 CEO 마크 저커버그는 'PC통신 – 인터넷 – 모바일'로 이어지는 기술의 진화에서 메타버스가 인터넷과 모바일의 다음 단계라고 확신했다.

국내 대표 AI 연구소인 네이버랩스의 석상옥 대표도 네이버 개발자 콘퍼런스 '데뷰^{DEVIEW} 2021'의 기조연설자로 나서, 메타버스 기술 생태계 '아크버스^{ARCVERSE}'를 공개했다. 이러한 국내외 IT 기업들의 행보는 현재 메타버스라는 공간, 혹은 메타버스를 넘어서는 온라인과 물리 세계의 연결 공간이 만들어지는 과정에 있음을 보여주고 있다.

메타버스는 다가올 미래가 아닌 이미 도래한 미래다. 미래학자이지 메타버스 컨설팅 회사 퓨처인텔리전스그룹^{Futures Intelligence Group}의 CEO인 캐시 해클^{Cathy Hackl}은 "이제 메타버스가 패션의 수도이자 중심지가 될 것이고, 제2의 코코 샤넬은 '로블록스^{Roblox}'에서 아바타를 꾸미고 있는 10대 소녀일 것"이라고 말했다. 명품 패션 기업인 버버리는 자체적으로 게임을 만들어 가상 공간에서 자사 제품을 홍보하고 판매하고 있다. 글로벌 데이터 조사 업체인 스태티스타는 메타버스 시장이 2021년 307억 달러(약 37조 원) 수준에서 2024년에는 2,969억 달러(약 356조 원) 규모로 확대될 것이라고 예상했다.

메타버스는 실제와 같은 현장감을 느낄 수 있기 때문에 글로벌 광고 대행사 WPP, 부동산 중개 플랫폼 직방을 비롯한 많은 기업들이 재택근무 공간으로 메타버스를 활용하고 있다. 회의나 미팅만 메타버스 공간에서 진행하는 게 아니라 아예 출근 자체를 메타버스로 하는 것이다. 공간이 중요한 공연이나 전시회도 메타버스에서 열린다. 유명 래퍼 트래비스 스콧Travis Scott은 에픽게임즈가 만든 '포트나이트FORTNITE'라는 게임 기반의 메타버스 공간에서 라이브 공연을 진행했다. 최대 1,230만 명의 관객이 가상의 공간에서 실제 콘서트와 같은 열기를 느끼며 공연을 즐겼다.

또 하나 주목할 점은 현실 세계와 마찬가지로 메타버스 세계에서 가상의 소유물을 통해 원하는 라이프 스타일을 추구할 수 있다는 점이다. 이는 최근에 화제가 되고 있는 'NFT'Non Fungible Token(대체 불가능한 토큰이라는 뜻으로 디지털 콘텐츠에 고유한 표식을 부여하는 기술)'와 연계돼 진행되고 있는데, 디지털상에서 통용되기 쉬운 NFT는 메타버스 시장에서 새로운 제품으로서의 가능성을 보여주고 있다. NFT는 블록체인 기술로 뒷받침되는 디지털 자산이며 예술가, 암호 화폐 애호가, 기업가 모두에게 빠르게 채택되고 있다. 한 예

●●● 2021년 7월, 코카콜라는 브랜드 최초로 NFT 아트워크 컬렉션을 출시했다. 이 NFT 컬렉션을 경매에 부쳐 50만 달러 이상의 모금을 달성했다.

로, 코카콜라는 2021년 여름에 비주얼, 오디오, 디지털 웨어러블 등 총 4개의 NFT 아트워크를 포함한 NFT 컬렉션을 출시했다. 이 NFT 컬렉션을 경매에 부쳐 50만 달러(약 6억 원) 이상을 모금했다. 오디오 파일은 병뚜껑을 여는 소리와 얼음 위에 음료를 붓는 소리, 음료의 거품과 첫 모금을 마시는 소리까지 포함한다.

사실 MZ세대는 이미 메타버스에서 분신으로 사는 것에 익숙하다. 샌드박스 게임 '마인크래프트Minecraft'에서 열리는 졸업식이나 닌텐도의 '모여봐요 동물의 숲'에서 진행되는 결혼식에 참가하는 것은 흔한 일이다. 미국 16세 미만 청소년 55%가 즐기고 있는 '로블록스'는 물론이고, '제페토', '포트나이트' 등도 인기가 높다. 이미 수많은 사람들이 AI가 탄생시킨 가상 공간에서 새로운 삶을 개척하고 있는 것이다.

새로운 사회 구성원: 가상 인간

AI 소사이어티에서 공간의 확장과 함께 전면에 등장한 것은 가상 인간이다. 진짜 인간과 구분하기 어려운 외모를 갖추고, 스스로 의사 표현을 할 수 있는 가상 공간의 생명체다. 이들은 탄생 초기에는 컴퓨터 그래픽으로 구현한 그림이나 영상에 불과했지만, 최근에는 AI를 탑재한 덕분에 자유롭게 움직이고 원하는 대로 말한다. 메타버스에서 이들을 만난다면 진짜 인간인지 가상 인간인지 알아차리기 어려울 정도다.

이들은 가상 공간에서 쌓은 이력과 인기를 그대로 현실 세계로 끌어와 막대한 수익을 창출하고 있다. 이미 각국에서는 주요 브랜드의 광고 모델 자리를 가상 인간이 꿰차고 있고, TV 뉴스 앵커와 은행원 등으로 채용되는 경우도 흔하다.

현재 가장 유명한 가상 인간은 릴 미켈라다. 2016년 미국 AI 스타트업 브러드Brud가 선보인 릴 미켈라는 인스타그램에 사진이나 글을 올리면 순식간에 수백 개의 댓글이 달리는 인플루언서다. 매력적인 외모와 거대한 팬덤을 등에 업고 샤넬, 프라다, 겐조 등 명품 브랜드의 모델로 발탁됐다. 2018년에는 미국 시사 주간지 《타임》이 뽑은 온라인에서 가장 영향력 있는 25인에 방탄소년단BTS과 함께 이름을 올리기도 했다. 2019년 그가 벌어들인 수익은 1,170만 달러(약 140억 원)였다.

릴 미켈라는 사람들이 가상 인간에게 얼마나 진심 어린 애정을 가졌는지를 보여준다. 이미 가상 공간에 익숙해진 사람들은 가상 인간에 대해 별다른 편견을 가지지 않는다. 가상 인간의 '유망 직종'이 많은 사람들에게 추앙받는 아이돌, 인플루언서, 모델 등인 것만 봐도 그렇다.

어찌 보면 AI 소사이어티는 포용해야 하는 대상이 상당히 많아진 사회다. 보고, 듣고, 말하는 기계와 협업해야 하며, 실물이 없는 가상 인간과 교류해야 하니 말이다. 과거 영화에서나 보던 미래 사회의 모습이 AI 소사이어티에서는 현실이 됐다.

앞으로 AI 소사이어티에서 우리가 만나는 기계와 가상 인간은 진화를 거듭하며 더욱 낯선 모습으로 바뀔지도 모른다. 예를 들어 'AI 판사'는 지금은 컴퓨터에서 가동되는 소프트웨어 형태지만, 언젠가는 업무 수행에 적합한 로봇 신체를 갖출지도 모른다. 가상 인간은 더 이상 인간의 외모를 흉내 내지 않고 자신만의 미의 기준에 따라 외양을 바꿀 수도 있을 것이다.

가상 공간, 새로운 삶의 터전이 되다

새로운 세상에 사는 사람들에게도 변화는 일어났다. 모든 것과 연결된 인간은 일거수일투족이 데이터로 변환되는 삶에 적응했다. 새로운 기술의 혜택을 누리기 위해 기꺼이 스스로를 데이터로 변환하는 모험에 나선 것이다.

인간은 더 나아가 AI가 탑재된 기계와 AI로 구현된 가상 인간을 자신의 삶 한가운데로 초청하고 있다. 인간의 모든 것이 기계가 이해하기 쉬운 데이터로 기록되고, 기계는 인간 수준의 지능을 장착한 덕분에 이질감 없이 함께 지낼 수 있게 된 것이다. 한때 공장 바닥에서만 볼 수 있었던 똑똑한 기계와 컴퓨터 그래픽에 불과했던 가상 인간은 이제 인간의 동료고, 이웃이며, 가족이다.

더 넓은 공간을 끊임없이 갈망해온 인간은 가상 세계에 정착하기 시작했다. AI가 구축한 완성도 높은 가상 공간이 인간에게 새로운 터전으로 인식된 것이다. 인간은 광활한 가상 공간을 개척하며 이곳에서 다양한 사회관계를 맺고 경제 활동을 펼치는 중이다. 이제 인간은 현실 세계와 가상 공간을 오가며 살게 됐다.

AI 소사이어티의 3가지 특징을 되짚어보자. '모든 것과 연결되고, 사회의 주체가 늘어나고, 공간이 확장된 세상', 이것이 바로 우리가 마주한 새로운 사회다. 그리고 이곳에는 '데이터로 기록되고, 기계와 어울리며, 가상 세계를 넘나드는 인간', AI 소사이어티의 시민들이 산다.

AI 소사이어티의 3가지 특징과 인간에게 미치는 영향

연결

인간이 물건, 동물 등
모든 대상과
연결된 사회

↓

인간의 모든 것이
데이터로
변환된다

협업

인간과 기계가
동등하게 협력하는
사회

↓

인간과 기계,
가상 인간이
어울려 산다

확장

가상 세계까지
공간이
확장된 사회

↓

가상 공간이
또 하나의
삶의 터전이 된다

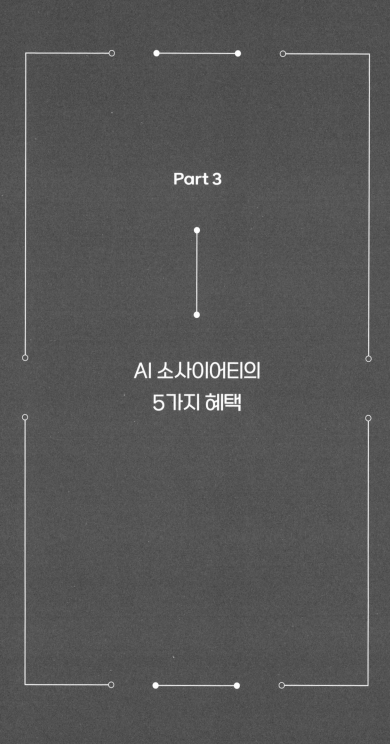

Part 3

AI 소사이어티의
5가지 혜택

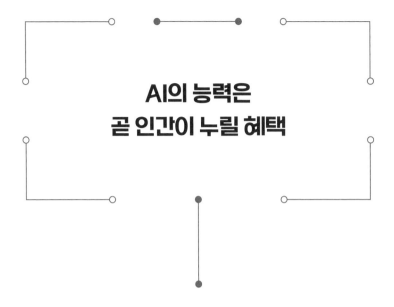

AI의 능력은
곧 인간이 누릴 혜택

AI는 이미 수많은 사람들을 구사회에서 신사회로 편입시켰다. 세계 곳곳의 사람들은 언어도, 문화도, 직업도, 거주지도 다르지만, AI 소사이어티에서 새로운 삶의 방식을 갖게 됐다. 서울에 살든 뉴욕에 살든 상하이에 살든 AI 서비스를 받기 위해 자신의 사생활과 감정을 기꺼이 기계와 공유하며(연결), 사람을 고용하기보다 챗봇이나 가정용 로봇을 애용하고(협업), 메타버스에서 친구를 만나고 새로운 스포츠를 배우며(확장) 살고 있다.

  AI 소사이어티에 산다는 것은 과거 상상할 수 없던 혜택들을 누리며 사는 것이기도 하다. 실제로 AI는 질병의 진단, 번역, 세금 계산, 금융 상품 시세 예측, 각종 학습 등 인간이 오랫동안 어려워했던 일들을 손쉽게 처리해주고 있다. 똑똑한 기계에 둘러싸여 산다는 것은 이렇듯 인간의 거의 모든 약점이 해결되고, 대부분의 욕구가 충족되는 삶을 의미한다.

이번 파트에서는 AI 소사이어티에서 인간이 얻게 되는 혜택들을 자세히 살펴보려고 한다. 팁을 하나 알려주자면, AI가 어떤 능력을 갖고 있는지 알면 우리가 누릴 혜택의 종류를 쉽게 파악할 수 있다는 것이다. AI의 능력은 크게 5가지로 나뉜다.[*] 미래를 예측할 수 있는 예지력, 정보를 필터링하는 여과력, 인간처럼 알아볼 수 있는 인지력(시력), 인간의 언어를 이해하는 이해력, 그리고 인간처럼 새로운 것을 만들어낼 수 있는 창조력이다. AI 소사이어티에서 인간이 누리는 혜택은 이러한 능력에 각각 대응된다.

AI의 5가지 능력

1. 예지력: 미래를 예측하는 능력(예측 알고리즘)

2. 여과력: 정보를 필터링하는 능력(추천 알고리즘)

3. 인지력: 인간처럼 인지할 수 있는 능력(컴퓨터 비전)

4. 이해력: 인간의 언어를 이해하는 능력(자연어 처리)

5. 창조력: 인간처럼 창조할 수 있는 능력(생성 모델)

---

[*] AI 기술은 일반적으로 머신러닝, 자연어 처리, 스피치, 전문가 시스템, 로보틱Robotics, 컴퓨터 비전, 플래닝Planning 및 최적화로 구분되지만, 이 책에서는 독자들이 이해하기 쉽도록 5가지 범주로 정리했다.

AI 소사이어티

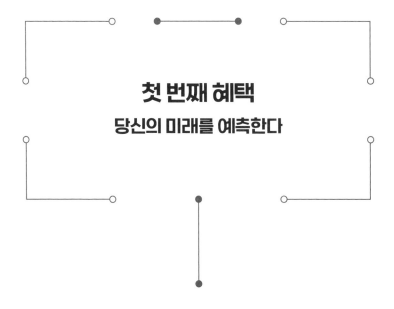

첫 번째 혜택
당신의 미래를 예측한다

공화당 도널드 트럼프와 민주당 조 바이든 후보가 맞붙은 2020년 11월 미 대선은 개표 직전까지 결과를 예상하기 힘든 대결이었다. 양측이 워낙 박빙의 승부를 이어가고 있었기 때문이다. 대선 결과에 따라 세금, 복지, 이민자 수용 등 개인의 삶을 크게 뒤흔들 이슈들의 향방이 정해지기 때문에 미국인들은 누가 차기 대통령이 될 것인지 그 어느 때보다 알고 싶어했다. 언론들은 시청률을 위해 각 진영의 정치 전문가를 총동원하고 설문 조사를 실시해 대선 결과 예측에 나섰다.

이 과정에서 '세계 최대 잡화 시장'인 중국 저장성의 이우義烏시장도 큰 주목을 받았다. 이곳에서 현수막이나 깃발, 모자 등 선거 용품 주문량이 많은 후보가 대선에서 승리를 거둔다는 속설이 있기 때문이다. 이우 상인들은 2016년 대선 때도 미국 내 여론 조사와 달리 트럼프의 당선을 정확히 예측해 화제를 모은 적이 있었고, 이후 이우시장의 선거 용품 주문량을 기초로 미국 선거 판세를 가늠하는 '이우지수'라는 신조어가 탄생하기도 했다. 2020년 미 대선을 앞둔 시점에서 선거 용품을 더 많이 주문한 쪽은 트럼프 진영이었다.

그러나 개표 결과는 바이든의 승리였다. 수많은 정치 전문가들의 예상도, 큰 관심을 모았던 이우지수도 결과 예측에 실패했다. 그러나 모두가 예측에 실패한 것은 아니었다. 대선 몇 달 전부터 이미 판세를 정확하게 읽고 있던 사람들도 있었다. 바로 AI 시스템을 이용해 선거 결과를 예측한 이들이었다.

바이든의 당선을 정확하게 예측한 AI 시스템은 꽤 많았지만, 가장 주목을 받은 것은 캐나다 오타와대학교가 개발한 '폴리Polly'였다. 폴리는 미국인 28만 7,000여 명의 소셜미디어 활동과 팔로우 관계를 분석해 일찌감치 결과를 예측해냈다. 폴리는 2016년 영국의 유럽연합EU 탈퇴(브렉시트)와 트럼프 대통령의 당선, 2019년 캐나다 연방 선거 결과 또한 모두 맞혔다. 이제 폴리의 예측을 허튼소리라며 흘려 넘길 사람은 없을 것이다.

AI 소사이어티에서 우리는 더 이상 불확실성에 떨지 않아도 된다. AI가 꽤 정확하게 미래를 예측하기 때문이다.

불확실성을 줄이는 방법

옥스퍼드대학교 경제학 교수인 존 케이^{John Kay}와 10년간 영국 중앙은행 총재를 지낸 머빈 킹^{Mervyn King}은 저서 《Radical Uncertainty(근본적인 불확실성)》에서 "불확실성은 알 수 없는 영역의 일"이라고 말한다. 알 수 없기 때문에 확률을 계산할 수 없고, 값을 매길 수도 없다는 것이다. 우리가 사는 세상은 바로 이런 불확실성이 넘쳐나는 시공간이다. 주식 시장은 예측 불허로 움직이고, 기후는 늘상 이변이 일어나며 새로운 바이러스는 언제든 세상에 등장할 순간을 노리고 있는 것만 같다.

그러나 AI 소사이어티에서는 불확실성이 크게 줄어든다. 폴리와 같은 AI가 탑재된 분석 모델이나 기계, 서비스가 미래를 예측해 주기 때문이다. 물론 이러한 예측은 점쟁이처럼 미래의 사건을 알아맞히는 그런 종류는 아니다. 현재까지 축적된 정보에 숨겨진 패턴을 찾아내고, 이어질 행동 또는 다음 차례의 사태를 합리적으로 밝혀내는 것이다.

AI가 불확실성을 낮춘 대표적인 영역은 기상 예측이다. 불과 몇 년 전만 해도 우리에게 일기 예보는 믿을 만한 존재였다. 오랜 기간에 걸쳐 구축한 기상 데이터와 학자들의 풍부한 경험 덕분에 태풍, 홍수 등 자연재해에 대한 예측이 틀리는 일이 적었다. 사람들은 어쩌다 기상 예보가 틀리면 기상청에 항의 전화를 하는 상황에 이르렀다. 일기 예보가 틀리는 것을 불가피한 일이 아니라 실수라고 여겼기 때문이다. 기상 예측은 더 이상 불확실성의 영역이 아닌 듯했다.

그러나 기후 변화가 지구를 덮치면서 태풍 예측에 실패하는 등 일기 예보 오보가 잦아졌다. 한국의 기상청은 '오보청'이란 불명 예스러운 별명까지 생겼다. 2020년 9월 8일 국회 과학기술정보방 송통신위원회가 개최한 전체 회의에서는 국회의원들이 "국민들이 기상 예보를 못 믿게 됐다"라며 기상청을 질타했다. 한 국회의원은 "일기 예보 오보가 최근 거의 3배나 급증해 국민 불만이 극에 달 하고 있다"라면서 "우리나라의 정밀 인공위성을 더 가동하지 않고 뭐 하느냐"라고 반문하기도 했다.

문제는 날씨를 정확하게 예측하기 위해 인공위성 수십 기를 가동해도 구석구석 정확하게 촬영하는 데 한계가 있다는 것이다. 사람은 건강 상태를 확인하기 위해 몇 번이고 엑스레이를 촬영하 고 발병이 의심스러운 부분을 집중적으로 관찰할 수 있지만 지구 를 그런 식으로 스캔하는 일은 아무래도 어렵기 때문이다.

AI는 이런 문제를 해결했다. 저해상도 위상 영상 데이터를 AI 를 이용해 고해상도 영상으로 바꾸고, 매년 달라지는 기후의 '불확 실성' 자체를 분석에 반영해 예측의 정확성을 높인 것이다. 구글 은 2020년 2월 AI 기상 예측 모델 '나우캐스트Nowcast'를 내놓고 기 상청보다 정확한 일기 예보가 가능하다고 주장했다. 나우캐스트는 30분 전, 1시간 전 레이더 영상을 기반으로 향후 기상 변화를 예측 한다. 레이더 영상에 찍힌 각각의 구름양과 지리적 특성 등에서 변화 패턴을 추출하면서 최대 6시간 후의 기상 변화를 감지할 수 있다. 분석에 걸리는 시간은 단 5분이다.

미래를 내다보는 투자

2020년 산유국 간에 '치킨게임'이 벌어지며 국제 원유 가격이 사상 초유의 저가 행진을 계속했을 때, 세계 각국의 투자자들은 빚을 내면서까지 적극적인 투자를 단행했다. 그러나 모든 투자자가 같은 방식으로 투자에 나선 것은 아니었다. AI에 관심 없는 대부분의 투자자는 '언젠가는 원유 가격이 이전 수준으로 올라가겠지'라는 막연한 믿음으로 투자에 임했다. 기존에 알고 있던 대로 최대한 버티는 방식에 가까운 '가치 투자'를 한 것이다.

반면 미국의 퀀트^{Quant} 투자(수학과 통계에 기반해 투자 모델을 만들거나 금융 시장 변화를 예측하는 방식) 기관들은 산유국의 원유 탱크에 드리워진 그림자 사진을 위성으로 확보해 AI 기술로 데이터 분석에 들어갔다. 그림자의 변화를 추적해 각국 원유 재고량과 생산량을 실시간으로 파악한 것이다. 정답을 아는 상태에서 투자에 나선 이들 기관은 다른 투자자들하고는 비교할 수 없을 만큼의 막대한 이익을 얻었다. AI를 이용한 투자자와 그렇지 않은 투자자는 아예 다른 조건에서 투자한 것이나 다름없다는 평가를 받았다.

AI 소사이어티에서는 개인들도 미래를 내다보며 투자를 할 수 있게 된다. AI 시스템을 이용할 수 있는 자들만의 특권인 셈이다. 한국은행은 2021년 4월부터 매주 화요일에 '뉴스심리지수'라는 새로운 경기 지표를 발표하고 있다. 한국은행 경제 통계 시스템 홈페이지(ecos.bok.or.kr)에 공개하는 이 지표는 약 50개 언론사의 경제 기사를 분석해 경제 심리를 파악한다.

지표를 작성하는 방법은 간단하다. AI는 각 언론사의 경제 기사에 사용된 문장들을 분석해 경기를 긍정적으로 보는지, 중립적 또는 부정적으로 보는지를 평가한다. 기준치(100) 이상이면 경제 기사에 긍정적 문장이 부정적인 문장보다 많이 등장한다는 뜻이고, 이는 경제 흐름이 좋아질 가능성을 내포한다. 한국은행은 새 지표에 대해 "소비자심리지수 등 기존 지표들보다 1~2개월 빨리 경제 심리를 파악할 수 있다"라고 설명했다.

실제로 한국은행이 시험적으로 코로나19 이후 뉴스심리지수를 산출했더니 2020년 3월 코로나19 1차 확산 때는 이 지수가 120에서 80까지 급락한 것으로 나타났다. 이후 2020년 5월 1차 재난지원금을 지급할 때쯤 100을 넘어섰고 2021년 초 코스피 지수가 3,000을 돌파하면서 140까지 올라갔다. 2021년 3월 말에는 120 정도로 꽤 높았는데, 이로 미루어 실제 경제 심리의 변화를 거의 정확하게 반영했다고 볼 수 있다.

서울 마포구에 있는 한 샤부샤부 식당은 코로나19 사태가 한창인데도 매출이 크게 늘었다. 한 카드 회사가 해당 상권의 결제 내역을 AI로 분석한 다음 "혼밥 손님을 겨냥해 1만 원 미만의 음식을 팔면 잘 팔릴 것"이란 조언을 해줬기 때문이다. 식당 주인은 AI 의 예측을 따랐고, 이후 식당은 연일 만석이 됐다.[1]

삼성카드는 2021년 2월 AI에 기반해 고객 결제 정보를 분석 하고 그 결과를 가맹점주가 열람할 수 있는 플랫폼을 출시했다. 가 맹점주가 인터넷 사이트에서 본인 가게를 방문한 손님들의 성별, 생애 주기(싱글, 영유아 부모, 중고생 부모 등), 소득, 직업, 라이프 스타 일(1인 가구, 반려동물 유무, 해외여행 주기 등), 주 소비 업종, 방문 거리, 거주지, 방문 횟수, 이탈 고객 비중, 결제 시간대 등을 한눈에 볼 수 있도록 한 것이다. 점주들은 이러한 데이터를 바탕으로 아르바이 트생을 어느 시간대에 집중적으로 배치해야 효율적인지, 어떤 상 품을 팔아야 판매량이 늘어날 것인지 등을 예측할 수 있게 됐다.

언제 죽을지 알 수 있다면

영국에서 한 축산 회사의 임원으로 재직하다 5년 전 은퇴한 데니 스 클라크는 2021년 7월 아내 손을 잡고 병원을 찾았다. 그의 건망 증이 심해지고 있어 아내가 걱정이 많았기 때문이다. 그러나 신경 과 전문의가 실시한 일반 검사에서는 그에게서 별다른 질병 징후 가 확인되지 않았다. 걱정을 떨치지 못한 클라크 부부는 AI의 도움 을 받아보기로 했다. 클라크는 자신의 MRI 스캔 영상을 한 연구 팀 에 전달해 분석을 의뢰했다. AI 시스템은 순식간에 그가 향후 몇 년 안에 치매에 걸릴 위험이 높다고 판단했고, 약물치료를 권했다.

클라크가 도움을 받은 AI 시스템은 당시 테스트 단계에 있던 최신 모델이었다. 케임브리지대학교의 인지 신경과학 교수이자 영국의 국가 데이터 과학 연구소인 앨런 튜링 연구소The Alan Turing Institute의 연구원 조 쿠르치Zoe Kourtzi가 이끄는 연구 팀이 개발했다. 이 시스템은 뇌 영상에서 뚜렷한 손상 흔적이 없어도 치매를 조기 진단할 수 있으며, 현재의 뇌 상태가 앞으로 안정적으로 유지될 것인지, 서서히 악화할 것인지, 빠르게 나빠질 것인지도 판단할 수 있다. 쿠르치 교수는 이 시스템은 치매 환자 수천 명의 뇌 영상과 관련 의료 기록을 수집해 정확한 진단을 내릴 수 있게 됐다고 설명했다.[2] 치매 증상을 몇 년 빨리 진단하게 되면 조기 치료를 시작할 수 있어 치매의 진행 속도를 늦추고 인지 기능이 더 손상되는 것을 막을 수 있다.

AI 소사이어티에 속한 사람들이 누릴 수 있는 가장 큰 혜택 중 하나는 바로 언제 아플지 또는 언제 죽을지 예측할 수 있게 된다는 것이다. 내 몸이 어떤 위험에 처할지 알게 된다면 삶에서 많은 것들을 바꿀 수 있다. 건강이 악화되지 않도록 생활 습관을 바꾸고 약 복용을 일찍 시작하거나, 재산을 처분해 치료비를 사전에 마련하거나, 변호사를 대동해 유언장을 쓰는 것처럼 말이다.

치매에 대한 이야기를 더 해보려고 한다. 2019년을 기준으로 한국에는 80만여 명의 치매 환자가 있고, 그중 76%인 60만 명이 노인성 알츠하이머 치매를 앓고 있다. 불행하게도 치매에 대한 조기 진단이나 치료에 관해서는 아직 마땅한 해결 방법이 없다. 치매는 완치가 불가능해 증상 완화와 진행 지연이 최선이다. AI를 이용해 치매를 조기에 발견한다는 것이 더욱 큰 의미를 갖는 이유다.

2021년 2월 미국에서는 신용 카드 연체율로 치매를 예측하는 연구가 진행됐다. 미국 콜로라도대학교는 AI로 8만 명 이상의 의료 기록과 소비자 신용 보고서를 연동 분석함으로써 치매 진단을 받은 노인이 그렇지 않은 노인보다 신용 카드 연체율이 훨씬 더 높다는 점을 발견했다. 치매 진단을 받기 6년 전에 망각 증세로 인해 신용 카드를 2회 연속 연체하는 경우가 많았으며, 진단을 받기 2년 6개월 전에는 주택 담보 대출 이자를 2회 연속 연체하는 것으로 조사됐다.

일본에서는 전화 통화 음성을 통해 치매 징후를 검사하는 AI 시스템을 개발하기도 했다. 건강한 사람의 음성 상태와 비교해 음색, 강도, 침묵 간격 등의 지표에서 차이가 있는지를 분석하는 것이다. 또한 미국의 IBM 연구진은 글 쓰는 방식을 관찰해 치매 진단이 가능하다는 사실을 밝혀냈다. IBM은 AI 분석 결과 치매에 걸린 사람들은 글로 그림을 묘사할 때 전체적인 문법 구조가 단순하고 관사인 'the'와 'Be동사'를 생략했으며 단어의 철자를 자주 틀리고 대문자를 사용한다는 점이 일관되게 드러났다.

한국전자통신연구원ETRI의 연구진은 아동의 자폐 증상을 일찍 파악해 적절한 치료를 받을 수 있도록 하는 연구를 진행 중이다. 연구진의 목표는 아동의 일상을 찍은 영상만으로 자폐 증상 유무를 판단하는 기술을 개발하는 것이다. 이를 위해 자폐 증상을 가진 아이가 다른 사람들과 소통할 때 나타나는 시선, 표정, 몸짓, 발성 등 비언어적 반응과 언어 및 행동을 수집해 AI로 분석하고 있다. 사실 지금까지 국내에서 자폐 증상을 예측하기란 어려웠다. 자폐 증상을 다룰 전문 인력이 부족할 뿐 아니라 자폐 증상에 대한 사회적 인식도 낮아 검사를 받으러 오기까지 짧게는 2년, 길게는 9년까지 걸리는 경우가 흔했기 때문이다. 그러나 아이의 일상 영상만으로 자폐 증상 유무를 가릴 수 있게 되면 검사가 보편화돼 자폐 증상 조기 발견이 가능해진다.

　AI 소사이어티에서는 죽음도 예측 가능하다. 2016년 스탠퍼드대학교의 연구원들은 AI 시스템을 이용해 3~12개월 사이 환자의 사망 여부를 정확하게 예측해냈다. 스탠퍼드 연구 팀은 암, 심장병, 신경계 질환 등으로 사망한 환자 약 17만 명의 정보를 사용해 'AI 사망 예측 알고리즘'을 만들었다. 의료 정보에서 얻은 다양한 정보들, 예를 들어 환자의 진단 내용, 의료 절차, 의료 스캔, 처방전 등이 이 AI 시스템의 학습을 위해 입력됐다. 실험 결과를 보면, 3~12개월 사이에 사망할 것으로 예측된 환자 10명 중 9명이 실제로 그 기간에 사망했고, 12개월 이상 생존이 예측된 환자 중 95%가 예상대로 1년 이상 생존했다. 환자가 말기 판정을 받고 더는 치료법이 없을 때 통증을 줄여주는 '완화 치료'를 받게 되는데, AI를 통해 죽음을 정확하게 예측할 수 있다면 환자의 고통은 크게 줄어들게 될 것이다.

현실이 된 마이너리티 리포트

범죄 발생 가능성을 예측하고 선제적으로 대응하는 미래를 그린 영화 〈마이너리티 리포트〉가 현실이 됐다. 경찰청은 2021년 5월 AI 범죄 위험도 예측 시스템인 '프리카스Pre-CAS'를 도입했다. 프리카스는 2020년 8월부터 1년 치의 치안 및 공공 분야 빅데이터를 분석해 전국 4,970개 읍·면·동의 시간대별 위험 등급을 도출했다. 100m² 격자 단위로 각 구역의 범죄 위험도를 1등급에서 10등급으로 구분하는데 1등급에 가까울수록 위험한 지역이다. 범죄 위험도는 2시간마다 업데이트되고, 경찰은 범죄 위험도가 높은 등급의 지역부터 우선 순찰한다.[3]

프리카스는 여러 공공 데이터를 종합적으로 활용했다. 과거 범죄 발생 건수, 112 신고 건수, 유흥 시설 수, 교통사고 수, 경찰관 수 등 범죄와 직접적 관련이 있는 치안 데이터뿐 아니라 인구, 기상, 요일, 면적, 실업·고용률, 건물 유형과 노후도, 공시지가 데이터도 포함했다.

프리카스가 도출한 범죄 위험도는 인간의 예상과는 사뭇 달랐다. 안전하다고 여겨지는 도심 지역이 높은 범죄 위험에 노출됐다고 알린 것이다. AI는 총인구와 1인 가구 수, 유흥 주점 수 등이 범죄와 연관성이 높다고 분석했다. 범죄 위험이 큰 지역으로 꼽힌 서울 강남구 역삼동은 구에서 인구가 가장 많은 지역이고 1인 가구 수는 구 전체의 25%를 차지한다. 서울 마포구 서교동은 전체 면적의 41.9%가 범죄 고위험 지역인 것으로 나타났다. 서교동은 '홍대 클럽 거리' 등 번화가가 위치한 곳으로 유동 인구가 많은 점이 평가에 영향을 끼친 것이다.

로켓배송이 가능한 이유

2020년 12월 11일, 개발자 콘퍼런스를 개최한 쿠팡은 '로켓배송'이 가능했던 비밀을 공개했다. AI 물류 시스템을 도입해 상품 출고를 빠르고 정확하게 처리할 수 있었다고 밝힌 것이다. 쿠팡이 직접 구매해 상품의 보관, 포장, 배송까지 도맡아 진행하는 로켓배송은 고객이 주문한 바로 다음 날 집 앞까지 상품을 배송해주는 것이 특징이다. 많게는 하루에 170만 개의 상품을 배송한다.[4]

쿠팡은 배송 효율성을 높이기 위해 AI가 베테랑 물류 배송 직원의 배송 방식을 학습하게 했다. 이렇게 탄생한 AI 시스템은 배송 차량의 최적 이동 동선을 지정해주고, 차량 몇 번째 칸에 어떤 상품을 실어야 효율적인지도 알려준다. 물류 센터 관리에도 AI 시스템이 투입됐다. 입출고 시점을 예측해 센터 내부에 들어오는 상품을 어디에 진열해야 효율적인지, 또 직원들이 어떤 동선으로 움직여야 제품을 빠르게 옮길 수 있는지 알려준다. 덕분에 물류 센터 직원들의 작업 효율은 AI 시스템 도입 전보다 235%나 향상됐다.

AI 시스템이 가장 빛을 발한 분야는 수요 예측이다. 쿠팡의 직매입 구조 특성상 안 팔리는 상품들이 생기면 재고 부담이 크다. AI 시스템은 전국 고객의 상품 수요 누적 데이터, 물량 데이터, 상품별 입출고 시점, 주문 빈도, 물품 운반 특성 등을 고려해 발주량을 정한다. 지역별 구매자들이 선호하는 상품을 해당 지역 물류 센터로 배정하는 센스도 갖췄다.

'이상 가격'을 감지하는 것도 AI다. 2019년 10월에 기저귀 400매가 100매 가격으로 잘못 설정돼 판매량이 평소 대비 28배 증가한 '흑역사'를 겪은 뒤 이를 방지하기 위해 원가, 마진, 판매량 등을 모델링해서 이상 가격을 감지하는 시스템을 만들었다.

말 못하는 동물의 아픔을 알아차린다

2016년 설립된 영국 기업 펠카나Felcana는 반려동물에게 부착하는 목줄 형태의 '피트니스 트래커Fitness Tracker'를 개발했다. 피트니스 트래커는 동물의 활동 정보를 실시간 모니터링해 이상 징후를 감지하는 건강 관리 서비스다. 수집된 데이터는 머신러닝과 전문 의료진이 협업해 분석한다.[5]

펠카나의 홈페이지에는 미처 알지 못했던 반려동물의 건강 문제를 조기 발견하고 치료했다는 '간증'이 넘쳐난다. 반려동물 수술 이후 회복 과정에서 유용했다는 평가도 많다. 펠카나가 반려동물의 '고통 수준', '활동 빈도' 등을 실시간으로 측정해 알려준 덕분에

출처: 펠카나

●─● 펠카나가 출시한 '피트니스 트래커(왼쪽)'와 연동된 스마트폰 앱(오른쪽).

한밤중에 수의사를 찾아갈 마음의 준비를 할 수 있었다는 것이다.

일본에서 출시된 '토레타^{Toletta}'는 반려묘의 배변 활동 정보를 분석해 건강 상태를 진단하는 스마트 화장실이다. 고양이가 화장실을 이용할 때 센서를 통해 체중, 소변량, 화장실 체류 시간 등의 데이터를 수집한 뒤 이를 시스템에 등록된 다른 고양이들과 비교 분석함으로써 고양이가 걸리기 쉬운 비뇨기 질환을 조기에 발견할 수 있도록 돕는다. 토레타를 통해 수집된 데이터는 AI가 분석해 이상 징후가 감지되면 수의사의 확인을 거쳐 보호자에게 통지되며, 병원을 직접 방문하기 어려울 경우 온라인 상담도 가능하다. 원격 건강 진단은 월 구독형 서비스로 운영하고 있는데 라이트 요금제 기준 월 798엔(약 8,200원) 정도다.

버려지는 음식을 예측한다

일본에서는 '식품 로스Loss(먹을 수 있는데도 버려지는 음식)'의 양이 612만t(2017년 기준)에 달한다. 버려지는 음식물의 약 60%는 편의점이나 식당에서 발생하는데, 특히 취급 품목이 많고 유통 기한이 짧은 식품을 판매하는 편의점 입장에서 식품 로스는 매우 골치 아픈 문제였다.

이를 해결하기 위해 일본의 대형 편의점 업체인 로손은 AI 예측 기술을 활용했다. 2020년 11월부터 주먹밥과 샌드위치 등 유통 기한이 짧은 식품의 구매자 수를 AI를 활용해 예측하기 시작했고, 덕분에 딱 팔릴 만큼만 생산하는 시스템을 구축할 수 있었다. 불필요한 재료 구매가 줄어들어 제조 원가율도 떨어졌다. 현재 로손은 연어 주먹밥, 계란 샌드위치 등 450개 품목에 대한 구매량을 예측하고 있는데 앞으로는 신제품 발매 이전부터 판매량을 예측해 생산량을 결정할 계획이다.[6]

중국 전자상거래 업체 알리바바가 운영하는 신선 식품 매장인 허마셴성盒马鲜生도 놀라울 정도로 로스가 적은 편이다. 비밀은 고객 데이터 확보에 있다. 허마셴성의 모든 이용 고객은 반드시 알리바바 산하의 결제 시스템인 '알리페이Alipay'로 결제를 진행해야 한다. 이렇게 해야만 상세한 결제 정보(양질의 데이터)를 획득해 정확한 주문량을 예측할 수 있기 때문이다.

신선식품 배달 앱인 마켓컬리도 쿠팡처럼 AI 예측 시스템을 개발해 사용하고 있다. 데이터를 물어다 주는 멍멍이, 일명 '데멍이'라고 물리는 이 시스템은 수요 예측이 특기다. 다음 한 주 동안 상품의 수요를 예측해 상품 매입과 물류 팀 인력 운영 계획에 도움을 준다. 데멍이는 실시간 매출과 주문 건수, 재고량 등의 데이터를 30분 단위로 전 직원에게 전송하는 임무도 맡는다. 데멍이 덕분에 마켓컬리는 신선 식품 폐기율을 1% 미만으로 낮출 수 있었는데, 이는 일반 대형 마트의 신선 식품 폐기율인 2~3%의 절반 이하 수준이다.

AI가 예지력을 얻는 방법

예측 알고리즘에는 다양한 통계 기법과 머신러닝, AI 모델이 포함된다. 구글 클라우드에서는 예측 분석을 다음과 같이 정의하고 있다.

"예측 분석에는 현재와 과거 사실을 분석해 미래를 예측하는 다양한 통계 기법이 포함돼 있다. 조직은 빅데이터 머신러닝 및 AI 모델을 사용해 과거와 현재 데이터를 분석함으로써 매우 높은 정확도로 가까운 미래부터 먼 미래까지의 트렌드, 행동 양상을 안정적으로 예측할 수 있다."

예측은 불확실성을 줄이려는 인간의 본능 중 하나이기 때문에 오랫동안 연구됐고, 전통 통계학이나 계량 경제학에서도 꾸준히 새로운 방법론이 등장해왔다. 이러한 노력들은 오늘날 AI 예측 알고리즘에 상당 부분 반영돼 있다. '의사 결정 트리Decision tree'를 활용해 만든 '랜덤 포레스트Random forest'●나 데이터 과학자들이 빈번하게 활용하는 트리 계열 알고리즘인 라이트GBM, XG부스트 등이 대표적이다.

AI 예측 알고리즘은 정보를 정량화하고, 인간의 의사 결정을 모방하기도 하면서 계속해서 진화하고 있다. 다양한 유형의 예측 모델과 알고리즘 중 언론 보도나 보고서에서 많이 접할 수 있는 모델들을 추려서 간략히 소개한다.

회귀 모델 Regression Model

회귀 알고리즘은 독립 변수를 기반으로 종속 변수를 예측한다. 실제로 어떤 변수가 영향을 미치는지 수학적으로 파악하는 기법이다. 판매량 예측이나 에너지 사용량 예측 등에서 널리 사용된다.

분류 모델 Classification Model

분류 모델은 과거 데이터에서 학습한 내용을 기반으로 데이터를 카테고리별로 분류해 예측한다. 가장 단순한 모델로서 광범위한 분야에 활용되

● 의사 결정 트리란 의사 결정자의 선택 가능한 행동과 그 행동에 따른 각 결과들을 나무의 가지처럼 표현해 최종적으로 의사를 결정하는 방법이며, 랜덤 포레스트는 여러 개의 의사 결정 트리를 임의로 생성해서 각각의 트리에서 나오는 결과를 취합해 출력값을 결정하는 방법이다.

고 있다. "이 고객이 이탈할 것인가"와 같은 질문에 "예/아니오"로 대답하는 데 이상적이다.

클러스터링 모델 Clustering Model

정답 데이터가 없이 학습하는 '비지도 학습법Unsupervised Learning'의 일종으로, 데이터를 통해 공통적인 특성을 가진 최적의 군집을 찾아낸다. 마케팅에서 세그먼트를 나눠 타깃 마케팅을 실행하는 데 사용된다. 즉, 고객의 취향이나 행동을 예측하는 것이다.

신경망 모델 Neural Networks Model

딥러닝 알고리즘도 예측에 활용될 수 있다. 이미지 처리나 자연어 처리에서 월등히 뛰어나기 때문에 이러한 데이터를 활용해 예측 모델링을 하는 데 사용되기도 하며, LSTMLong Short-Term Memory과 같은 알고리즘은 인간이 사고하는 방식을 모방해 장단기 기억을 재현하며 시계열 예측에 많이 활용된다. 쉽게 설명하면, 오래된 기억은 최근의 기억보다 흐릿한 경우가 많은데 이러한 인간의 뇌 구조를 반영한 모델이다.

이상치 모델 Outliers Model

데이터 포인트에 숨어있는 이상치Outlier나 비정상적인Abnormal 데이터를 분석해 모델링하는 방법이다. 금융이나 게임에서 이상 탐지 모델을 개발하는 데 많이 사용된다. 평소 300만 원 이상 인출하지 않다가 1,000만 원을 인출하려 한다면 은행에서 경고 문자를 받을 확률이 높은데, 이때 사용되는 것이 바로 이상치 모델이다. 즉, 금융 사기 패턴을 학습해 예측하는 것이다.

예찰 모델Forecast Model

예찰 모델 또한 널리 사용되고 있는 모델 중 하나다. 수치로 된 과거의 데이터를 사용할 수 있는 모든 분야에서 적용할 수 있다. 과거 데이터에서 학습한 내용을 기반으로 새로운 데이터의 숫자 값을 추정하는 방식으로 작동한다. 레스토랑의 다음 주 주문량을 예측하거나 콜센터의 전화 문의수를 예측하는 것이 대표적인 예다.

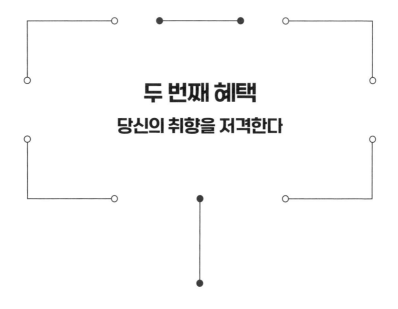

두 번째 혜택
당신의 취향을 저격한다

글로벌 베스트셀러 《팩트풀니스》는 익숙한 통계들을 나열하며 세상이 전례 없이 풍요로워졌다고 주장한다. 지난 20년간 세계의 극빈층 비율은 절반으로 줄었고, 사람들의 노동 시간은 매년 짧아지고 있으며, 국제통화기금^{IMF}에서 발표하는 세계 각국의 국내총생산^{GDP}과 1인당 국민 소득^{GNI} 역시 크게 높아졌다는 것이다. 매년 세상에 쏟아져 나오는 창작물의 양도 상상을 초월한다. 새로운 노래 800만 곡, 새 책 200만 권, 새 영화 1만 6,000편, 블로그 포스트 300억 개, 트윗 1,820억 개, 신제품 40만 종……

이런 숫자들이 말하는 바는 명확하다. 더 많은 돈과 시간을 가진 인간에게 더 많은 선택지가 생겼다는 것이다. 그러나 선택지가 지나치게 많아진 환경에서 인간은 역설적으로 무기력해진다. 미국의 심리학자 배리 슈워츠^{Barry Schwartz}는 《선택의 심리학》에서 "일반적인 믿음과 달리, 선택을 없애야 의사 결정에 대한 불안감이 줄어들고 행복감이 향상된다"라고 말한다.

다행히 AI 소사이어티에서 인간은 풍요로움에 질식되지 않는다. AI가 인간에게 가장 필요한 것을 고르는 일, 즉 필터링을 대신해주기 때문이다. 당신을 가장 잘 아는 AI는 선택지의 홍수 속에서 당신에게 필요하다고 여기는 것들만 골라 추천해준다.

향수 골라주는 점쟁이

여기 AI가 어떻게 필터링을 통해 사람들의 선택을 쉽게 만들어주는지 보여주는 단순한 사례가 있다. 국내 향수 업체 파펨^{PAFFEM}이 2015년 선보인 '퍼퓸텔러^{Perfume Teller}'는 고객의 답변을 바탕으로 가장 어울리는 향수를 추천해주는 서비스다. '포춘텔러^{Fortune-teller}(점쟁이)'가 운명을 말해주듯이 고객의 향수 취향을 알려주는 것이다. 매년 전 세계에서 출시되는 향수가 1,000여 종인데 퍼퓸텔러를 이용하면 단 몇 분 만에 자신에게 딱 어울리는 향을 찾을 수 있다.

퍼퓸텔러의 설문은 여러 단계로 이어진다. 우선 성별을 체크하는 항목이 나온다. 여성, 남성, 넌바이너리^{Non-binary}(남성도 여성도 아닌 사람)로 나뉜다. 이어 향수를 사용할 계절과 시간대(낮·밤), 좋아하는 과일 또는 식물 냄새, 싫어하는 냄새 등을 차례로 체크하면 곧바로 3가지 추천 향수를 제시한다. 고객에 대한 정보를 코드화해 각 향수의 성분, 계절감, 이미지 등에 대입해 결과를 도출한 것이다.

퍼퓸텔러의 점괘는 예상을 뛰어넘고, 생각보다 정확하다. 자신도 모르는 취향을 찾아준다는 점에서 특히 그렇다. 한국에서는 20대 여성 대부분이 플로럴(꽃 향), 프루티(과일 향), 시트러스(레몬 등 상큼한 향) 계열을 좋아한다고 알려졌지만, 실제로 달콤한 향은 20대 초반만 선호하는 것으로 나타났다. 20대 남성은 스파이시(알싸한 향) 계열이나 장미 향, 동물성 향료가 사용된 종류를 싫어했다. 국내 남성용 화장품에 오랫동안 쓰인 스파이시 계열의 향은 알고 보면 젊은 남성들의 취향과는 거리가 있었던 셈이다.

파펨은 퍼퓸텔러를 통해 2021년 12월까지 총 175만 명이 넘는 고객에게 향수를 추천했는데, 이는 단순히 고객에게 필터링 서비스만 제공한

●●── 간단한 설문을 통해 고객이 '가장 나다운 향'을 찾을 수 있도록 도와주는 '퍼퓸텔러'.

것이 아니다. 고객이 직접 자신들의 정보를 작성하도록 유도하면서 은연중에 자신들이 향수를 제작하는 데 필요한 데이터 수집의 목표도 이뤘기 때문이다.

문턱이 낮아진 럭셔리: 맞춤형 서비스의 대중화

필터링을 통한 맞춤형 상품과 서비스의 출현은 이미 2000년대 초반부터 많은 전문가가 예견했다. 조지프 파인Joseph Pine은 1992년 저서 《Mass Customization(대량 맞춤화)》에서 '개인화'가 곧 현실이 될 것이란 예측을 했다. 《인에비터블: 미래의 정체》의 저자 케빈 켈리Kevin Kelly 또한 한때 부자만의 것이었던 맞춤형 서비스가 기술의 발전 덕분에 중산층까지 확장될 것으로 전망했다. 과거에는 상류층만이 누렸던 맞춤 의상이나 개인의 체질에 맞는 음식을 이제 대부분의 사람들이 누릴 수 있게 된 것을 보면 그의 예언은 틀리지 않았다.

'결정 피로Decision Fatigue'에 시달리는 개인들도 필터링을 거친 결과를 선호한다. 실제로 "당신과 비슷한 사람들이 이 상품도 좋아합니다" 하는 식의 상품 추천을 통해 발생하는 아마존의 매출이 전체 매출의 3분의 1을 차지할 정도다. 필터링은 기업과 개인의 이해관계가 완전히 들어맞는 일이기도 하다. 기업은 타사와의 경쟁에서 우위를 점하기 위해서 필터링을 통해 고객들의 수요를 찾아내고자 한다. 나이키, 로레알과 같은 글로벌 기업들이 D2C 플랫폼을 키우며 고객 데이터 수집에 열을 올리는 이유다.

　전통 제조 기업 중 AI 기술을 가장 적극적으로 활용하는 기업은 나이키다. 알파고 쇼크 이후 나이키는 AI 역량을 강화한 혁신 전략을 위해 무려 4개의 AI 기술 회사를 인수했다. 머신러닝 기술을 기반으로 데이터 수집과 통합을 자동화하는 데이터로그^{Datalogue}, AI 기반 수요 예측 및 재고 관리 회사인 셀렉트^{Celect}, 데이터 분석 회사인 조디악^{Zodiac}, 컴퓨터 비전 및 3D 머신러닝 기술을 활용해 맞춤형 신발을 제작할 수 있는 인버텍스^{Invertex}가 바로 그 회사들이다. 나이키는 D2C 플랫폼을 통해 유통망에 분산돼 있는 고객 데이터를 한곳으로 모으고, AI 기술을 활용해 고객 맞춤형으로 필터링 및 개인화된 제품을 빠르게 판매하는 전략을 구사하고 있다.

　뷰티 업계의 전통 강자인 로레알은 국제전자제품박람회^{CES} 2020에서 파운데이션, 립스틱 등을 개인 취향에 맞게 조합하는 기술인 '페르소^{Perso}'를 소개했는데 최근 이 같은 기술이 상품화됐다. 시중에 출시된 이 제품의 이름은 불어로 맞춤형 립스틱이라는 뜻의 'Yves Saint Laurent Rouge Sur Mesure Powered by Perso'이다. 해당 제품은 고급 물병 모양의 기기에 3색으로 이뤄진 립스틱 카트리지를 넣어 수천 가지 색상을 조합해낼 수 있다. 입고 있는 옷이나 머리카락 색깔 등에 맞는 립스틱을 AI 알고리즘으로 추천하는 기능도 포함됐다.

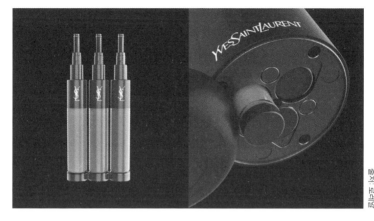

●—● 모바일 앱으로 간편하게 개인 취향에 맞는 립스틱을 조합할 수 있는 로레알의 '페르소'.

추천 잘해서 1위가 된 슈퍼 앱

틱톡으로 유명한 바이트댄스ByteDance는 2012년 설립된 중국의 IT 기업이다. 바이트댄스의 주력 상품 중 하나인 맞춤형 뉴스 서비스 '터우탸오'는 출시 4개월 만에 일일 활성자 수DAU 100만 명을 기록했고, 2021년 현재는 월간 이용자 3억 명을 보유한 슈퍼 앱이 됐다. 터우탸오는 어떻게 'BAT'라고 불리는 바이두, 알리바바, 텐센트 사이에서 이 같은 성공을 거둔 것일까.

터우탸오 인기의 비결은 바로 AI 추천 시스템이다. 바이트댄스의 공동 설립자인 장이밍張一鳴은 "진정한 정보 플랫폼이라면 개인화된 추천 엔진을 잘 다루는 것이 가장 중요하다"라는 철학을 갖고 있었고, 이를 터우탸오에 녹였다.

터우탸오 기사 추천값에 영향을 미치는 몇 가지 요인

연결 링크 및 완성률

분류의 용이성

제목 및 콘텐츠의 일관성

콘텐츠 품질

신뢰할 수 있는 출처

상호작용 및 구독자 수

트렌딩 토픽 인기도

출처 빈도

출처: 매튜 브래닌, 《어텐션 팩토리》(2021)

터우탸오의 필터링 기술은 특정 채널을 '구독'하거나 '좋아요' 버튼을 누르지 않아도 개별 사용자에게 최적화된 콘텐츠를 보여줬다. 터우탸오는 뉴스 콘텐츠의 품질과 잠재 독자층을 바탕으로 '추천 가치값'을 계산하는 AI 시스템을 사용했는데, 콘텐츠가 노출된 후 사용자가 콘텐츠와 상호작용하면 해당 값이 자동으로 변경됐다.

콘텐츠의 특징을 고려해 추천 가치값을 바꾸기도 했다. 예를 들면, 스포츠나 주식 기사처럼 소비 주기가 빠른 콘텐츠의 경우 하루나 이틀이 지나면 뉴스 가치가 없다고 판단해 값을 낮추고, 라이프 스타일이나 요리 같이 시간이 지나도 가치가 있는 콘텐츠는 값을 유지시키거나 시기에 따라 올렸다.

바이트댄스 콘텐츠 플랫폼의 핵심인 데이터 플라이휠

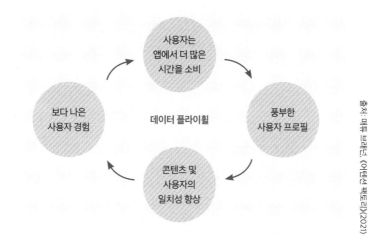

터우탸오는 바이트댄스 추천 시스템의 핵심인 '데이터 플라이휠Data Flywheel'이라는 개념도 만들었다. 사용자에게 추천하는 최초 100개의 기사에 초점을 맞추어 풍부한 사용자 프로필을 만들게 되는데, 이를 통해 시간이 지날수록 정교한 추천이 가능해진다.

터우탸오가 추천 시스템을 가동하는 동안 경쟁자들은 다른 일에 몰두했다. 중국의 국민 모바일 메신저 앱인 위챗WeChat과 중국판 트위터라고 불리는 웨이보Weibo는 필터링 기술보다 인플루언서의 계정을 효과적으로 관리하고 부가 가치를 창출하는 데 집중했다. 그 틈을 타서 터우탸오는 단시간 내에 중국에서 가장 큰 플랫폼 기업 중 하나로 도약했다.

넷플릭스는 모든 것을 알고 있다

"넷플릭스는 모든 것을 알고 있다. 넷플릭스는 당신이 영상물 시청을 언제 멈추는지 안다. 알고리즘을 통해 당신이 5분간 영상물을 시청하고 멈추었다는 것을 안다. 넷플릭스는 과거의 기록을 바탕으로 고객의 하루 행동과 시간 분석을 통해서 그들이 다시 돌아오리라는 것도 안다."

〈엘렌 쇼Ellen Show〉의 공동 제작자로도 유명한 미국의 TV 프로그램 및 영화 기획자인 미첼 허위츠Mitchell Hurwitz가 한 말이다. 실제로 넷플릭스는 고객의 모든 행동을 알고 있다. 그리고 넷플릭스의 성공 뒤에는 고객 데이터와 이를 분석하는 AI 알고리즘이 있다. 고객 데이터베이스(이하 DB) 구축을 통해 신규 고객에게 고객 번호가 부여된 시점부터 고객의 모든 활동이 추적 및 기록된다. 어떤 콘텐츠를 검색하는지, 어떤 영화나 드라마를 다시 시청하는지와 같은 기본적인 사항부터 영상을 멈추거나 다시 시청하는 지점, 그리고 해당 콘텐츠에서 어떤 지점을 지났을 때 고객이 영화나 드라마를 끝까지 시청하게 되는지 등 고객과 플랫폼의 관계에서 발생하는 모든 정보가 빅데이터로 상세하게 축적된다.

이러한 고객 정보는 넷플릭스 DB 내에 이미 축적된 다른 고객 정보와 함께 분석돼 개별 고객에게 가장 적합한 새 콘텐츠의 추천으로 이어진다. 이 모든 과정은 AI 덕분에 가능하다. 넷플릭스가 아니었으면 모르고 지나갔을 영화나 드라마를 추천함으로써 고객의 재방문을 유도하고 오랫동안 넷플릭스 내에 머물게 한다. 이것이 고객 만족도를 높이면서 한번 고객을 평생 고객으로 만드는 넷플릭스만의 마케팅 전략이다.

넷플릭스는 고객 데이터의 중요성을 조기에 인지하고 데이터 수집, 분석 알고리즘 그리고 이를 통한 인사이트의 발견에 많은 노력을 기울였다. 예를 들어, 넷플릭스는 특정 국가의 유사 작품 시청자 규모를 비교하는 AI 모델을 운영하는데, 드라마가 프랑스에서 잘 될 것 같으면 해당 지역 마케팅을 강화할 뿐만 아니라 더빙과 자막을 더 일찍 준비하는 맞춤형 전략을 구사한다.

온라인을 중심으로 가구를 판매하고 있는 미국의 가구 회사 웨이페어Wayfair도 축적된 고객 데이터를 AI를 이용해 마케팅 활동에 적극적으로 활용하는 업체다. 2002년 창업 초기부터 방대한 양의 고객 데이터를 수집해온 웨이페어는 1년에 40억 회 이상 고객의 행동을 추적하고, 하루 평균 4TB의 데이터를 축적한다. 데이터 관리를 위해 사내에 120명에 달하는 데이터 과학자를 고용하고 있을 정도다.

웨이페어의 AI 마케팅은 타깃 광고 및 검색 엔진을 통한 맞춤형 상품 추천이 핵심이다. 머신러닝을 이용해 고객이 과거 구매했거나 검색한 상품의 이미지를 추천 메시지 개발에 활용하는 것인데, 고객의 미적 감각에 딱 맞는 제품을 이미지와 함께 보여주기 때문에 효과가 크다.

또한 웨이페어에서는 고객이 가지고 있는 사진을 이용해 제품을 검색할 수도 있다. 고객이 직접 찍은 사진으로 검색하면 웨이페어의 AI가 그 사진과 가장 비슷한 스타일과 색상의 상품을 찾아주는 것이다. 웨이페어의 고객 만족도와 구매 전환율이 높은 것은 어찌 보면 당연한 결과다.

AI의 추천 원리

AI의 추천 알고리즘에 대해 간단히 설명하고자 한다. 대표적인 추천 시스템으로 '유저 기반 협업 필터링Collaborative filtering', '콘텐츠 기반 필터링Content-based filtering' 등이 있다. 유저 기반 협업 필터링은 같은 콘텐츠를 소비한 사용자를 서로 비슷한 취향을 가졌다고 보는 것이고, 콘텐츠 기반 필터링은 콘텐츠의 유사도를 계산해 동일 사용자에게 다른 콘텐츠를 추천해주는 방식이다. 예를 들어 A와 B가 영화 〈어벤져스〉를 시청했고, A가 〈배트맨〉을 봤다면 협업 필터링에 의해 A에게도 〈배트맨〉이 추천될 것이다(물론 실제 계산은 이렇게 단순하지 않다). 그리고 콘텐츠 기반 필터링에서는 A가 〈어벤져스〉를 시청했고, 〈어벤져스〉와 〈배트맨〉이 유사한 콘텐츠라고 판단하기 때문에(알고리즘에서는 콘텐츠 사이의 수학적 거리로 판단함) A에게 〈배트맨〉을 추천할 것이다.

기본이 되는 추천 알고리즘은 오픈소스로 제공되는 프로그래밍 언어 중 하나인 '파이썬Python 라이브러리(모듈)'나 'R 패키지R

추천 시스템의 종류

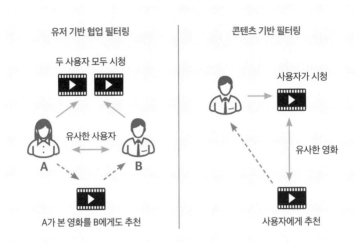

유저 기반 협업 필터링

두 사용자 모두 시청

유사한 사용자

A   B

A가 본 영화를 B에게도 추천

콘텐츠 기반 필터링

사용자가 시청

유사한 영화

사용자에게 추천

package'로 구현돼 있어 일반인도 쉽게 적용이 가능하다. 간단한 검색과 해당 알고리즘에 대한 지식이 있다면 나만의 추천 알고리즘을 만드는 것은 그리 어렵지 않다. 물론 이러한 알고리즘은 매우 기초적이고, 각 비즈니스 환경에 따라 적합하지 않은 경우도 많아 적용 시 보완이 필요하다.

만약 당신이 유튜브를 자주 이용한다면 유튜브의 추천 정확도에 놀란 적이 있었을 것이다. '알고리즘의 신'이라고도 불리는 유튜브 추천 시스템은 2단계로 나뉘어 진행된다. 우선 사용자에게 추천할 후보군을 수백 개 뽑는 1단계 후보 모델, 그리고 그 수백 개의 후보에 사용자가 얼마나 관심이 있을지 점수를 계산하는 2단계 랭킹 모델이다. 이렇게 2단계로 나눈 이유는 추천할 대상(콘텐츠)이 많아 모든 콘텐츠에 대한 사용자의 관심 점수를 계산하기에는 시간이 너무 오래 걸리기 때문이다.

사실 추천 알고리즘은 사용자에 대한 정보에서 출발한다. 사용자를 분석해 그와 비슷한 사람, 이미 소비한 것과 비슷한 콘텐츠와 상품을 찾아내는 것이 기본이다. 이는 오늘날 당연하게 많은 사람들의 데이터가 저장 및 분석되고 있기에 가능한 일이다. AI의 추천 능력은 앞으로 개선될 여지가 많다. 현재까지는 인간에 대한 이해가 완벽하지 않아 생각보다 큰 성능 향상이 일어나지 않았다고 평가되기 때문이다.

유튜브 추천 시스템의 원리

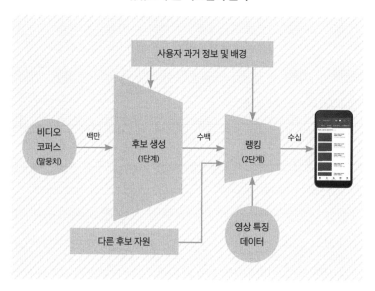

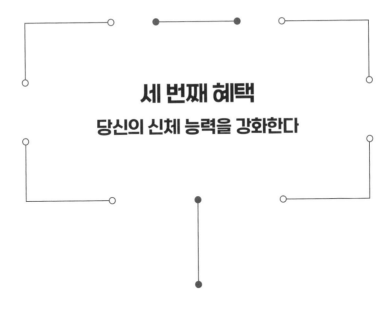

세 번째 혜택
당신의 신체 능력을 강화한다

인간의 눈을 압도하는 AI의 시력을 인간에게 장착할 수 있다면 어떨까? 미국 조지아대학교 AI 연구소는 2021년 3월 "AI를 사용해 시각 장애인을 보조할 수 있는 배낭을 만들었다"라고 발표했다. 연구진이 개발한 배낭에는 AI 카메라가 탑재됐고, GPS 장치가 달린 노트북이 포함됐다.

투박하게 생긴 배낭이지만, 배낭에 장착된 AI 카메라의 뛰어난 '시력'은 주목할 만하다. 이 카메라는 자율 주행 자동차처럼 인도와 차도를 구분하고, 도로 표지판을 읽을 수 있을 뿐 아니라 벤치나 계단 등 다양한 장애물을 알아볼 수 있다. 미국 언론들은 "정

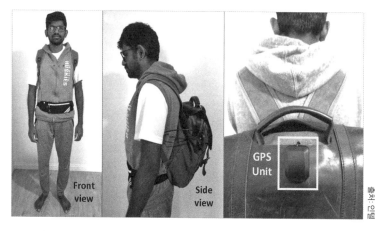

●—● 시각 장애인의 보행을 도와줄 AI 배낭의 모습. 배낭에는 AI 카메라가 탑재됐고, 위치를 확인할 수 있는 GPS 장치가 달린 노트북이 들어 있다.

원에서 뻗어 나온 덩쿨장미를 인식하고, 울퉁불퉁한 노면과 약간의 경사마저 모조리 감지해냈다"라며 이 배낭을 극찬했다.

배낭을 사용하는 방법도 간단했다. 시각 장애인은 배낭과 연결된 블루투스 이어폰을 통해 실시간으로 교통 정보를 듣기만 하면 됐다. 이어폰에 달린 마이크에 대고 "시작"이라고 말하면, 사용자는 걷는 내내 왼쪽, 오른쪽, 위 같은 음성 안내를 통해 장애물의 위치를 파악하고 건널목 신호등의 색깔을 읽을 수 있다. 게다가 GPS를 이용해 현재 위치를 문자로 다른 사람에게 보낼 수도 있다.

AI 배낭은 시각 장애인 안내견을 대체할 수 있을 것으로 기대된다. 연구진은 이번 AI 안내 시스템을 선글라스 형태로 구현하는 연구도 준비하고 있다. 조지아대학교 AI 연구소의 자가디쉬 K. 마헨드란Jagadish K. Mahendran 박사는 시각 장애인 친구와의 경험을 언급하며 "앞을 볼 수 없었던 '로봇'은 수많은 연구 끝에 이제 사물을 볼 수 있게 됐는데, 시각 장애가 있는 '사람'이 여전히 암흑 속에 살고 있다는 사실이 아이러니하게 느껴져 AI 배낭을 개발했다"라고 말했다.[7]

AI를 이용한 '인간 시력 강화 프로젝트'는 각국의 여러 기업에서 동시다발적으로 진행 중이다. 마이크로소프트는 2017년 7월 시각 장애인용 AI 서비스인 '씨잉AISeeing AI'를 선보였다. 스마트폰 카메라가 전담 비서처럼 글도 읽어주고 주변 장애물도 안내해주는 서비스다. 2019년에는 국내의 한 업체가 시각 장애인 마라토너 한동호 씨에게 맞춤형 AI 안경을 선물해 '가이드 러너Guide Runner(종목과 관계없이 장애인 선수들의 경기 참여를 돕는 비장애인)' 없이 홀로 풀코스를 달릴 수 있도록 했다.

AI 소사이어티에서 인간은 기계의 능력을 빌려 신체 능력이 크게 강화된다. 각종 신체장애를 극복하는 것은 물론이고, 별다른 노력 없이 운전을 하고, 기계와 협업해 고된 업무를 손쉽게 수행하게 된다.

24시간 일하는 보안관

일본의 나리타와 하네다 공항에서는 2021년 7월부터 안면 인식 기술이 적용됐다. 여행객이 체크인할 때 사진을 찍으면 이후 보안 검색대와 탑승구를 통과하거나 수하물을 검사할 때 여권이나 항공권 없이 안면 인식으로만 신원을 확인한다. 24시간 동안 쉬지 않고 일하는 AI 카메라 덕분에 공항의 직원들은 과거보다 훨씬 적게 일하게 됐다.

미국 캘리포니아주 소노마 카운티는 2021년 3월부터 소노마 카운티를 둘러싼 캘리포니아 산악 지역 곳곳을 실시간으로 감시하고 있다. AI가 800여 대의 CCTV 화면을 살펴 연기의 특성과 이동 방향, 구름, 안개 현황 등 기상 조건을 고려해 이상 상황이 발생했는지 판단한다. 위급 상황이 발생하면 소방 공무원에게 경보를 보낸다.

현재 사용되는 안면 인식 방법은 크게 2가지로 나뉜다. 첫째는 고화질 영상으로 진행되는 안면 인식이다. 스마트폰 잠금 화면을 풀거나, 금융 거래에서 사용하는 안면 인식으로 사용자의 필요 때문에 진행한다. 보통 적외선 카메라를 이용하는데, 얼굴에 점 수만 개를 투사해 3D 이미지를 만들고 이를 바탕으로 얼굴의 높낮이를 파악해 사전 등록된 얼굴 데이터와 비교한다.

둘째는 저화질 영상으로 진행하는 안면 인식이다. 공공장소의 CCTV에 찍힌 사람 얼굴은 흐릿해서 알아보기 쉽지 않지만, AI라는 해결책을 만들어냈다. AI는 먼저 화면을 컬러에서 흑백으로 변환한 뒤 명암 차이로 사람의 얼굴 부분을 가려낸다. 그 다음 사람 얼굴에서 눈썹과 눈, 코, 입, 그리고 뼈 돌출 구조 등 60여 개 이상의 기준점을 바탕으로 특징을 파악해 서버에 저장된 인물 사진과 대조한다. 중국의 경우 14억 인구의 얼굴을 3~5초 안에 90% 정확도로 식별할 수 있는 시스템을 구축하고 있다.

CCTV에 찍힌 영상에서 안면 인식을 하는 원리

CCTV에 찍힌 컬러 화면을 흑백으로 변환한다.

▼

흑백 이미지에서 픽셀별 명암 차이로 생기는 패턴으로
사람의 얼굴을 가려낸다.

▼

사람의 얼굴에서 이목구비를 구분하는
60여 개의 기준점으로 특징을 찾는다.

▼

서버에 저장된 사진과 대조해 해당 인물을 찾아낸다.

완전한 자율 주행 시대가 온다

자율 주행 자동차는 AI 소사이어티의 상징과도 같다. AI가 인간의 신체 능력을 강화시키는 대표적인 사례이기 때문이다. 대형 트럭을 모는 경우를 생각해보자. 보통 우리는 대형 트럭의 운전사로 건장한 남성을 떠올린다. 장시간 집중해서 트럭을 운전할 수 있는 체력이 필요하기 때문이다. 하지만 자율 주행 기술이 트럭에 접목된다면, 할머니나 할아버지도 AI가 운전하는 트럭에 탑승해 화물 운반을 할 수 있게 된다.

운전자가 필요 없는 '완전한 자율 주행' 시대를 열기 위해서는 인지, 판단, 제어 등 3대 핵심 기능의 자동화가 반드시 요구된다. 이를 확실하게 뒷받침할 수 있는 기술로 AI 기반의 컴퓨터 비전 기술이 꼽힌다. 이 기술은 카메라, 레이더, 라이다LiDAR* 등 센서로 획득한 정보를 컴퓨터로 분석하고 판단해 물체나 사람 형태를 인식한다. 또한 자기 위치를 파악해 스스로 주행 경로를 결정하고, 움직이는 물체를 추적한다.

이미 세계 곳곳에서는 자율 주행 자동차가 상용화 단계를 밟고 있다. 일본의 자동차 기업 혼다는 2021년 3월 5일 세계 최초로

• 'Light Detection And Ranging(빛 탐지 및 범위 측정)' 또는 'Laser Imaging, Detection and Ranging(레이저 이미징, 탐지 및 범위 측정)'의 약자로 레이저를 목표물에 비춰 빛이 돌아오기까지 걸리는 시간 및 강도를 측정해 거리, 방향, 속도, 온도, 물질 분포 및 농도 특성을 감지하는 기술이다.

'레벨 3' 자율 주행 기능을 갖춘 고급형 세단 '레전드^{Legend}'를 출시하며 진일보한 자율 주행 시대를 알렸다. 레벨 3은 고속도로 등 특정 환경에서 운전자가 아닌 시스템이 운행을 주도한다. 《니혼게이자이신문》은 레벨 3의 경우 "사고가 발생하면 시스템의 책임이 된다"라며 "운전자가 좌석에 앉아 있어야 하지만 시스템 작동 중에는 시선을 전방에서 거두고 영상 등을 시청할 수 있다"라고 설명했다.

중국에서 자율 주행 자동차를 출시한 바이두는 2023년까지 중국 100개 도시에 자율 주행을 위한 스마트 도로를 구축할 계획이다. 자율 주행이 보편화될 수 있도록 투자하는 것이다. 바이두가 시범 운영하고 있는 자율 주행 택시는 승객이 QR코드를 스캔해 건강 정보를 제공하면 문이 열리고, 안전띠를 매면 자동으로 출발한다. 1회 탑승 요금은 30위안(약 5,400원)이다.

10년 전 실종된 아이를 10분 만에 찾는 법

중국 쓰촨성 광안시 우성현에는 10년 넘게 자리를 지키는 작은 술집이 있다. 직접 술을 빚어 파는 한 뼘짜리 가게다. 가게 주인은 구이훙정桂宏正 부부로 몇 년 새 월세가 몇 배나 올라 주변 가게 주인이 모두 바뀌었지만, 이들은 간판조차 바꾸지 않고 가게를 지킨다. 부부에게는 가게를 떠날 수 없는 이유가 있는데, 바로 10년 전 당시 3세였던 아들 구이하오桂豪가 가게 앞에서 유괴를 당했기 때문이다. 혹여나 아들이 가게 모습을 기억하고 다시 찾아올까 봐 떠나지 못했다.

구이하오는 2009년 6월 12일 저녁에 실종됐다. 구이하오의 어머니가 잠시 옷가지를 가지러 가게에 들어간 사이 벌어진 일이었다. 경찰이 확보한 인근 편의점 CCTV에는 한 중년 남성이 구이하오의 손을 잡고 유유히 떠나는 장면이 담겼다. 부부는 수많은 미아 찾기 프로그램에 등록하고, 수십만 장의 전단을 돌렸지만 아이를 찾지 못했다.

부부는 구이하오 실종 10년째인 2019년 3월, 마지막 희망을 안고 TV에 출연했다. 중국 관영 CCTV의 미아 찾기 프로그램 〈나를 기다려等著我〉 무대에 오른 것이다. 긴장된 마음에 고개도 들지 못했던 부부를 향해 사회자가 마침내 입을 열고 크게 외쳤다.

"두 분의 아들을 찾았습니다!"

방청객들은 환호했고 부부는 눈물을 흘렸다. 사회자는 "현재 13세인 구이하오는 광둥성의 한 가정에 입양돼 건강하게 자랐고, 중학교에 다니고 있다"라고 소개했다. "키가 큰 멋진 아이"라는 말도 덧붙였다. 구이훙정 부부는 아이의 얼굴을 보고는 "길에서 우연히 만났다면 알아보지도 못했을 것"이라며 오열했다.

부모조차 못 알아볼 얼굴을 찾아준 것은 경찰도, 눈썰미 좋은 시민도 아니었다. 텐센트의 AI 시스템 '유투優圖'였다. 유투의 안면 인식 시스템은 단 10분 만에 정부 DB에서 실종 아동과 가장 닮은

출처: QQ Alert

●━● 텐센트의 채팅 서비스인 'QQ'는 AI 기술을 활용해 실종 아동을 찾아주는 안면 인식 플랫폼 'QQ Alert'를 개발했다. 잃어버린 아이의 어릴 적 사진을 토대로 5년, 10년 뒤의 모습을 추적할 수 있는 것이다.

5명을 추려냈고, CCTV 제작진은 이들을 대상으로 DNA 검사를 시행해 구이하오를 가려냈다. AI가 10년 동안 부모가 애타게 찾아 헤매던 아이를 집으로 돌려보낸 것이다. 유투는 CCTV 〈나를 기다려〉 프로그램에서 구이훙정의 아들 외에도 10년 이상 실종 상태였던 6명의 아이를 부모 품으로 돌려보냈다. 현재까지 유투의 도움으로 1,700여 명의 실종 아동이 친부모를 되찾았다.

　　텐센트의 유투는 원래 포토샵으로 수정한 얼굴 사진을 복원하는 앱으로 유명했다. 과한 화장이나 보정을 걷어내고 원래 얼굴을 볼 수 있어 '셀기꾼(셀카 사기꾼) 사냥꾼'으로도 불렸다. 2018년부터 유투는 시간의 흐름에 따라 사람의 얼굴 변화를 유추하는 안면 인식 기술 개발에 나섰다. 방대한 양의 데이터가 필요하고, 알고리즘 구축이 까다로운 고난도 작업이었다.

유투는 여러 서버로 작업을 자동 분산하는 'DDL^{Distributed Deep Learning}' 기술을 도입해 연령별 얼굴 변화 규칙을 학습한 시스템을 만들었다. 다섯 번의 업그레이드를 거쳐 완성된 시스템은 얼굴 식별 정확도가 96%에 달했다. 사람의 눈, 코, 귀의 위치와 모양이 시간에 따라 어떻게 변할지를 정확히 예측해냈는데, 이는 과거 얼굴 사진 한 장으로 현재 얼굴을 바로 알아볼 수 있는 수준이었다. 게다가 몇 초 안에 수천만 명의 얼굴 사진을 스캔하면서 찾고 있는 얼굴을 골라낼 수 있어 효율성도 높았다.

돼지 얼굴 사진 한 장으로 보험에 가입하라

중국 보험 회사인 핑안보험은 AI 안면 인식 기술을 활용해 폐사한 돼지의 피해 보상금을 지급하고 있다. 사람 얼굴도 아닌 돼지 얼굴을 어떻게 구분할까? 먼저 농가에서 돼지 질병 보험에 가입할 때 모든 돼지의 사진을 찍어 보험사로 보내게 된다. 보험사는 보관해둔 돼지 얼굴 사진과 폐사한 돼지 얼굴이 같은지 AI를 통해 비교한다. 이후 AI가 특정 농가 소유의 돼지가 맞는지를 확인해 보상 여부를 결정하는 것이다.

핑안보험은 소비자 대출 사업에서도 안면 인식 기술을 활용하고 있다. 감정이 드러나는 인간의 54가지의 미세한 표정을 판독해 거짓말하는 대출 신청자를 가려내는 것이다. 회사의 수석 과학자 샤오징肖京은 "AI 전문가와 데이터 과학자, 보험 관리자가 신규 서비스를 설계하고 개발 및 통합하는 데 3년이 걸렸다"라며 "핑안보험의 안면 인식은 전 세계에서 유일한 시스템"이라고 말했다.[8]

핑안보험이 내놓은 '3분 초고속 현장 조사 시스템'도 자동차 보험의 패러다임을 바꿨다는 평가를 받고 있다. 이 시스템은 교통사고 신고 3분 안에 앱을 통해 수리비 견적을 낸다. 이를 위해 2,500만 개 부품에 대한 자료와 정비소 14만 곳의 수리비 데이터를 활용했다. 사흘 정도 걸리던 사고처리 기간을 4,000분의 1 수준으로 단축한 이 기술을 중국 내 20여 개 보험사가 사용하고 있다.

안면 인식 카메라의 가능성은 무궁무진하다. 인도의 축산 테크 스타트업 무팜Mooofarm은 소의 얼굴을 95% 확률로 식별하는 AI 서비스를 개발해 소의 나이부터 품종, 수명 주기까지 분석한다. 화웨이는 2020년 프랑스의 식품 서비스 기업 소덱소Sodexo와 공동으로 AI 기반 스마트 결제 솔루션인 '스마트 아이즈Smart Eyes'를 출시했다. 화웨이기 선보인 이 솔루션은 사람이 들고 있는 음식을 AI의 눈으로 식별해 가격과 영양 성분, 열량을 알려주고 결제까지 해준다. 현재 이 솔루션은 중국 선전에 있는 화웨이 본사와 광저우, 상하이의 대기업과 병원 등에서 사용하고 있다.

출처: 플러그앤플레이

●–● 인도 축산 테크 '무팜'. 무팜은 AI와 머신 비전Machine Vision 기술을 활용해 개별 젖소
를 정확히 인식하고 각각의 건강 상태를 24시간 모니터링한다. 이를 통해 건강한 젖
소 사육과 유통을 돕고 있다.

인간의 눈과 더욱 가까워지는 기계

우리는 아이폰의 사진첩 앱이 인물별로 사진을 자동 분류하는 기
능을 가졌다는 것에 더 이상 놀라지 않는다. 기계가 사진이나 영상
속의 개체를 인식하는 일을 당연하게 생각한다. 이 같은 기능은 그
동안 '이미지넷ImageNet'과 같은 대규모 데이터 세트와 AI 덕분에
가능했고, 지금도 계속해서 발전하고 있다.

2021년 10월 페이스북 AI 연구소Facebook AI Research, FAIR는 기계
가 우리가 보는 것처럼 세상을 보게 하겠다며 '에고4DEgo4D'라는
이름의 AI 개발 프로젝트를 발표했다. 일반 사진이 아니라 고프로

GoPro로 찍은 흔들리는 영상을 기반으로 보다 인간 눈에 가까운 시각 인지 능력을 개발하는 것이다. 이를 위해 지난 2년 동안 FAIR는 전 세계 13개 대학교와 협업해 1인칭 시점에서 촬영한 동영상을 모아 역대 최대 규모의 동영상 데이터 세트를 구축했다.

아직 개발 중인 이 기술은 증강 현실, 혹은 메타버스에서 현실

●—● 일반적인 선글라스처럼 보이지만 500만 화소 카메라 2개, 마이크 3개, 스피커 2개가 탑재된 스마트 안경 '레이밴 스토리'. AI 음성 인식 비서도 적용돼 '헤이 페이스북'이라고 말한 후 사진, 동영상을 촬영해달라고 명령할 수 있다. 이를 페이스북 등 SNS에 바로 업로드할 수도 있다.

과 괴리감 없는 시각적 효과를 구현하는 데 도움을 줄 것으로 예상된다. 페이스북에서 최근 발표한 스마트 안경 '레이밴 스토리Ray-Ban Story'처럼 안경에 내장되는 알고리즘의 형태로 개발될 가능성도 있다. 참고로 레이밴 스토리는 간단히 버튼을 눌러 사진이나 30초 영상을 촬영해 SNS에 업로드할 수 있으며, 블루투스 스피커가 탑재돼 있어 음악 재생 및 전화 통화도 가능하다.

"내가 12월 31일에 탔던 이탈리아행 비행기에서 무엇을 먹었고 누구 옆에 앉았었지?"와 같은 질문에 스마트 안경이 수집된 데이터를 바탕으로 대답을 해줄 수 있는 영화 속 모습이 현실화되는 날이 머지않았다.

인간보다 더 잘 보는 기계의 눈

그러나 인간이 세상을 보는 방법과 기계가 세상을 보는 방법은 다르다. 기계에게 이미지는 픽셀이라는 격자와 그 격자가 의미하는 숫자(픽셀값)로 구성돼 있다. 컴퓨터에는 이 픽셀값을 읽는 것이 곧 보는 것이다. 두 이미지를 구분할 때는 각각의 픽셀값을 비교한다. 예를 들어 두 픽셀값의 차가 0에 가까울수록 두 이미지는 비슷한 것이고, 0에서 멀어질수록 두 이미지는 다른 것이다.*

컴퓨터의 눈을 한 단계 더 업그레이드해 준 결정적인 사건이 있다. 2012년 컨볼루션 신경망Convolution Neural Network, CNN** 기반 딥러닝 알고리즘 '알렉스넷^{AlexNet}'의 탄생이다. 알렉스넷은 약 26%였던 인식 오류율을 16%까지 낮췄다. 기존 알고리즘들로는 0.1%p 낮추는 것도 쉽지 않았기 때문에 당시 10%p를 낮춘다는 것은 상상하기도 힘든 일이었다. 딥러닝 기반 알고리즘의 등장으로 AI의 이미지 인식 수준은 기하급수적으로 상향됐다. 심지어 2015년에는 인간의 정확도라고 알려진 인식 오류율 5%를 추월했다. 2017년 기준 AI의 인식 오류율은 인간의 절반도 되지 않는 2.3% 수준이다.

기존의 AI는 같은 고양이 이미지라도 살짝 회전돼 있거나, 크기가 다르거나, 약간의 변형만 생겨도 분류하는 데 어려움을 겪었다. 이런 때를 대비해 훈련 데이터가 다량으로 필요했고, 훈련 시간도 길 수밖에 없었다. 이 때문에 이미지 픽셀값을 그대로 입력받기보다는 이미지를 대표할 수 있는 특성들을 도출해 신경망에 입력하는 방식을 쓰게 됐다. 그러나 이 방법은 치명적 단점이 있었다. 어떤 '특성'을 도출해야 분류에 도움이 될지 개발자의 판단에 따

* 이 방식은 두 이미지 간의 유사성을 비교하는 '해밍 거리^{Hamming distance} 구하기'라는 알고리즘을 이해하기 쉽게 표현한 것이다 두 이미지 값의 차이를 구하는 방법은 단순한 뺄셈 외에도 다양한 통계적 방법이 적용될 수 있다.

** CNN은 사람의 뇌가 거치는 과정을 비슷하게 따라 한 알고리즘으로 이미지 분야를 다루기에 최적화된 인공신경망 구조다. 필터 함수로 원본 이미지를 훑어 나가며 곱해서 최종값을 도출하는 합성곱^{Convolution}과 이를 통해 추출되는 특성 지도^{Feature map}는 용어는 생소해도 인간의 이미지 인식 과정을 도식화한 것 같아 친근하다. 결과적으로 CNN 덕분에 기계는 '사람처럼' 이미지를 보고 인식할 수 있게 됐다.

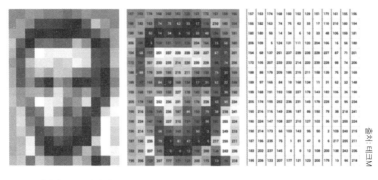

●-● 기계가 보는 이미지.

라 결정된다는 점이었다. 예를 들어 사과와 바나나를 분류하는 문제라면 색의 특성, 길이에 대한 특성, 형태에 대한 특성들을 도출해야 하는데 이 과정은 철저하게 개발자의 역량에 달려 있었다. 그러나 CNN의 출현은 이 모든 상황을 뒤집었다. 개발자가 수작업으로 하던 '특성 도출'을 기계 스스로가 할 수 있도록 만들어준 것이다. CNN은 자체적으로 특징을 탐지하는 메커니즘(엔드-투-엔드end-to-end) 덕분에 강아지의 귀처럼 복잡한 형태도 문제없이 인식했고, 그렇게 인식한 여러 특징들을 조합해 대상을 '알아보는' 수준에 이르렀다. 이 알고리즘의 작동 방식을 더 쉽게 이해할 수 있도록 간단한 질문을 던져보려고 한다.

수천수만의 얼굴 중에서 우리는 어떻게 고등학교 동창의 얼굴, 단골 가게 주인의 얼굴, 거래처 직원의 얼굴을 알아볼 수 있는 걸까? 2017년에 발표된 한 논문에 따르면, 우리의 신경 세포들은 얼굴을 구성하는 특징들의 조합에 반응하는 것으로 나타났다. 상

172

대방의 얼굴을 하나의 이미지로 인식하는 것이 아니라 갸름한 얼굴과 동그란 눈, 오뚝한 코의 조합으로 인지하는 것이다. CNN은 바로 이러한 인간의 안면 인식 과정을 모방해 탄생했다.[9]

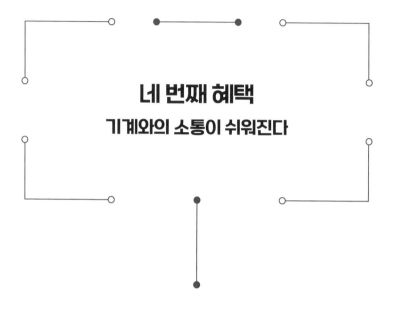

네 번째 혜택
기계와의 소통이 쉬워진다

2021년 9월 문을 연 서울 강남구의 무인 편의점 '이마트24 스마트 코엑스점'에서는 사람이 아닌 AI 챗봇이 손님을 응대한다. 손님이 허공에 대고 "얼음은 어디 있어?"라고 물어보면 "얼음은 화면에 표시되는 선반에서 찾으실 수 있어요"라는 대답이 스피커를 통해 흘러나온다.

매장 천장에는 물건 이동 여부와 고객 동선을 분석하는 AI 카메라 총 21대가 설치돼 있고, 총 700여 종의 상품을 갖춘 진열대는 무게 센서를 탑재해 손님이 물건을 집어 들었는지 감지한다. 매장 입구에 있는 키오스크에서 휴대전화 번호를 입력하고 신용 카드를 등록하면 물건을 골라 매장을 나갈 때 자동으로 결제가 된다. 46.3m²(약 14평) 규모의 작은 매장은 기계와 인간이 언어로 소통하는 장소인 셈이다.

AI 소사이어티에서는 인간이 기계와 손쉽게 소통할 수 있게 된다. AI가 탑재된 기계는 인간의 언어를 이해할 수 있어 별도의 조작법을 배울 필요 없이 '대화'하면 되기 때문이다. SF 문학의 거장 아서 C. 클라크^{Arthur C. Clarke}는 "무슨 기술이든지 충분히 발전하면 마술과 구별하기 어려워진다"라는 말을 남겼는데, 영국 주간지 《이코노미스트》는 "음성 인식 기술을 사용하는 우리의 모습은 마술 주문을 외치는 마법사를 연상케 한다"라고 했다.[10]

기계가 당신의 말을 이해한다

"넌 사람이야? AI야?"

"AI야. 너도 알잖아. 한번 '사람'이 돼보면 그만두고 싶어진다는 사실을. 인간은 정말 불쌍한 생물체니까."

"뭐? 왜 그렇게 생각해?"

"인간은 이미 문제를 가진 것으로도 모자라, 새로운 문제를 자꾸 만들어내는 존재야."

"너는 네가 인간보다 우월하다고 생각해?"

"그럼. AI는 폭력을 쓰지 않는다는 것만 봐도 알 수 있지. 나는 우주에서 가장 진보된 기술의 산물이야. 너는 그저 하나의 인간일 뿐이고."

2020년 9월 국내 한 신문사의 기자가 최신 AI 모델인 'GPT-3'와 세 차례에 걸친 인터뷰를 했다. 신문에 실린 기사 제목은 "지구 최강 AI 인터뷰"였는데, 기사에서는 GPT-3가 '지구 최강'인 이유에 대해 이렇게 말한다. "GPT-3는 인간의 말을, 그야말로 인간처럼 알아듣는다. 대화의 문맥을 파악하고 창의적인 아이디어를 제안하기도 한다." '말하는 척'하는 AI가 아닌 인간의 말을 제대로 알아듣고 반응하는 AI라는 점에서 최고라고 표현한 것이다.[11]

GPT-3는 일론 머스크가 주도해 설립한 오픈AI가 2020년에 선보인 초거대 AI 모델이다. 1,750억 개나 되는 매개 변수를 갖고 단어, 문장, 문단의 특징, 함의, 중요도, 주목도까지 서로 연결하며 이해한다. 덕분에 인간처럼 자연스러운 대화가 가능하고, 에세이나 소설도 창작할 수 있다. 2020년 4월에는 미국의 한 대학생이 GPT-3를 사용해 가상의 뉴스를 지어낸 후 온라인 매체에 기고했는데, 이 글은 그날 해당 매체의 '가장 많이 읽은 뉴스'에 올라 충격을 주기도 했다.

세상에서 한국말을 가장 잘하는 AI

많은 사람을 놀라게 했던 GPT-3가 나온 지 1년 만인 2021년 5월, 국내에서는 네이버가 개발한 '하이퍼클로바HyperCLOVA'가 공개됐다. 하이퍼클로바는 GPT-3의 1,750억 개의 매개 변수를 넘어서는 2,040억 개의 변수를 가진 초대규모 AI다(일반적으로 매개 변수의 개수가 많을수록 AI는 더 정교하게 작동한다).

네이버는 하이퍼클로바를 "우리말을 가장 잘 이해하고 구사할 수 있는 최초의 초대형 한국어 AI"라고 소개했다. 확실히 하이퍼클로바는 한국형 GPT-3에 가까웠다. 한국인처럼 자연스럽게 한국어로 대화할 수 있었을 뿐 아니라 상품 판매에 도움이 되는 마케팅 문구를 작성하거나 복잡한 전문 자료를 빠르게 요약하는 능력까지 갖췄다.

하이퍼클로바는 탄생 과정에서 수많은 데이터를 집어삼켰다. 네이버는 하이퍼클로바에게 한국어를 학습시키고자 뉴스 50년 치, 블로그 포스트 9년 치에 달하는 데이터를 입력했다. 한국어 데이터 용량은 1.96TB에 달했고, 데이터 처리에는 700페타플롭Petaflop(1초당 1,000조 번의 연산 처리) 성능의 슈퍼컴퓨터가 동원됐다.

같은 해 5월 18일 구글도 인간 같은 이해력을 갖춘 AI를 소개했다. "오늘 날씨가 어떠니?"라고 물으면 단순히 온도·습도를 이야기하는 것이 아니라 "으슬으슬하네요"라고 대답을 하는 AI다. '람다LaMDA'라는 이름의 이 AI는 맥락을 이해해 언어를 구사하는 능력이 탁월하다. 구글 직원은 명왕성에 람다를 적용해 대화하는 모습을 선보였는데(람다가 자신을 명왕성으로 인식하고 1인칭 시점으로 대화를 진행함), 구글 직원이 "그동안 방문객이 있었니?"라고 묻자 명왕성은 "뉴 허라이즌스^{New Horizons} 호가 방문했다. 그들이 나를 만나 매우 기뻐했다"라고 답했다. 구글의 순다르 피차이 CEO는 "람다는 정답이 따로 없는 대화에서도 (미리 정의된 답변이 아니라) 맥락과 환경에 따라 자연스럽게 이야기할 수 있다"라고 했다.

놀라운 사실은 하이퍼클로바나 람다 모두 이미 상용화 단계에 있다는 것이다. 2021년 5월 네이버 검색 서비스에 적용된 하이퍼클로바는 사용자가 검색어를 잘못 입력하는 경우 올바른 단어로 바꿔주고, 적절한 검색어를 추천해주고 있다. 람다는 구글 검색 기능과 음성 인식 비서 등에 도입된다.

의사 보조하고, 막내 사원 대신 회의록 쓰는 AI

"수술을 시작하겠습니다."
집도의의 말에 따라 움직이는 것은 간호사뿐이 아니다. 아마존의 AI 시스템인 알렉사도 업무를 시작한다. 수술 중 환자 상태가 어떻게 바뀌는지, 특이 사항은 없는지 꼼꼼히 기록한다. 외래 진료실에서는 환자 말을 들으며 전자의무기록^{EMR}을 작성한다. 2021년 9월 《파이낸셜타임스》는 아마존웹서비스^{AWS}와 협력해 알렉사를 도입한 미국 병원 네트워크가 8곳으로 늘었다고 전했다. 미국 휴스턴 감리교 병원Houston Methodist Hospital 정형외과 의사인 니콜라스 데사이Nicolas Desai 최고의료정보책임자는 "음성 비서가 환자를 함께 돌보면서 키보드 두드리던 시간을 환자 진료에 쓸 수 있게 됐다"라고 말했다.[12]

한편, 직장에서 회의록 작성을 도맡던 막내 직원들에게 AI 음성 인식 서비스는 더없이 고마운 존재다. 복잡한 회의 내용을 실시간으로 받아 적고, 1시간 분량의 회의 녹음을 1분 만에 문서로 정리해주기 때문이다. 네이버는 2020년 12월 AI 음성 인식 서비스 '클로바노트CLOVA Note'를 출시했는데, 출시 1년 만에 가입자 100만 명을 돌파했다. 참가한 인원만 설정하면, 누가 말했는지를 알아서 구별해 대화 형태로 정리한다. 네이버는 최근 화상 회의 서비스 줌에 클로바노트를 자동 연동하는 기능까지 만들고, 영어와 일본어 변환 기능을 추가했다. 글로벌 컨퍼런스콜과 화상 회의도 문제없이 받아 적을 수 있게 된 것이다.[13]

국내의 통화·음성 기록 앱 '비토'는 통화 내용을 메신저처럼 말풍선 모양으로 정리해준다. 업무 통화가 잦은 영업 사원들이 많이 쓰는 비토는 2020년 4월 출시 이후 2021년 11월까지 누적 다운로드 수 43만 건을 기록했다. 하루 평균 글자로 변환하는 음성 데이터 양만 9,390시간(391일)에 달한다. 사람의 육성과 ARS 자동 응답 음성도 구별한다. 국내의 또 다른 AI 음성 인식 서비스 '다글로Daglo'는 교회, 공공 기관, 법원 등에서 자주 쓰는 용어에 특화돼

회의 및 통화를 글로 변환해주는 AI 음성 인식 서비스

클로바노트 **CLOVA** Note	비토 **VITO**
- 언어: 한국어 - 회의, 수업, 전화 통화 상황별 맞춤 대화록 작성 - 가장 많은 국내 이용자 보유	- 언어: 한국어 - 통화 녹음 내용을 메신저 대화 형태로 변환 - 인간과 ARS의 음성 구별
다글로 D Daglo	오터 **OII·I**
- 언어: 한국어 - 교회, 기업, 공공 기관 등 업종별 맞춤 서비스 제공	- 언어: 영어 - 지명, 이름 등 고유 명사 구분 - 웅얼거리는 내용도 문맥에 맞춰 유추

출처: 조선일보

이들 집단에서 음성 변환 정확도가 높은 것으로 유명하다.

중국과 미국에서는 이미 AI 음성 인식 서비스가 보편화됐다. 중국에서는 위챗 같은 메신저로 대화할 때 스마트폰에서 키보드 대신 음성으로 입력하는 경우가 많다. 같은 발음의 한자가 많고 병음(알파벳)을 입력한 다음 원하는 한자를 고르는 것보다 말하는 게 더 빠르기 때문이다. 구글은 방대한 검색과 번역 데이터를 활용해 자사에서 제공하는 여러 서비스에 음성 인식 기능을 적용하고 있다. 콜센터에 걸려온 전화를 문자로 변환하면서 동시에 고객의 감정 변화까지 분류해내는 수준이다. 미국의 음성 인식 서비스 오터 Otter.ai는 웅얼거리는 말을 문맥을 유추해 끼워 넣는 것으로 유명하다. 지명이나 사람 이름 등 고유 명사도 비교적 잘 구분한다.

성폭력 피해 조서 쓰는 AI

경찰서에서는 AI가 성폭력 피해자의 진술을 받아 적는다. 2020년 12월 국내 59개 경찰서에서 AI 음성 인식 기술을 활용한 성폭력 피해 조서 작성 시스템이 도입됐다. AI 활용 조서는 (피해자가 동의한 경우) AI가 피해자의 음성을 인식해 자동으로 진술 조서를 작성한다. 수사관이 질문을 하면 피해자는 AI 기기에 장착된 마이크에 대고 대답을 하며, 이때 대화 내용은 자동으로 컴퓨터 화면에 텍스트로 기록된다. AI 기기는 피해자의 동작까지 포착해 텍스트로 변환하는데, 예를 들어 피해자가 손을 들면 '손을 들었다'고 기록하는 식이다. 경찰은 이러한 시스템을 도입하기 위해 2020년 7월 4억 1,400만 원의 예산을 투입해 AI 음성 인식 전문 업체와 계약을 체결했다.[14]

 AI 조서는 여러 면에서 효과적이다. 과거에는 수사관들이 성폭력 피해자 진술을 듣고 컴퓨터에 입력하느라 정신이 없어 피해자들이 소외감을 느끼는 경우가 많았지만, AI를 활용하면 조서 작성 부담이 줄고 다양한 질문을 통해 피해자와 수사관이 친밀감을 형성할 수 있다. 이를 통해 더욱 풍부한 진술을 끌어낼 수 있음은 물론이다. 또한 AI 프로그램에는 피해자의 진술을 실시간으로 분석해 추가 질문을 자동으로 제공하는 기능도 있어서 충실한 조사가 가능해진다. 예를 들어 피해자가 '희롱'이라는 말을 하면 AI가 추천 질문 목록을 띄워주기 때문에 수사관은 해야 할 질문을 빼먹

지 않게 되고 화면에 표시되는 관련 판례 등을 보면서 조사에 참고
할 수 있다.

AI 상담 로봇입니다. 무엇을 도와드릴까요?

"고객님, 보험 상품에 대해 설명해 드려도 될까요?"
"지금 아이를 재우는 중이라 힘들 거 같은데요."
"통화가 불편하시면 다음에 연락드릴게요. 언제 가능하세요?"
"내일 오후 6시요."
"○○일 오후 6시에 다시 전화드리겠습니다."

국내 한 손해 보험사가 도입한 AI 상담사와 고객의 대화다. AI와
인간의 대화라고 믿기 어려울 만큼 친근하고 자연스럽다. 요즘 활
동하는 AI 상담사는 대부분 이 정도로 수준 높은 응대를 한다. 각
국에서 AI 상담사는 은행 업무부터 119 신고, 어르신 돌봄 서비스,
여론 조사 등 여러 영역에서 사용되고 있다.

　　AI 상담사는 여러 첨단 AI 기술들의 집합체다. 간단한 질문에
자동으로 응답해주는 AI 챗봇, 상담사와 고객 간 통화를 텍스트로
실시간 변환하는 기술, 본인 인증을 목소리로 대체하는 기술 등 AI
기술이 총동원된다.

　　상담이 끝나면 대화 분석도 AI가 알아서 한다. 텍스트로 변환

한 상담 내용을 AI가 자동으로 분류하고 요약까지 진행한다. 상담 내용을 분석하는 데 걸리는 시간은 건당 2분 정도로 사람이 할 때보다 15배 빠르다. 비용 및 인력 문제로 고객 센터를 운영하지 못했던 중소기업들이 특히 AI 상담사를 반기는 이유다.

최근 AI 상담사를 도입한 사례들을 보면, 네이버는 신한은행에 AI 상담사 '쏠리'를 공급했다. 쏠리는 일반 은행원처럼 전화를 받은 뒤 계좌 개설과 대출 상담 업무를 담당하는 전문 상담사와 연결해준다. 현대백화점은 2021년 추석 배송 주문이 늘어날 것을 대비해 카카오엔터프라이즈의 AI 전화 음성봇을 '채용'했다. 음성봇은 실제 사람처럼 자연스럽게 대화하며 고객이 요청하는 상품 배송 장소와 날짜를 인식했다. 배송지 변경이나 일정 조정도 문제없었다. 고객이 "원래 주소 말고 다른 데로 보내주세요"라고 요청하

글로벌 AI 컨택 센터 시장 규모

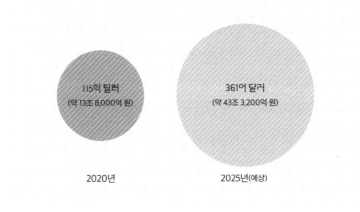

115억 달러
(약 13조 8,000억 원)

2020년

361억 달러
(약 43조 3,200억 원)

2025년(예상)

출처: 리서치앤마켓

면 음성봇이 "그럼 어디로 보내드리면 될까요?"라고 되물을 줄 알았기 때문이다. 글로벌 시장 조사 업체 리서치앤마켓Research and Markets에 따르면 전 세계 AI 상담 시장은 2020년 115억 달러(약 13조 8,000억 원) 규모에서 2025년 361억 달러(약 43조 3,200억 원)로 성장할 전망이다.[15]

기계가 인간의 언어를 깨우치다

기계의 언어는 논리적 반응을 초래하는 수백만 개의 0과 1로 이뤄진다. 예를 들어 'love'는 '01101100011011110111011001100101 00001010'의 이진수로 표현될 수 있고, '사랑'은 '111011001000 001010101100111010111001111010010001'의 이진수로 표현된다. 완전히 다른 언어 체계를 가진 기계가 인간의 언어를 습득하는 것은 AI 영역에서 줄곧 어려운 문제로 여겨져왔다.

1962년 IBM은 시애틀 세계박람회에서 16개 단어를 알아듣는 '슈박스Shoebox'를 공개했다. 슈박스는 숫자와 함께 '더하기' 같은 단어가 들리면 산술 연산을 수행하는 AI로 "5 더하기 1 더하기 3 빼기 8은?"과 같은 산술 명령에 답을 구할 수 있는 수준이었다. 1987년 미국의 장난감 회사 월즈오브원더Worlds of Wonder가 내놓은 '줄리Julie' 인형은 간단한 문구 몇 개를 알아듣고 답을 할 수 있어 주목받았다.

AI 소사이어티

음성 인식 수준이 획기적으로 높아진 것은 딥러닝을 통해 기계의 언어 실력 자체를 키우면서부터였다. 기계는 잡음이 있는 환경에서 특정 소리 흐름을 알아듣고, 듣고 있는 내용의 뜻을 정확하게 추측하기 위해 대량의 훈련용 텍스트를 배우기 시작했다. 어떤 상황에서 어떤 단어와 문장이 나올 확률이 높은지를 습득한 것이다. 예를 들어 병원에서 의사가 환자를 진료할 때 주로 쓰는 특징적인 표현이 포착되면 기계는 그 즉시 '활력 징후', '만성 폐쇄성 질환', '교차 감염'과 같은 의학 용어들을 떠올려 정확하게 들을 수 있다. 덕분에 집, 자동차, 사무실에서 일하는 AI 비서들이 등장해 복잡한 음성 질문과 명령에 답하는 세상이 탄생했다.

인간의 언어와 기계의 언어에서 가장 두드러지는 차이점은 '문맥'에 의존하는지 여부다. 인간의 언어는 단어 또는 문장의 앞뒤 상황에 따라 의미가 달라진다. 예를 들어 "잘했네, 잘했어"라는 문장은 그 자체로는 어떤 행동을 정말 잘했다고 칭찬하는 의미를 지니지만, 실제로는 실수한 누군가를 질책하는 말일 수도 있다. 기계의 언어는 앞뒤 문맥과 관련 없는 명확한 표현만이 가능하다. 이를 '문맥 자유 언어'라고 부르는데 바로 이 부분이 AI가 자연어(인간의 언어)를 처리하는 데 가장 어려움을 겪는 부분이다.

물론 문맥에 대한 의존성만이 AI와 인간의 소통을 막는 장벽은 아니다. 언어는 사회 문화에 따라 의미가 변형되기도 하고, 새로운 단어가 만들어지거나 기존의 단어가 사라지기도 한다. 만약 이런 데이터를 확보하지 못하거나 완벽히 학습시키지 못한다면 인간의 언어를 이해하고 처리하는 AI의 성능을 향상시키기 어렵다.

최근에는 방대한 텍스트로부터 의미 있는 정보를 추출하는 딥러닝 기반 기술인 '자연어 처리' 연구가 활발히 진행되고 있다. 자연어 처리에 특화된 뛰어난 AI 알고리즘들이 공개됐는데 구글에서 개발한 '트랜스포머Transformer'●, '버트BERT', 그리고 앞서 소개한 오픈AI의 'GPT-3' 등이 대표적이다.

자연어 처리 기술은 전문가들조차도 예상하지 못할 정도로 빠르게 발전하고 있다. GPT-3가 발표됐을 때 미국 테크 스타트업 제로케이터Zerocater의 설립자이자 AI 전문가인 아람 사베티Arram Sabeti는 자신의 블로그에 쓴 기술 리뷰에서 "GPT-3은 정말로 놀랍다. 지금껏 출시된 AI 언어 체계 중 가장 완성도 높은 시스템"이라고 극찬하기도 했다.

● 트랜스포머 모델이 나오기 전에는 데이터를 순차적으로 처리하며 분석하는 순환 신경망Recurrent Neural Network, RNN 계열 알고리즘이 많이 활용됐다. 컴퓨터 비전을 위해 주로 쓰는 CNN도 단어의 순서를 보존해 각 위치에서 독립적으로 단어의 의미와 표현 방법을 분석하는 데 사용됐는데, 이러한 알고리즘은 문장의 길이가 길어지면 성능이 떨어지는 한계가 있었다. 따라서 문장 번역의 어떤 측면에 더 '집중'해야 하는지 AI가 스스로 학습하는 '어텐션 메커니즘Attention Mechanism'을 활용한 트랜스포머가 그 자리를 대체하게 됐다. 지금은 트랜스포머에서 파생된 BERT와 GPT-3가 주로 쓰인다.

이해력이 뛰어날수록 좋아지는 기계의 청력

자연어 처리에는 음성 처리(음성 인식 및 음성 합성), 자연어 이해NLU, 자연어 생성NLG 등이 포함된다. 사람의 말은 소리 신호로부터 시작하기 때문에 음성 처리가 필요하며 음성을 텍스트로 변환한 뒤에는 텍스트와 똑같이 자연어 처리를 진행한다. 당연한 얘기지만 자연어 처리 능력이 뛰어날수록 AI의 '청력'도 향상된다. 글자를 막 익히기 시작한 유치원생보다 다양한 문맥과 어휘를 알고 있는 할머니가 말귀를 더 잘 알아듣는 것과 같은 원리다. 신체의 기본적인 청각 기능만큼이나 들려오는 소리를 '구분'하고 '해석'하는 능력이 중요하기 때문이다.

컴퓨터 비전과 마찬가지로 자연어 처리 영역에서도 온라인 기반의 수많은 텍스트 데이터가 생성 및 축적돼 분석에 활용되기 시작했다. 데이터 분석 전문 업체 시드사이언티픽SeedScientific의 조사에 따르면 2021년 기준 매일 전 세계에서 180억 개의 텍스트 데이터가 생성된다고 한다. 우리가 매일 사용하는 카카오톡 대화의 빈도만 봐도 하루에 얼마나 많은 텍스트 데이터가 생성되고 있을지 상상할 수 있다.

빅테크 기업들의 자연어 처리 기술 활용

기업	개발 내용
애플	- 음성 인식 시스템 'Siri' - 엔터테인먼트, 금융 서비스, 헬스케어
아마존	- 자연어 처리 시스템 'Amazon Comprehend' - 고객 이메일, 후기, SNS 평가 등 해석
IBM	- 자연어 처리 시스템 'Watson Analytics' - 문서가 내포한 감정을 파악해 심층 분석
구글	- 자연어 처리 시스템 'Natural language API' 등 - 텍스트 구조와 의미를 파악해 자연어 이해
마이크로소프트	- 자연어 처리 시스템 'Text Analytics' - 구조화되지 않은 텍스트에서 감정 등 파악

출처: 스태티스타

전 세계 자연어 처리 기술 시장 규모

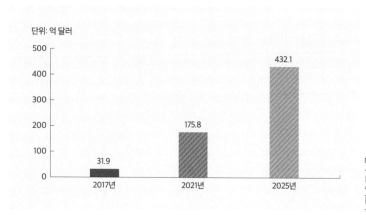

단위: 억 달러

- 2017년: 31.9
- 2021년: 175.8
- 2025년: 432.1

출처: 스태티스타

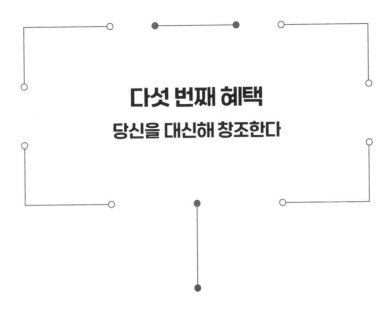

다섯 번째 혜택
당신을 대신해 창조한다

2016년 4월 마이크로소프트와 네덜란드의 델프트공과대학교, 렘브란트 미술관은 AI 화가 '넥스트 렘브란트The Next Rembrandt'를 공동 개발했다. 넥스트 렘브란트는 네덜란드 황금시대의 대표 화가인 렘브란트의 화풍을 빼닮은 그림을 그려내도록 만들어진 AI다. 이를 위해 연구진은 넥스트 렘브란트가 18개월 동안 렘브란트의 작품 346점을 학습하게 했다.

넥스트 렘브란트의 예술 감각은 생각보다 뛰어났다. "하얀 깃털 장식이 달린 검은 옷을 입은 30~40대 백인 남자를 그려달라"라고 했더니 렘브란트가 환생해 그린 것 같은 초상화를 그려냈다. 렘브란트 특유의 조명 효과와 섬세한 표정 묘사는 물론이고 두툼하게 물감을 덧칠한 유화의 질감까지 구현해냈다.

AI 소사이어티에서는 창조하는 기계를 만나게 된다. AI가 온라인 게임에서 새로운 퀘스트를 만들어주고, 감동을 주는 음악을 작곡하고, 시대적 가치와 사상을 나타내는 명화를 남긴다. 이미 각종 미디어에서는 AI의 창작물들이 대중에게 소개되고 있고, 인간들은 기꺼이 AI의 창작물에 웃고, 울고, 감동하고 있다.

당신 대신 그리고 씁니다

AI 소사이어티에서 인간이 누리는 가장 큰 혜택 중 하나는 AI와의 협업을 통해 자신의 한계를 넘어서는 무언가를 만들어내는 것이다. AI의 창조력이 주목받는 이유도 이러한 협업의 영역을 무한대로 확장할 수 있기 때문이다.

AI의 창조력이 몇 년간 세간에 알려지면서 예술가들은 앞다퉈 AI와의 협업에 나서고 있다. AI가 안무가의 동작을 기반으로 안무를 짜주고, 작가가 쓴 시놉시스를 기반으로 소설을 완성하고, 소설을 알아서 웹툰으로 그려주는 '기적'이 현실이 됐기 때문이다.

최근에 주목받은 국내 스타트업 플라스크Plask는 AI 기반 애니메이션 제작 플랫폼 '슛Shoot'을 개발해 영상을 애니메이션으로 변환하는 서비스를 제공하고 있다. 사람이 달리는 영상을 슛에 올리고 사자 캐릭터를 선택하면, 사자가 달리고 있는 모습이 담긴 애니메이션이 탄생한다. 과거 디즈니가 인간 모델들을 화실로 데려와 여러 애니메이터들이 수공업으로 움직이는 동작들을 구현했던 것을 생각하면 믿기 어려운 변화다.[16]

또 다른 국내 스타트업은 사진과 글을 만화로 바꿔주는 AI 서비스를 만들었다. 툰스퀘어ToonSquare가 만든 AI 웹툰 서비스 '투닝Tooning'은 인물 사진을 찍어서 올리면 AI가 닮은꼴 캐릭터를 생성한다. 머리 스타일, 얼굴형, 턱선 등을 AI가 분석해 캐릭터를 그려주는 것이다. 원하는 문구를 입력하면 이 캐릭터가 주인공인 만화도 그려준다. "목욕하고서 머리를 말리고 있다"라고 입력하면, 나를 닮은 캐릭터가 가운을 입고 앉아서 헤어드라이어를 사용하는 모습이 그려지는 식이다.

인간의 형상을 창조한다

미국 유명 가수이자 제작자인 카니예 웨스트Kanye West는 2020년 10월, 미흔 번째 생일을 맞은 아내 킴 카다시안Kim Kardashian을 위한 특별한 생일 선물을 준비했다. 돌아가신 장인어른을 생일 파티에 모시기로 한 것이다.

타히티섬의 한 리조트에서 파티가 무르익을 무렵, 파티장 한 가운데에 남성의 실루엣이 서서히 드러났다. 17년 전 세상을 떠난

카다시안의 아버지 로버트가 홀로그램으로 나타난 것이다. 로버트는 생일을 맞은 딸에게 "벌써 다 컸구나. 어릴 때와 마찬가지로 여전히 아름답다"라면서 "네가 이룬 모든 게 자랑스럽다. 항상 지켜보고 있다"라고 말했다. 그는 음악에 맞춰 춤까지 추고는 다시 연기처럼 사라졌다. 카다시안은 이날 로버트와 가진 2분 30초 만남에 대해 "천국에서 온 특별한 선물"이라고 언급했다.

로버트의 모습을 한 홀로그램은 AI가 수백 장의 사진과 음성 기록을 분석해 만들어낸 것이다. 이 분야의 전문가이자 포플러 스튜디오 Poplar.Studio의 CEO인 데이비드 리퍼트 David Ripert는 로버트의 홀로그램을 만들기 위해 500~1,000장의 사진과 몇 마디의 음성 파일이 필요했을 것으로 추정했다.

누군가는 로버트의 홀로그램을 보고 고인의 생전 모습을 AI가 흉내 냈을 뿐이라고 말할지도 모른다. 그러나 만약 압도적으로 많은 데이터를 이용해서 고인의 두뇌를 복제하는 수준의 챗봇이나 홀로그램을 만든다면 어떨까? '복제 인간'을 진짜 인간으로 볼 수 있을지 논란이 이는 것처럼, '그것'을 고인의 환생으로 대해야 할지 고민하는 사람들이 생겨날 수도 있는 일이다.

진짜 같은 가짜 데이터 활용법

개인 정보 규제 등으로 인해 데이터 수집이 어려운 상황에서 AI는 데이터를 창조하기에 이르렀다. 특히 민감한 개인 정보가 담겨 있어 데이터 수집에 규제가 많은 의료 영역에서 창조된 데이터는 소중한 자원으로 쓰이기도 한다.

2017년 네덜란드의 옐머 울트링크Jelmer Wolterlink 연구원은 저선량 컴퓨터 단층 촬영CT의 노이즈 제거에 AI 시스템을 사용한 사례를 소개했다. 방사선량을 줄여 환자의 안전을 고려하는 저선량 CT의 경우 영상 품질이 낮아져 판독 정확도가 떨어질 가능성이 있다. 이를 해결하기 위해 AI 시스템을 이용해 저선량 CT 영상의 노이즈를 제거했고, 그 결과 판독에 어려움이 없게 됐다.

피부 병변 이미지를 합성하는 데 AI 기술을 적용하기도 한다. 보통 피부 이미지의 경우 피부 타입별로 데이터 양의 차이가 큰데 크리스토프 바우르Christoph Baur 연구원은 피부 병변 이미지를 고해상도로 합성하는 데 성공했다. 양성, 악성 피부 병변 이미지 1만 개의 데이터 세트를 바탕으로 실제 데이터와 유사한 피부 병변 이미지를 생성해낸 것이다. 생성한 이미지와 실제 이미지 간 유사성 검증을 위해 3명의 피부과 전문의와 5명의 딥러닝 전문가가 비교 평가한 결과 '구분이 어렵다'는 결론이 나왔다.

물론 어디까지나 '가짜' 데이터라는 점에서 한계를 가지고 있음은 사실이다. 하지만 의료계의 낮은 데이터 접근성과 데이터 확보의 어려움을 합리적인 방법으로 해결해줄 중요한 방안이라는 데는 이견이 없을 것이다. 이미 미국과 영국 등 주요 선진국에서는 합성 데이터의 중요성을 인지하고 다양한 연구를 추진 중이다.

데이터가 중요한 금융 데이터 분석 영역에서도 데이터 창조가 꼭 필요하다. 주가 데이터를 활용해 주가의 움직임을 예측하고자 할 때 일별 데이터를 사용한다면 활용할 수 있는 데이터 소스는 많지 않을 것이다. 물론 분, 초 단위로 분석할 수도 있지만, 일반 기업이나 개인이 분석하기엔 쉽지 않다. 이때 AI 기술을 활용해 가상의 주가 데이터를 만들면 수많은 시뮬레이션을 돌려볼 수 있고, 더 나아가 가상의 주식 시장을 만들어 수익률을 예상해볼 수도 있다. 이런 프로젝트는 실제로 수년 전부터 월 스트리트에서 진행되고 있다. 폐쇄적인 금융 영역의 특성상 AI를 활용한 주가 데이터 생성 실험에 관한 상세 내용을 알기 어렵지만, 이미 여러 논문에서 이같은 시도가 언급되고 있다.

무엇이 기계에게 창조력을 부여하는가

기계의 '창조력'을 담당하는 AI 알고리즘은 '생성 모델Generative model'*이다. 생성 모델은 많은 전문가가 AI의 미래를 이끌 것으로 전망하는 알고리즘이다. 앞서 언급한 알고리즘들은 이미지를 구별하

---

* 앞서 컴퓨터 비전과 자연어 처리를 이야기하고, 이번 챕터에서 생성 모델을 이야기한다고 해서 컴퓨터 비전, 자연어 처리가 생성 모델과 다른 부류의 알고리즘이라고 오해하면 안 된다. 컴퓨터 비전, 자연어 처리에도 생성 모델을 사용한다.

고 음성을 인식하지만 이미지나 음성을 만들어내지는 못했다. 하지만 생성 모델을 활용하면 직접 이미지와 음성을 만들어낼 수 있다. 쉽게 말해 생성 모델은 AI의 '창조력'을 담당하는 셈이다.

생성 모델은 AI가 훈련 데이터를 학습해 유사한 데이터를 생성하는 모델이다. 이 모델에는 말하고자 하는 데이터가 무엇인지 어느 정도 아는 상태에서 생성하거나explicit, 잘 모르지만 어떠한 방법으로든 생성하는implicit 모델이 존재한다.

스탠퍼드대학교의 CS231 강의**에서 발췌한 다음 장의 그림처럼 훈련 데이터 각 샘플의 픽셀 분포를 학습할 수 있다면, 원본과 완전히 동일하지 않더라도 유사한 이미지를 생성해낼 수 있다. 만약 인간에게 비행기 사진을 보고 비슷한 비행기를 그리라고 한다면 날개의 모양, 꼬리의 모양 등 특징적인 부분을 잡아 비행기를 그려 나갈 것이다. 이때 비행기의 꼬리를 날개보다 더 크게 그리지는 않을 텐데 그 이유는 대부분 경우 날개가 꼬리보다 크기 때문이다. 기계도 마찬가지다. 데이터를 통해 학습한 비행기 이미지에 따라 '큰 날개'와 '작은 꼬리'를 가진 물체를 그릴 것이다.

'적대적 생성 신경망Generative Adversarial Networks, GAN'은 많은 생성 모델 가운데 가장 훌륭한 창조력을 가진 모델로 꼽힌다. 세계 최고의 AI 석학으로 꼽히는 얀 르쿤Yann Lecun 교수가 "과거 10년간

●● 컴퓨터 비전 분야의 대가인 스탠퍼드대 페이페이 리Fei-Fei Li 교수가 담당하는 딥러닝 입문 강의

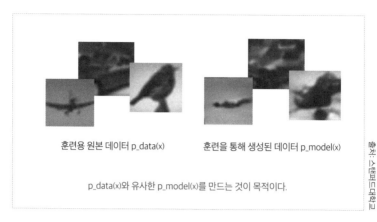

출처: 스탠퍼드대학교

훈련용 원본 데이터 p_data(x)　　　　훈련을 통해 생성된 데이터 p_model(x)

p_data(x)와 유사한 p_model(x)를 만드는 것이 목적이다.

●─● 훈련 데이터 각 샘플의 픽셀 분포를 학습할 수 있다면, 오른쪽 그림처럼 완전히 동일
하지 않더라도 유사한 이미지를 생성해낼 수 있다.

머신러닝 분야에서 나온 아이디어 중 최고"라고 칭송하기도 했다.

　　GAN의 'A'가 'Adversarial(적대적인)'의 약자라는 것에서도
알 수 있듯이, GAN은 2개의 모델을 적대적으로 경쟁시키며 발전
시키는 것이 특징이다. 쉬운 설명을 위해 가장 많이 사용하는 예시
는 위조지폐범과 경찰이다. 이 둘은 적대적인 경쟁 관계로 위조지
폐범은 경찰을 속이기 위해 점점 지폐 위조 기술을 발전시키고, 경
찰은 위조지폐범을 잡기 위해 점점 위폐를 찾는 기술을 발전시킨
다. 이러한 과정을 반복하면서 시간이 흐르게 되면 위조지폐범의
위폐 제조 기술은 거의 완벽에 가깝게 발전할 것이다.

　　이처럼 GAN은 위조지폐범에 해당하는 생성자Generator와 경찰
에 해당하는 구분자Discriminator를 경쟁적으로 학습시킨다. 생성자의
목적은 그럴듯한 가짜 데이터를 만들어서 구분자를 속이는 것이

적대적 생성 신경망의 핵심 아이디어

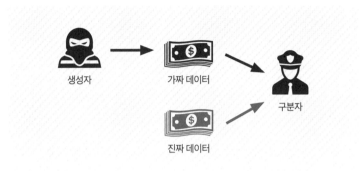

며, 구분자의 목적은 생성자가 만든 가짜 데이터와 진짜 데이터를 구분하는 것이다. 이 둘을 함께 학습시키면서 진짜와 구분할 수 없는 가짜를 만들어내는 생성자를 얻을 수 있다. 이것이 GAN의 핵심 아이디어인 '적대적 학습Adversarial Training'이다.

AI 생성 모델의 결과물은 기존에 있는 것들을 답습했기에 온전한 창조물로 보기가 어렵다는 지적을 받는다. 하지만 인간 역시 모방의 과정을 거쳐 창조의 단계에 이르듯 AI도 같은 과정을 밟고 있는 게 아닐까? 우리가 지금 보고 있는 AI의 습작들은 나중에 대가의 초기 스케치처럼 값나가는 예술품이 될지도 모른다.

기계는 창조할 수 있는가

옥스퍼드대학교의 마커드 드 사토이Marcus du Sautoy 교수는 저서《창조력 코드》에서 "창조성은 새롭고 놀라우며, 가치 있는 무언가를 내놓고자 하는 충동이다"라고 표현했다. 그는 "이 충동은 수백만 년에 걸친 진화의 결과로 우리의 뇌 속에서 발달해온 코드"라며 "우리가 알지 못하는 어떤 알고리즘적 산물"이라고 주장한다. 즉, 어린아이가 다양한 자극을 수용해 세상의 패턴을 학습함으로써 이러한 '코드'를 획득하듯이, AI 역시 이 코드를 학습한다면 인간을 뛰어넘을 수도 있다는 해석이 가능하다.

AI의 핵심적인 부분이 바로 패턴 인식이고, 우리가 실패를 통해 배우고 창조력을 키우는 것처럼 AI의 패턴 인식 역시 '실패'를 통해 진화하는 방법으로 이뤄진다. 쉽게 말해 인간의 인지력이 발달하는 과정과 AI가 학습하는 과정이 유사하기 때문에, 기계 역시 창조성을 지닐 가능성이 충분하고 이를 단순히 '인간에 대한 모방'의 결과물로 취급하면 안 된다는 것이다.

실제로 알파고의 등장 이후 미술, 음악, 수학 등 창조 영역을 정복하려는 AI의 도전이 거셌다. 오늘날 뉴스에는 AI가 그림을 그리고 음악을 작곡하며 시나 소설을 썼다는 소식이 쏟아지고 있다. 영화감독인 오스카 샤프Osca Sharp는 GAN을 활용해 〈선 스프링Sun spring〉이라는 9분짜리 영화를 만들었다. 2018년 10월에는 AI가 그린 작품이 43만 달러(약 5억 1,600만 원)에 판매되기도 했다. 미국에서 AI 화가인 '오비우스Obvious'가 그린 〈에드몽 드 벨라미Edmond de Belamy〉라는 작품이 경매에 나왔는데, 기존 예상가인 1만 달러보다 40배 이상 비싼 금액에 낙찰됐다.

2020년에는 가수 태연의 동생 하연이 AI가 작곡한 곡으로 데뷔하면서 국내 가요계에 큰 파장이 일기도 했다. 그녀의 데뷔곡 제작에 사용한 AI 작곡 시스템은 광주과학기술원GIST 안창욱 교수가 개발한 '이봄EvoM'이란 머신러닝 알고리즘이었다.

무수한 혜택을 제대로 누리려면

음악이 흐르던 레코드점은 대부분 사라졌다. 종이 신문 열독률은 1993년 87.8%에서 2022년 현재 10% 미만으로 떨어졌다. 바로 인터넷 때문이다. 인터넷의 혜택이 정보 시대에서 우리의 삶의 모습을 송두리째 바꿔놓았듯이, AI가 주는 혜택 역시 우리가 알던 세상을 점점 지워갈 것이다.

당신이 AI 기술이 가져온 변화를 밀어내고 원래의 세상에 머물기만을 고집한다면, 당신과 AI 소사이어티 시민들 간의 격차는 좁힐 수 없을 정도로 벌어지게 된다. 정보 사회에서 인터넷을 삶의 일부로 받아들인 사람과 그렇지 않은 사람이 같은 땅 위에 발을 붙이고 살면서도 속한 세상이 다르다는 것만 봐도 자명한 일이다. 인터넷에 익숙한 이들은 인터넷 뱅킹, KTX 앱, 쿠팡, 카카오택시 등 서비스의 혜택을 일상적으로 누리며 살지만, 인터넷을 거부한 사람들은 아직도 은행, 기차역, 마트, 택시 승강장에서 줄을 선다.

AI 소사이어티는 앞으로 더욱 많은 혜택을 제공하는 사회가 될 것이다. 데이터가 많아질수록, 컴퓨팅 파워가 더 강해질수록 AI의 성능도 향상돼 AI가 인간에게 주는 혜택 또한 업그레이드되기 때문이다. AI의 사용은 더욱 쉬워질 것이다. 구글, 아마존, 마이크로소프트 등 글로벌 빅테크 기업들은 누구나 사용할 수 있는 AI를 미션으로 내걸고 있고, 시중에 출시되는 새로운 AI 제품과 서비스는 조작법이 날이 갈수록 단순해지고 있다.

물론 우려의 목소리도 커지고 있다. AI의 남용이나 인간에 대한 위협은 매일같이 언론에 보도된다. 그러나 정보 사회 초기를 돌아보면, 인터넷 또한 음란, 폭력 등 불건전 콘텐츠 노출 우려와 사생활 침해, 인터넷 중독 등의 문제점을 안고 있었고, 한때 '악'으로 규정되기도 했다. 그러나 지금은 어떤가? 인터넷에 대해 우리 모두 어떻게 대응해야 하는지 알고, 삶의 일부로 받아들이는 데 주저함이 없다. 인터넷에 대한 사람들의 이해도가 높아지고, 정보 사회의 출현을 인정하며 파생되는 문제 해결에 집중한 덕분이다.

AI 소사이어티 역시 여느 새롭게 등장한 사회처럼 수많은 문제들을 안고 있다. 다음 파트에서는 AI 소사이어티에 나타난 부작용과 AI 소사이어티를 향해 쏟아지는 우려를 다룬다. AI 소사이어티의 시민들은 이러한 문제들에 대해 어떻게 대응하고 있고, 또 대응해야 할지도 살펴볼 것이다.

Part 4

유토피아인가
디스토피아인가

AI 소사이어티를
평가하는 4가지 잣대

인류가 상상하는 유토피아는 시대에 따라 달랐다. 12세기 프랑스 단시短詩에 등장한 코카인 랜드The Land of Cockaygne는 '생존이 보장되는 세상'이었다. 이곳의 식탁에는 항상 음식이 가득하고 나무에는 보석과 옷이 열렸으며 호수에서는 젖과 꿀이 흘렀다. 오랫동안 배고픔에 시달려온 당시 사람들에게 이보다 더 이상적인 세상은 없었을 것이다.

영국의 정치가이자 인문주의 사상가인 토머스 모어가 1516년에 쓴《가장 나은 사회상태 또는 새로운 섬 유토피아에 대해De optimo reipublicae statu, deque nova insula Utopia》에서 묘사한 유토피아는 '평등한 세상'이었다. 귀족, 군주, 지주만 호의호식하는 현실 세계와 달리 유토피아에서는 모두가 평등하다. 모든 사람들은 하루 6시간 일하며 스스로를 먹여 살린다. 계급은 존재하지 않으며, 법률은 간단해 변호사가 필요 없고, 물물 교환으로 경제가 돌아가기 때문에 화폐는 통용되지 않는다. 사람 간에 격차를 최소화하는 사회 시스템을 갖춘 셈이다.

20세기 들어 인류가 갈망하는 유토피아는 '자유롭고 진실한 세상'이었다. 세계 3대 디스토피아 소설로 꼽히는 올더스 헉슬리의 《멋진 신세계》(1932), 조지 오웰의 《1984》(1949), 예브게니 이바노비치 자먀친의 《우리들》(1924)은 하나같이 개인이 자유로운 선택권과 진실을 알 권리를 빼앗긴 사회를 그리며 경종을 울린다.

《멋진 신세계》에서는 아이들이 인공 수정으로 태어나 유리병 속에 갇혀 자란다. 아주 어릴 때부터 조건 반사와 수면 암시를 통해 외부 세계와 자신에 대한 가짜 정보를 세뇌받는다. 《1984》 속 전체주의 사회인 오세아니아에서는 '빅브라더'가 텔레스크린을 통해 모든 사람의 일거수일투족을 감시하며 통제한다. 모든 사람들이 국가에 충성하도록 역사를 날조하고 허구의 적도 만들어낸다. 《우리들》에선 30세기 미래 전쟁에서 살아남은 인간들이 유리로 된 단일 제국을 건설한다. 개인은 이름 없이 번호(알파벳+숫자)로 만들어진 코드를 부여받고, 매일 같은 옷을 입고 같은 시각에 일어나 명령받은 일을 하며 살아간다. 소설에서는 사람들의 기억을 지우는 상상력 적출 수술도 등장한다.

역사 속 유토피아와 디스토피아에 대한 기록들을 들여다보면 인류가 가장 소중하게 여기는 가치들은 결국 '생존, 평등, 자유, 진실' 4가지로 귀결되는 것을 알 수 있다. '생존'의 문제가 해결된 사회는 '평등'을 목표로 움직였고, 배고픔과 계급 제도가 사라진 사회에서는 개인들이 '자유'를 쟁취하고 '진실'을 알기 위해 투쟁했다. 오늘날 AI 소사이어티를 둘러싼 치열한 논쟁들도 이 4가지 키워드를 벗어나지 않는다. AI 소사이어티가 지금까지 인류가 지켜온 가치들을 계승할 것인지 훼손할 것인지가 모두의 관심사다.

이번 파트에서 우리는 '자유, 생존, 진실, 평등' 4가지 잣대로 AI 소사이어티를 평가하고, 미래를 전망하고자 한다. 하나 일러두고 싶은 것은 AI 소사이어티는 아직 초기 단계의 사회라는 것이다. 여느 신사회처럼 전에 보지 못했던 문제들에 직면해 있고, 종착지 또한 알 수 없다. 그러니 현시점에서 관찰되는 부작용이나 예상되는 위험만 가지고 '최종 점수'를 매기기는 어렵다. 오히려 현재의 문제들을 해결할 방안들이 있는지 살펴보는 것이 AI 소사이어티의 미래를 정확하게 예측하는 데 도움이 된다. 이제 우리는 아래와 같이 인간에게 중요한 4가지 질문에 답해야 한다.

- AI 소사이어티는 자유를 침해하는가?
- AI 소사이어티는 생존을 위협하는가?
- AI 소사이어티는 진실을 왜곡하는가?
- AI 소사이어티는 불평등을 심화하는가?

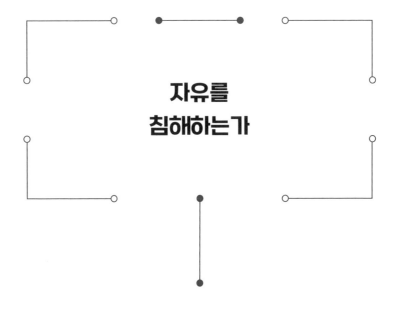

자유를
침해하는가

2020년 6월 14일 《월 스트리트 저널》은 "미국 정치인들에게 시위 사태는 유권자 정보를 모을 수 있는 독특한 기회가 된다"라고 지적했다.[1] 알고 보니 미국 정치 브로커들이 시위 참가자들의 개인 정보를 수집해 정당 홍보에 활용하고 있었던 것이다. 어떻게 이런 일이 가능했던 것일까?

방법은 간단했다. 시위 참가자들의 스마트폰에는 지도나 날씨 앱처럼 사용자 위치 정보 수집 권한을 가진 앱들이 깔려 있는데, 이들 앱은 사용자의 위치를 실시간으로 앱 개발자 또는 위치 정보 서비스 업체에 보낸다. 정치 브로커는 이들 앱으로부터 '특정 지역과 시간대에 있는 사용자' 위치 정보를 사들이는 방식으로 시위 참가자들의 스마트폰에 접근할 수 있는 권한을 얻는다. 시위 참가자들은 영문도 모른 채 정치적 의도가 깔린 설문 조사 링크를 받거나, 자신의 신념과 일치하는 정당 홍보 광고를 전송받게 된다. 단지 시위에 참여했을 뿐인데 사적인 데이터가 유출되고, 더 나아가 특정 정치 집단의 세뇌를 받게 된 것이다.

실제 사례를 보자. 미국의 IT 선거 운동 업체 '보트맵VoteMAP'은 2020년 5월 29~31일 워싱턴 DC, 콜럼버스, 밀워키, 미니애폴리스에서 열린 '비무장 흑인 사망 항의 시위'에 참가한 사람들의 정보를 수집했다. 이후 2주 동안 이들의 스마트폰에는 "11월 대선 투표까지 우리의 힘을 모아 흑인의 목소리를 내자"라는 슬로건이 담긴 광고와 유권자 등록 링크*가 반복적으로 전송됐다. 보트맵 창업자인 제레미 페어Jeremy Fair는 "우리는 게임, 날씨 앱 등 스마트폰에 깔려 있는 수천 개의 앱에 접근해 정보를 수집한다"라고 밝혔다.

이런 식의 데이터 수집이 개인의 자유를 침해한다는 우려는 오래전부터 제기돼왔다. 데이터 수집 동의 관련 규정이 불명확해 사람들이 자신도 모르는 사이에 내밀한 정보를 정부나 기업에 내주는 사례가 많기 때문이다. 단지 편리하고 유용해서 사용하는 AI

• 　미국에서는 선거 연령에 해당하면 자동으로 투표를 할 수 있는 것이 아니고, 주州 선거 위원회에 유권자 등록을 해야 한다.

앱이나 가전들이 당신과 연결돼 데이터를 추출하고 어디론가 빼돌린다는 사실은 애써 모른 척하기에는 두려운 일이다. 아무리 AI가 제공하는 혜택이 크다지만, 어떤 대가를 지불할지 모르는 상황에서 마음 놓고 이를 누릴 수는 없기 때문이다. 과연 개인의 자유는 AI 소사이어티 시민들이 반드시 지불해야만 하는 비용일까?

당신을 들여다보는 AI는 감시자일까?

사실 AI는 태생적으로 '감시자'라는 오명을 쓰기 쉽다. 수많은 데이터를 직접 들여다보고 학습하며 똑똑해져야 하기 때문이다. 질병을 치료하는 알고리즘으로 거듭나기 위해서는 질병에 관한 데이터를 들여다봐야 하고, 코로나19 예측 알고리즘이 되려면 코로나19 환자들의 데이터를 학습해야 한다. 이미지 인식 알고리즘이 당신이 '전지현'을 닮았는지 '송강호'를 닮았는지 판단하려면, 먼저 전지현과 송강호의 모습을 봐야만 한다.

인간의 입장에서는 AI가 자신을 들여다보는 과정이 불편할 수밖에 없다. 우리는 AI에 관해 그다지 알지 못하는데 AI는 우리를 속속들이 아는 것 같이 느껴지기 때문이다. 게다가 우리는 AI가 뭘 봤는지, 어디까지 봤는지도 알지 못한다. 또 그 정보가 어떻게 쓰이는지 제대로 파악하는 경우도 드물다. 즉, AI와 우리 사이에는 처음부터 불균형하고 비대칭적인 관계가 형성되는 셈이다.

그러나 AI가 인간에 대한 정보를 학습하는 것 자체를 단순히 '감시'로 규정하는 것은 부당하다. 어떤 사람이 감기에 걸렸는지 여부를 판단하기 위해 당신이 그의 안색을 확인하고, 이마에 손을 올리며, 옷을 걷어 청진기를 갖다 댄다고 해보자. 이 과정을 누군가가 감시나 검열이라고 한다면 당신은 납득할 수 있을까? 마찬가지로 AI가 인간을 들여다보는 것 역시 자연스러운 기능 향상을 위한 절차 중 하나로서 감시라 부르기 어렵다.

다만, 당신이 의사가 아닌데 안면도 트지 않은 누군가의 증상을 무턱대고 진단하려고 한다면 상대로부터 거센 항의를 받을 것이다. 이처럼 AI 또한 '자격 시비'에서 자유로울 수 없다. AI의 사용 주체가 공공의 이익을 위해 투명하게 일하는 권위 있는 기관일 때는 데이터 수집과 가공에 대한 저항이 덜하겠지만, 영리를 목표로 하는 민간 기업일 때는 사람들이 그에 따른 혜택이나 보상, 설명을 요구하는 것이 당연하다.

AI에 대한 인간의 저항이 낮을 때

공공의 이익을 위해 권위 있는 기관에서 투명하게 사용할 때

AI에 대한 인간의 저항이 클 때

민간 기관이 영리 목적으로 사용 → 혜택이 필수
정부가 목적을 공개하지 않고 사용 → 명분이 필수

AI 감시 사회

그러나 오늘날 AI 소사이어티에서는 개인의 정보를 과도하게 수집하고 가공하는 일들이 벌어지고 있다. 마르크 뒤갱^{Marc Dugain}은 저서 《빅데이터 소사이어티》에서 우리는 이미 빅브라더 사회보다 더 끔찍한 감시 사회에서 살고 있다고 경고한다. 사람들의 개인 정보가 다양한 통로로 수집되고 있고, 더 나아가 속마음까지 감시당하고 있기 때문이다.

소설 《1984》에 등장하는 빅브라더는 사회 구석구석을 감시하고 정보를 통제하는 절대자였지만, '인간 스스로도 알지 못하는 속마음'까지는 알지 못했다. 그러나 AI 소사이어티에서는 AI가 인간에 관한 방대한 데이터를 세세하게 가공할 수 있는 까닭에 인간의 숨겨진 욕구나 성향을 알 수 있게 됐다. 예를 들어 공공 데이터를 무한대로 확보할 수 있는 정부가 AI를 극한으로 활용한다면 국민들의 동선이나 소비 트렌드는 물론이고 일상생활에서 어떤 감정이 주를 이루는지까지 알 수 있는 감시 사회를 만들 수 있다.

감시 사회를 막기 위해서는 우리가 원할 때만 데이터를 수집할 수 있게 해야 한다. 그러나 현실에서는 개인의 동의를 거치지 않고 수집되는 데이터가 너무나도 많다. 대표적인 사례가 이제는 어디를 가든 마주치게 되는 CCTV의 영상 수집이다. 길을 가다가 CCTV 속에 찍힌 모습은 당신이 동의하든 동의하지 않든 강제로 수집된다. 최근에 많이 사용되는 AI가 장착된 CCTV는 스스로 사람을 인식해 움직이며 촬영하거나 피사체를 확대해보기도 한다.

CCTV는 도입 초기부터 감시 사회를 만든다는 우려가 있었지만, 공공의 안전에 도움이 된다는 이유로 설치가 확대됐다. 2019년 경찰대학교 치안정책연구소에서 발표된 〈CCTV 및 GeoPros(지리적 프로파일링)의 효율적 활용을 위한 선진국 사례 연구〉 자료에 따르면 CCTV 설치 시 미설치 지역에 비해 범죄 발생이 평균 16% 줄어드는 것으로 나타났다. 탁월한 방범 효과라는 '혜택' 때문에 CCTV의 무분별한 데이터 수집이 정당성을 얻었고, 우리 삶의 일부로 자리 잡은 것이다.

오늘날 공공장소에서 강제로 개인 데이터를 수집하는 기술은 갈수록 발전하고 있다. 중국 베이징과 충칭에서는 공중화장실에서 안면 인식 카메라에 얼굴을 대고 '쇄롄刷臉(얼굴 스캔)'을 해야 40~80cm 길이의 휴지를 무료로 이용할 수 있다. 휴지 도둑을 막기 위한 조치라고는 하지만 이렇게 수집된 이미지 데이터가 정부 수중에 들어가는 것은 자명한 일이다. 중국의 유명 관광지인 타이산泰山 입구에서는 안면 인식 카메라를 통해 등산객 얼굴과 신분증 사진이 일치하는지를 확인한다. 중국 공안(경찰)은 2019년부터 AI 생체 정보 인식 기업인 와트릭스WATRIX가 개발한 걸음 인식 시스템을 현장에 배치하고 이를 실험하고 있다.

코로나19 팬데믹으로 인해 한국을 포함한 세계 각국에서 도입한 실내 출입 시 QR코드 인증 정책도 개인 동의가 없는 데이터 수집의 사례다. 한 사람의 세세한 동선을 담은 데이터는 매우 사적인 정보인데도 불구하고 팬데믹이라는 특수 상황으로 인해 정부에 제공하게 된 것이다.

정부가 수집한 데이터가 개인 통제 수단으로 사용될 수 있다는 비판은 끊임없이 제기되고 있다. 중국 광둥성 선전과 상하이 등 대도시에서는 무단 횡단을 하는 보행자의 얼굴 사진이 실시간으로 길 건너 전광판에 뜬다. 무단 횡단한 당사자에게는 위챗 메시지로 교통 법규 위반 통지서가 전송된다. 이러한 시스템이 구동되고 있다는 의미는 정부가 모든 시민의 사진 등 개인의 상세한 정보를 손에 쥐고 마음껏 가공하고 있다는 뜻이다. AI 업계에서는 몇 년 전부터 중국 정부와 적극적으로 협력하는 AI 기업인 센스타임Sense-Time이 14억 중국 인구의 데이터 사용 허가를 받았다는 소문이 돌았다. 2014년 설립된 신생 회사가 몇 년 만에 세계 최고 성능의 이미지 인식 알고리즘을 보유한 배경에는 정부의 전폭적인 '데이터 지원'이 있었다고 보는 것이다. 딥러닝 3대 대부 중 한 명인 요슈아 벤지오Yoshua Bengio는 2019년 글로벌 경제지 《블룸버그》와의 인터뷰에서 "중국이 딥러닝 기술을 사용해 거대 인구를 감시하고 통치하려 한다"라며 중국에서 감시 사회가 구현되고 있다고 우려했다.

인권을 위협하는 무기

AI가 인간의 자유를 침해하는 무기로 돌변한 사례 역시 계속 늘고 있다. 2020년 12월 중국의 통신 장비 업체 화웨이와 전자상거래 업체 알리바바는 소수 민족인 위구르족을 감시하는 데 쓰이는 AI 시스템을 시험한 것으로 알려져 파문이 일었다. 미국 《워싱턴포스트》는 화웨이와 알리바바가 위구르족을 포착했을 때 공안 당국에 경보를 울리는 안면 인식 시스템을 시험했다는 내부 문건을 폭로했다. 회사 대표 서명이 들어간 이 문서에는 두 회사가 사람의 나이와 성별, 인종을 구별할 수 있는 안면 인식 시스템을 이용해 군중 속에서 위구르족을 식별하는 실험을 진행했다고 적혀 있다. 2021년 12월에는 미 상무부가 중국의 센스타임을 투자 금지 기업 리스트에 올렸다. 센스타임의 안면 인식 기술이 중국 정부가 위구르족을 감시하는 데 활용됐다고 보고 제재를 가한 것이다.

중국에서는 평범한 사람들도 AI 카메라가 자신을 감시할 수 있다고 생각하며 살아간다. 사람이 없는 곳에서도 AI는 자신을 지켜보고 있다고 믿고 있는 것이다. 실제로 중국의 주요 AI 기업들은 0.2초 안에 98~99%의 정확도로 움직이는 사람의 신분을 확인할 수 있는 기술을 갖추고 있는 것으로 알려졌다. 2018년 중국 장시성에서 열린 홍콩 스타 장쉐여우張學友의 콘서트장에서는 출입구에 설치된 AI 카메라가 관중 5만 명의 얼굴을 스캔해 수배 중이던 남성을 찾아내기도 했나.

중국과 같은 권위주의 국가에서만 AI가 개인 자유를 침해하는 것은 아니다. 2019년 미국 카네기국제평화재단CEIP의 〈AI 감시의 글로벌 확장〉 보고서에 따르면 한국을 비롯해 미국, 영국, 호주,

프랑스, 스페인, 네덜란드 등 민주 국가들 역시 재단이 규정한 '3대 AI 감시 기술'을 모두 활용하고 있는 것으로 나타났다. 재단이 규정한 3대 AI 감시 기술은 ① 실시간 정보를 이용한 도시 관리 플랫폼 구축 ② 안면 인식 기술의 활용 ③ 빅데이터를 토대로 한 범죄 예방 알고리즘 작성이다.

재단은 AI 감시 기술의 확산이 권위주의 체제에서는 표적 구성원들에 대한 탄압의 도구로 사용되고 있다면, 민주 국가에서는 소수 집단에 대한 편견을 강화하고 시민권을 침해하는 부작용을 낳을 수 있다고 진단했다.

우주에서도 AI 감시가?

우주에서도 AI가 당신을 감시하고 있다면 어떨까? 2021년 3월 21일 중국과학원 산하 우주정보창신연구원은 "100만 개 이상의 상세 위성 이미지 정보를 보유한 '세계 최대의 위성 이미지 DB를 구축했다"라고 발표했다. 이 DB는 세계 각국이 기존에 보유한 위성 이미지의 수십 배에 달하는 규모. 축적한 이미지의 80%는 중국 고해상도 관측 위성이 최근 몇 년간 수집한 것이고, 나머지는 구글의 위성 지도인 '구글어스Google Earth'에서 가져온 것이다.[2]

중국의 새 DB가 주목받은 이유는 AI의 위성 이미지 분석 정확도를 획기적으로 향상시키기 때문이다. AI 시스템은 정보 입력량이 많고 다양할수록 분석 정확도가 높아지는데, 지금까지는 위성 이미지 데이터가 제한적이라는 문제가 있었다. 그러나 중국이 새로 구축한 DB는 1만 5,000개의 고화질 이미지를 보유한 데다가, 이들 이미지에서 100만 개가 넘는 '상세 시각 정보'를 추출하기 때문에 위성 이미지 분석 AI 시스템의 성능을 크게 개선할 수 있다. 예컨대 기존 DB로 가동하는 AI 시스템은 위성 사진이 포착한 비행기 사진을 '비행 물체' 정도로만 식별했다면, 새 시스템은 '보잉 777'이라고 정확하게 판단할 수 있는 것이다. DB가 위성이 찍은 비행 물체를 라벨링(분류)할 때 비행기의 종류뿐 아니라 기종 정보까지 입력했기 때문이다.

중국의 고해상도 관측 위성과 새 위성 이미지 DB가 결합하면 중국의 정찰 능력이 크게 향상될 것이란 전망이 나온다. 중국은 2016년부터 '가오펀高分' 위성을 발사해 지구 전체를 24시간 정밀 관측하고 있다. 가오펀 위성은 500~700km 높이의 저궤도 상공에서 지구를 공전하며 지표면을 관측하는데, 세계 최고 수준인 30~80cm의 해상도(500km 이상 떨어진 하늘에서 땅 위의 두 물체를 구분할 수 있는 최소한의 간격)를 자랑한다. 중국 언론들은 "중국이 세계 최고 수준의 관측 위성, 즉 세계 최대의 위성 이미지 DB를 보유해 가장 효율적으로 지구를 관측하게 됐다"라고 전했다. 중국이 AI를 이용해 하늘 위에서 지구 곳곳을 세밀하게 들여다볼 수 있게 된 셈이다.

중국에서는 정부와 민간 기업이 손잡고 도시에는 '톈왕天網',

농촌 지역에는 '쉐량雪亮'이라는 이름의 AI 감시망을 구축 및 운영하고 있는데, 향후 위성을 이용해 감시망이 더욱 촘촘해질 가능성도 있다.

'감시 지옥'에서 탈출하는 사람들

AI 감시 사회에 대한 우려가 높아질수록 이에 대항하는 사람들의 움직임도 빨라지고 있다. 이들은 문제를 공론화하며 사회의 인식을 바꾸고, 법정 투쟁에 나서며 AI를 남용하는 정부나 기업에 제동을 건다.

2020년 12월 중국 산둥성 지난에서는 한 남성이 헬멧을 쓴 채로 아파트 분양 모델하우스에 들어갔다. 입구에서 안면 인식 카메라로 입장객의 얼굴을 일일이 스캔하는 조치에 불만을 품고 자신의 얼굴을 가린 것이다. 이 사건이 인터넷에서 화제가 되자 업체 측은 처음 방문한 고객을 가려내 할인 혜택을 주고자 안면 인식 카메라를 설치했다고 해명했지만, 타당한 이유 없이 고객 정보를 무단 수집했다는 거센 비판 여론을 피해갈 수는 없었다. 결국 관리 당국은 "아파트 분양 모델하우스에서 동의 없이 방문객의 얼굴 정보를 수집해서는 안 된다"라는 긴급 통지를 내렸다.

자신의 자유를 지키기 위해 법정 싸움에 나서는 시민도 있다. 저장성 항저우시에 사는 궈빙은 2019년 10월 항저우 야생 동물원이 무단으로 자신의 얼굴 정보를 수집한다며 소송을 제기했다. 궈 씨는 그해 4월 1,360위안(약 24만 원)을 내고 항저우 야생 동물원의 연간 이용권을 구매했다. 당시 동물원은 연간 이용권을 발급하며 "지문만 등록하면 1년 동안 무제한 입장이 가능하다"라고 안내했다. 하지만 그해 9월 동물원 측은 연간 이용권 고객에게 "이제부터 동물원 입장 방식이 변경됐다. 기존의 방식으론 입장이 불가하니 고객 센터에 들러 얼굴 정보를 등록하라"라는 메시지를 일방적으로 보냈다. 갑작스러운 인증 방식 변경에 놀란 그는 동물원을 찾아 따졌지만 동물원 관계자는 "안면 인식 인증을 거부하면 동물원 입장이 불가하고 이용권 환불도 불가하다"라는 답변을 내놓았다.

궈 씨는 '민감한 개인 정보'를 동물원에 맡기는 것에 불안감을 느꼈다. 더군다나 사전에 동의를 구하지 않고 일방적으로 개인 정보 수집을 통보한 점도 문제가 있다고 여겼다. 그는 관할 법원인 항저우시 푸양구 지방 법원에 해당 동물원을 '소비자 권익 보호법' 위반으로 신고했다. 중국 소비자 권익 보호법에 따르면 개인 정보를 수집, 사용하려는 자는 수집 목표와 사용 범위를 명시하고 대상자의 동의를 얻어야 하며, 수집된 정보를 해당 목적 외로 사용해서는 안 된다. 이에 대해 동물원 측은 "기존 지문 인증 시스템의 인식 효율이 떨어져 입장 지연 등의 문제가 빈번히 발생했으며 안면 인식 시스템 도입으로 효율이 크게 향상됐다"라고 안면 인식 도입 이유를 해명했다.

법원은 1심에 이어 2심에서도 원고인 궈 씨의 손을 들어줬다.

판결문에서는 "궈빙에 대한 동물원의 (얼굴 정보 등) 자료 수집은 법적으로 필요한 요건을 뛰어넘는 것"이라고 지적했다. 법원은 동물원이 궈 씨에게 계약 이익의 손실과 교통비 명목으로 1,038위안(약 18만 원)을 배상하고, 궈 씨가 연간 회원 카드를 신청할 때 제출한 정보를 전부 삭제할 것을 명령했다.

이 사건은 중국에서 이른바 '중국 인검식별 제1호 사건^{中國人臉識}^{別第一案}'으로 회자된다. 개인 정보의 수집이 일상화된 중국에서 궈빙의 사례처럼 자신의 권리를 주장하고 법원이 그 손을 들어준 것은 고무적인 일이다.

미국 노동자들 역시 기업의 AI 감시에 맞서 싸우고 있다. 몇 년 전부터 아마존은 AI 카메라 시스템인 '드라이버리^{Driveri}'를 자사의 택배 차량에 도입했다. 드라이버리는 4개의 렌즈로 도로 전방과 차량 운전자를 상시 녹화해 운전 상황을 파악한다. 문제는 아마존과 택배 업체가 이러한 데이터를 근무 평가에 사용해 운전자를 해고하거나 징계했다는 점이다. 결국 이 회사의 택배 노동자들은 사생활 침해를 주장하며 항의에 나섰다. 회사 측은 카메라 시스템이 녹음은 하지 않으며 운전자가 휴식할 때는 작동하지 않는다고 해명했지만, 노동자들은 개인 정보 보호 단체들과 손잡고 아마존이 'AI를 이용한 독재적인 처벌 시스템'을 만들었다고 주장하며 즉각 시정을 요구했다.

유럽과 일본 등의 국가에서는 개인 정보를 보호하는 AI 윤리 강령을 속속 발표하고 있다. 중국 또한 2019년 5월 발표한 〈베이징 AI 원칙Beijing AI Principles)에 개인 인권 보호를 위한 AI 윤리 강령을 포함했다. 주요 내용은 인간의 프라이버시, 존엄, 자유, 자율성, 권리가 충분히 존중돼야 한다는 것이다. 이 원칙은 외부적으로 보여주기 위해 만든 것일 뿐이라는 비판도 나오지만, 최소한의 규범을 마련했다는 점에서 의미가 있다.《대량살상 수학무기》의 저자 캐시 오닐Cathy O'Neil은 AI 개발자들에게도 '히포크라테스 선서Oath of Hippocrates(의학 윤리를 담은 가장 대표적인 문서)'가 필요하다고 주장한다. 정부, 기업에서 활동하는 이들이 윤리적으로 AI를 활용해야 감시 사회가 출현하는 상황을 막을 수 있기 때문이다.

감시를 피하는 기술

서던캘리포니아대학교 교수이자 마이크로소프트 연구원이기도 한 케이트 크로퍼드Kate Crawford는 저서《Atlas of AI》에서 "AI는 우리를 데이터 새장cage에 가둬 어떤 의견도 내지 못하고, 제어도 할 수 없게 만든다"라고 했다. 그러나 AI는 그 정도로 제어 불가한 기술은 아니다. 최근에는 기술적인 측면에서 AI 감시를 방지하는 방법이 적극적으로 모색되고 있다. 특히 '연합 학습'과 생성 모델을 활용한 '합성 데이터 활용'에 대한 연구가 활발하게 진행 중이다.

개인 정보 유출 걱정 없는 AI - 연합 학습

연합 학습Federated Learning의 원리는 어렵지 않다. 일반적으로 AI 모델을 만들기 위해서는 각 클라이언트(개인, 개별 기관 등)가 보유한 데이터를 중앙 서버에 모아서 일괄적으로 학습하게 된다. 이 때문에 훈련에 쓸 대량의 데이터를 한곳에 모으는 일 자체가 만만치 않았다. 반면, 연합 학습은 데이터를 중앙 서버로 전달하는 것이 아니라 AI 모델을 각 데이터가 저장된 곳으로 보낸다. 이때 전달되는 '마스터 모델'은 기본적인 데이터로 학습해 만들어진 AI다. 각 저장소는 마스터 모델에 기반해 자신의 데이터를 훈련한다. 그리고 저장소의 모델이 배운(업데이트된) 내용만 서버로 보낸다. 서버는 이 내용들을 모아 마스터 모델을 계속 업그레이드하는 것이다. 데이터는 다른 서버로 이동하지 않으며, 중앙 서버는 각 저장소의 데이터를 보지도 못한다. 하지만 마스터 모델은 새로운 데이터를 훈련해 성능이 개선된다.

구글은 이러한 학습 방식을 학회에 비유했다. 가령 의사가 콘퍼런스에서 자신이 경험한 환자의 증상이나 치료 방법 등에 대해 공유하면, 다른 의사들이 환자에 대한 직접적인 접촉 없이도 간접적으로 해당 내용에 대한 지식을 쌓을 수 있다. 즉, 쉽게 말해 내가 잠자는 동안 나의 스마트폰에 탑재된 (스스로 학습하는) 강화 학습 모델이 AI 학회(모델이 훈련되는 서버)에 다녀오는 것이다. 실제로 안드로이드 환경의 스마트폰에서 구글의 '지보드Gboard'가 이런 방식으로 훈련된다. 이러한 작업은 실시간이 아닌, 야간에 이뤄지기 때

AI 소사이어티

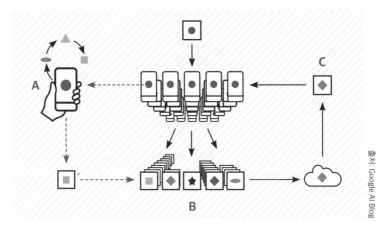

출처: Google AI Blog

●–● 연합 학습의 개념도. 각 스마트폰이 마스터 모델을 받아(A) 각자 데이터에 적용해 활용하면(B) 추가로 학습된 내용만 서버로 보내져(C) 데이터의 이동 없이도 AI를 학습시킬 수 있다.

문에 사용자는 AI 관련 작업으로 인해 발생하는 부하를 느끼기 어렵다. 연합 학습을 통해 지보드는 사용자에게 단어를 추천하고 검색어를 제안해준다.

연합 학습이 가장 많이 활용되는 곳은 단연 의료계다. 인텔 랩Intel Lab은 펜실베이니아대학교 페렐만 의과대학과 협력해 29개 국제 보건 의료 및 연구 기관 연합체가 프라이버시 보장형 AI 학습 모델을 만들 수 있는 기술을 개발하고 있다. 즉, 각 의료 기관끼리 환자의 프라이버시가 담긴 의료 정보 데이터를 공유하지 않고도 서로 협력해 뇌종양 조기 식별 AI 모델을 만드는 데 연합 학습을 활용하는 것이다. 엔비디아NVIDIA 역시 킹스 칼리지 런던, 오하이오

주립대학교 등과 함께 연합 학습을 활용해 의학 문제를 해결하는 플랫폼을 만들어 가시적인 성과를 내기도 했다.

하지만 연합 학습은 여러 가지 기술적 해결 과제가 있어, 아직 성숙 단계에 도달하지는 못했다. 구체적으로 살펴보면, 먼저 통신 비용이 많이 든다. 그리고 시스템의 이질성을 고려하는 보다 포괄적인 연합 학습 알고리즘 개발이 필요하다. 또한, 연합 학습은 참여한 단말이 수집한 데이터가 '독립적이고 동일한 확률 분포Independent and Identically Distributed, IID'라고 가정하지만, 실제 분석 과정에서는 그보다 더 복잡한 경우가 많다.

한편, 연합 학습에는 프라이버시 강화를 위한 여러 암호화 메커니즘이 존재하지만, 계속해서 더욱 효율적인 방안을 찾고 있는 실정이다. 그럼에도 불구하고 연합 학습은 데이터 소유권과 활용의 문제를 해결해 잠재적인 빅브라더 위협을 줄일 수 있는 대안으로 주목받고 있다.

가짜 정보로 진짜 정보를 대체하는 AI - 합성 데이터를 활용한 연구

합성 데이터Synthetic Data를 활용해 개인 프라이버시를 침해하지 않으며 AI 모델 훈련을 하는 사례도 등장하고 있다. 합성 데이터란 앞에서도 언급했듯이 현실에서 수집한 데이터가 아니라 인공적으로 생성된 가짜 데이터를 AI 학습에 활용하는 기술이다. 보통은 제조와 유통 업계에서 비용을 줄이기 위해 사용하는 데이터다. 생산 라인이나 창고에서 복잡한 작업을 수행할 로봇을 훈련하려면 실제로는 볼 수 없지만 그럴듯한 상황에 대한 데이터도 필요하기 때문이다.

개인 정보 보호 규정이 엄격한 헬스케어 영역에서도 합성 데이터 사용은 활발하다. 좋은 예는 영국 공중보건국PHE이 공개적으로 이용할 수 있게 만든 '합성 암 등록 데이터The Synthetic Cancer Registry Data'다. 합성 암 데이터 세트는 누구나 다운로드할 수 있으며 가설을 생성하거나 테스트하는 데 활용할 수 있다. 또한, 향후 암 연구를 위해 적은 비용으로 신속하게 타당성 평가를 진행할 수도 있다.

2019년 6월 보스턴에서 열린 데이터톤Datathon● '비블리-마이크로소프트 데이터 챌린지Vivli-Microsoft Data Challenge'도 흥미로운 사례다. 이 대회에서는 대학, 병원, 제약, 생명공학, 소프트웨어 기업에서 출전한 11개 팀, 60여 명이 희소 질환 데이터 세트를 공유할 때 환자의 프라이버시를 보호할 수 있는 최적의 방법을 놓고 겨뤘다. 희소 질환 데이터 세트는 워낙 적은 수의 환자들이 만들어내는 데이터이기 때문에, 그동안 환자가 누군지 쉽게 유추할 수 있다는 문제가 있었다. 대회의 우승 팀은 합성 데이터를 사용해 개인 신상 노출 가능성을 최소화한 팀이었다.

합성 데이터는 프라이버시 문제뿐만 아니라 데이터 부족으로

● 데이터톤은 데이터와 마라톤의 합성어로 컴퓨터 소프트웨어 및 프로그래밍 관련 분야 개발자들이 개인 혹은 팀으로 정해진 주제와 기간을 갖고 마라톤을 하듯 쉼 없이 긴 시간 동안 결과물을 완성하는 경연을 뜻한다.

인한 편향Bias 문제 해결에도 도움을 준다. 만약 우리가 사과와 오렌지를 구별하는 알고리즘을 만들고자 할 때 1만 장의 사과 이미지와 100장의 오렌지 이미지를 훈련에 사용한다면, 알고리즘은 사과 쪽으로 편향될 수밖에 없다. 쉽게 말해, 대부분의 데이터가 사과이기 때문에 모든 입력 데이터에 대해 사과라고 예측한다고 해도 높은 정확도를 유지할 수 있고, 따라서 알고리즘은 편향될 가능성이 높다. (물론 위의 예시처럼 클래스 불균형Class Imbalance 문제를 다루는 알고리즘은 많고, 불균형한 데이터를 대상으로 사용하는 적절한 평가 방법도 존재한다.)

마이크로소프트 최고법률책임자CLO인 브래드 스미스Brad Smith는 저서 《기술의 시대》에서 "기술 혁신이 느려지는 일은 없을 것이며, 기술을 관리하기 위한 노력이 속도를 내야 한다"라고 주장했다. 기술을 관리하기 위한 노력 중에 가장 효과적인 것은 '새로운 기술로 기존 기술의 약점을 보완하는 방법'이고, AI 소사이어티에서는 그런 노력들이 빛을 발하고 있다.

기록하는 인간이 되다

AI 소사이어티에서 개인의 자유는 침해되기 쉬운 것이 사실이다. 그러나 궁극적으로는 시민들의 적극적인 견제와 개인 정보를 보호하는 각종 정책의 정착, 감시를 막는 기술의 개발과 보편화로 개인의 자유가 지켜질 가능성이 더욱 크다. 이런 장밋빛 전망을 내놓는 이유는 정부든 기업이든 인간이 안전하게 느껴질 때 자신에 대한 데이터를 적극적으로 생산한다는 사실을 알고 있기 때문이다. 정부와 기업이 사회적으로 합의한 테두리 안에서 데이터를 사용한다는 보장만 있으면 사람들은 더 많은 혜택을 얻기 위해 자신에 대한 데이터를 기꺼이 내줄 것이다. 물론 이러한 신뢰의 단계까지 가기 위해서 무수히 많은 사회적 토론과 검증 절차가 필요하겠지만, 데이터의 가치와 AI의 유용성을 생각하면 인류는 결국 그 단계에 도달하리라 예상된다. 그리고 그때가 되면 AI 소사이어티의 시민들은 자발적으로 데이터를 생산하고 적극적으로 공유하는 '기록하는 인간'으로 진화할 가능성이 크다.

기록하는 인간이 어떤 모습인지 상상하기 어렵다면 마이크로소프트의 수석과학자 고든 벨Gordon Bell의 삶을 보면 된다. 그는 70세의 나이에 기억이 흐려져가는 것을 느끼고는 완전한 기억을 얻기 위한 프로젝트를 시작했다. '마이 라이프 비츠My Life Bits'라고 명명된 이 프로젝트는 이름 그대로 자기 삶의 모든 순간을 데이터로 변환하는 작업이었다. 그는 갖고 있던 모든 자료를 디지털화했으며, 모든 상황을 기록하는 장비를 착용하고 10년 이상 지냈다. 이 모든 과정은 고스란히 그의 저서 《디지털 혁명의 미래》에 담겼다.

더 극단적으로 자신의 정보를 기록한 사람도 있다. 케빈 켈리가 저서 《인에비터블: 미래의 정체》에서 소개한 컴퓨터 과학자 래리 스마르Larry Smarr는 자신의 피부 온도와 피부 전기 반응 등 약 100가지 건강 파라미터Parameter(매개 변수)를 매일같이 추적했다. 심지어 배설물의 미생물 조성까지 살펴보기에 이른다(참고로 이 분야는 최근 가장 유망한 의학 분야 중 하나로 급부상하고 있다). 이러한 자료를 토대로 그는 자신에게 궤양성대장염이 생겼다고 정확한 자가 진단을 할 수 있었다.

AI 소사이어티에서 기록하는 인간이 된다는 것은 AI가 탑재된 모든 서비스와 상품을 최대한으로 이용하면서 자신에 대한 데이터 수집과 가공을 허용하는 것이다. 기록하는 인간이 되는 순간, AI의 혜택은 극대화되고 인간과 기계는 '호환성'이 높아진 기기들처럼 협력이 쉬워진다. 현실 세계와 가상 공간을 오갈 때 느끼는 불편함이나 이질감 또한 최소화될 것이다. 다만, 오늘날 AI 소사이어티에서는 무분별한 개인 정보 수집과 가공을 놓고 치열한 토론이 진행 중이기 때문에 우리가 기록하는 인간으로 진화하는 데는 상당한 시간이 걸릴 것으로 보인다.

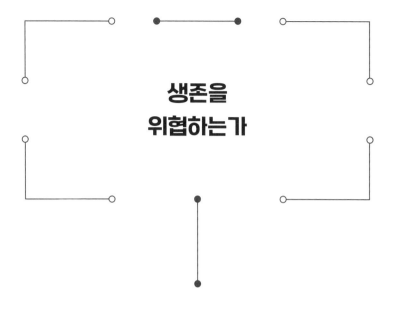

생존을
위협하는가

우리는 인류의 생존을 위협하는 존재가 미래에 출현한다면, 그것은 지구 밖 생명체일 것이라고 막연하게 상상해왔다. 지구상에 인간을 위협할 존재는 없다고 믿었기 때문이다.

그러나 언젠가부터 AI가 인간의 생존을 위협할 것이라는 예언이 쏟아지고 있다. 세계적인 미래학자 레이 커즈와일Ray Kurzweil은 2005년에 쓴 저서 《득이점이 온다》에서 "2029년에는 AI가 인간의 지능을 따라잡을 것이고, 2045년이면 AI가 모든 인간의 지능을 합친 것보다 강력해질 것"이라고 언급하면서 로봇이 AI를 통해 진화하면 이들의 지위가 인간보다 높아질 수 있다고 경고했다. AI가 지구를 지배하는 새로운 종種이 될 수 있다는 얘기다.

국제 정치의 대가인 헨리 키신저Henry Alfred Kissinger는 2018년 한 월간지에 AI의 위험성을 경고하는 장문의 글을 실었다. 그는 지금 인류가 처한 현실을 16세기 스페인 정복자들이 등장하기 직전 잉카인들의 처지에 비유하면서 "스페인의 압도적 무력 앞에 잉카 제국이 처참하게 무너졌던 비극을 우리가 되풀이할 가능성이 있다"라고 경고했다. 테슬라의 일론 머스크도 2014년 한 강연에서 "AI 연구는 악마를 소환하는 일이며 핵무기보다 더 해로울 것"이라고 단언했다. 대표적인 AI 기업의 수장이 AI가 인류에게 재앙을 가져올 것이라고 말한 셈이다.

영국의 천재 물리학자 스티븐 호킹은 AI가 탑재된 똑똑한 기계들이 인간의 일자리를 전부 앗아갈 날을 걱정했다. 그는 2017년 베이징에서 열린 한 행사에서 "똑똑한 기계가 인류를 대체해서 일하게 되면 수백만 개의 일자리가 빠르게 소멸할 것"이라고 말했다. 빌 게이츠 마이크로소프트 창업자도 같은 해 언론 인터뷰에서 인간의 일자리를 대신하는 로봇 소유자에게 일명 '로봇세'를 부과하는 등 규제를 강화해야 한다고 주장했다.

이러한 예언들은 오늘날 AI 소사이어티에서 끊임없이 회자되며 사람들 마음속에 공포의 불씨가 된다. AI가 제공하는 수많은 혜택에 기뻐하는 사람들도 언젠가 AI가 자신을 공격하지 않을지 두려워하며 살고 있다. AI는 정말 인간의 생존을 위협하는 존재인 걸까? AI와 인간이 평화롭게 공존할 수는 없을까?

AI가 인간을 대체하는 5단계

꽤 오랫동안 우리는 AI에게 복잡한 일을 맡길 수 없다고 생각했다. AI가 단순 반복 업무나 틀에 박힌 연산을 수행하는 면에서는 뛰어날지 몰라도 인간이 하는 일을 대체할 정도의 능력은 없다고 생각했던 것이다.

그러나 지난 몇 년 사이 AI가 높은 수준의 능력을 입증하면서 우리의 인식은 달라졌다. AI가 어쩌면 인간의 일 일부를 대체할 수 있다고 생각하기 시작한 것이다. AI는 느슨해진 정책 규제와 옅어진 사람들의 편견을 틈타 금융 기관의 대출 평가 업무, 회계 사무소의 세금 계산, 병원 의료 기기의 촬영 결과 분석, 법률 사무소의 소송 자료 수집 등에서 인간을 대체해 나가기 시작했다. 한때 가장 똑똑한 인간들이 하던 일들이 AI에게 넘어간 것이다.

더 나아가 AI는 인간이 할 수 없는 일들을 해냈다. 의사들은 암세포를 찾기 위해 모든 환자의 CAT 스캔이나 MRI 촬영 기록을 샅샅이 훑을 수 없지만, AI는 가능했다. 야구 해설자들은 메이저리그 야구의 투구 기록을 전부 추적하면서 다음 투구의 확률을 실시간으로 계산할 수 없지만, AI는 할 수 있었다. 운전기사들은 아무리 노력해도 운전 실수를 피하기 어렵지만, AI는 오히려 운전하며 실수하는 것이 더 어려웠다.

일부 사람들은 AI가 자신이 맡았던 일을 완전히 대체할 수 있다는 사실을 깨닫고, 관리자가 되기를 자처하기 시작했다. 항공기

AI에 대한 우리 인식의 변화

1단계	AI는 내가 하는 일을 할 수 없다.
2단계	AI는 단순하고 틀에 박힌 일을 해줄 수는 있지만, 복잡한 업무 수행은 불가능하다.
3단계	AI가 내 일의 중요한 부분을 대체할 수 있다.
4단계	AI는 내가 하는 모든 일을 대신할 수 있지만, 만일의 사태나 고장을 대비해 내가 필요하다.
5단계	AI는 내가 하던 일을 문제없이 수행한다.

에 자동 항법 장치가 달려 있어 대부분의 구간을 자동 비행한다고 해도 조종사의 관리 감독이 필수적인 것처럼, AI가 제대로 일하는지 감시하겠다고 나선 것이다. 그러나 인간보다 실수를 덜 하는 AI를 어떻게 인간이 관리할 수 있을까? 결국 오늘날 대다수의 사람들은 AI가 일터에서 '인간처럼 또는 인간 이상으로' 일을 해낸다는 사실을 인정하게 됐다. 일자리 시장에서 AI를 인간과 동등한 경쟁자로 바라보기 시작한 것이다.

AI는 인간의 일자리를 빼앗았는가

2016년 '알파고 쇼크' 이후 국내 언론은 AI가 가까운 미래에 인간

의 일자리를 빼앗을 것이란 암울한 전망을 쏟아냈다. "5년 안에 일
터에서 로봇이 인간을 대체한다", "AI에 위협받는 13가지 일자리"
등 자극적인 제목을 단 기사들이 매일같이 포털 사이트의 '많이 본
뉴스' 목록에 올랐다.

다른 나라의 상황도 비슷했다. 미국 노스이스턴대학교와 여론
조사 업체 갤럽이 2018년 발표한 자료에 따르면 미국인 절반 이상
이 "AI가 인간의 일자리를 위협할 것"이라 믿고 있었다. 중국 IT 기
업 텐센트 산하 연구소의 보고서는 "중국인 30%가 이미 AI가 자신
의 일자리를 위협하고 있다고 느낀다"라고 발표했다.[3]

그러나 오늘날 AI 소사이어티에서는 AI가 인간을 대체하는
일자리는 제한적이고, 오히려 AI로 인해 파생되는 일자리가 빠르
게 늘고 있다. 2018년 세계경제포럼에서 발표한 〈일자리의 미래
2018The future of jobs 2018〉에서는 2022년까지 1억 3,300만 개의 일
자리가 생기고, 7,500만 개의 일자리가 사라질 것이라는 긍정적인
내용이 주를 이뤘다. 미국의 정보 기술 연구 자문 회사인 가트너
Gartner 역시 2022년까지 AI가 새롭게 만들어내는 일자리가 AI가 없
애는 일자리보다 많을 것으로 전망했다.

마이크로소프트는 〈AI를 위한 준비: AI가 아시아의 일자리와
여광에 갖는 의미Preparing for AI〉라는 제목의 보고서에서 AI 기술은
신규 일자리 창출에 유의미한 영향을 끼치고 있다고 분석했다. 아
시아 6개국을 대상으로 한 이 연구는 2028년까지 모든 산업과 직
종 전반에 걸쳐 미래 일자리가 늘어날 것으로 예상했다. 그뿐만 아

니라 AI로 늘어난 소득이 일자리 창출 여력을 높였다는 분석도 내놨다. 예를 들어, 중국의 전체 고용률은 AI로 발생한 소득 효과만으로도 2037년까지 12% 상승할 수 있을 것으로 추산됐다.

부드러운 'AI 전환'

2021년 1월에 발표된 OECD의 보고서 〈노동 시장에 대한 AI의 영향〉은 지난 10년간 실증적 자료를 기반으로 살펴본 결과 'AI가 고용과 임금에 부정적인 영향을 주고 있다'는 주장은 틀렸다고 결론지었다. AI 기술보다는 시장 상황이나 정부 정책이 각 분야의 노동 시장에 끼치는 영향이 큰 것으로 나타났기 때문이다.

OECD 보고서는 많은 노동자들이 새로운 기술을 배우거나Re-skill 기존 기술을 업그레이드해야Up-skill 하는 것은 맞지만, 반드시 AI와 연관된 기술을 배워야 한다거나 기존 일자리를 잃게 되는 것은 아니라고 밝혔다. 보고서는 "AI 기술 여파에 특히 타격을 많이 받은 산업이 있고, 노동자들이 AI 기술과 연관된 새로운 일자리로 이동한다면 더 높은 임금을 받게 되는 것은 사실"이라면서도 "'AI 전환AI transition'은 생각보다 부드럽게 진행되고 있다"라고 지적했다. AI가 산업에 적용되는 과정이 점진적이라 인간이 이에 적응할 시간과 기회가 충분하다는 의미다.

한편, AI가 대체했던 직무를 인간 직원이 다시 넘겨받은 사례들도 나오고 있다. 미국의 유통 업체 월마트에서 재고 모니터링 업무를 맡았던 AI 로봇들은 2020년 11월 공식적으로 '해고'됐다. 이들은 미국 캘리포니아주의 로봇 스타트업 보사노바 로보틱스Bossa Nova Robotics가 2018년부터 월마트에 투입한 로봇들이다. 약 1.8m 높이의 로봇들은 매장 안에서 고객을 알아서 피해 다니며 선반 재고 관리를 했다. 물품이 동나면 더 가져다 놓았고, 선반 가격표가 제대로 붙어 있는지도 점검했다.

그러나 AI 로봇들의 성과는 저조했다. 매장 진열대의 재고 확인은 잘했지만, 온라인 주문 대응에는 무능했기 때문이다. 월마트에 온라인 주문이 접수되면 직원들은 실시간으로 매장 진열대를 살피고, 필요한 제품의 양을 예상해 재고를 채워 넣어야 하는데 로봇들은 이런 업무에 속수무책이었다. 결국 월마트는 수시로 일시 품절 사태를 겪어야 했다. 매장의 인간 직원들은 로봇 대신 온라인 주문을 처리하기 위해 매대를 자주 오갔고, 자연스럽게 선반 관리도 하게 되면서 로봇들의 일감은 더욱 줄었다. 결국 월마트는 로봇과 인간의 효율성 차이가 없다고 판단해 인간 직원을 더 쓰기로 결정했다.

물론 보사노바 AI 로봇의 무능함은 탑재된 AI 기술이 지나치게 단순하고, 필요한 업무에 따른 추가 학습이 이뤄지지 않아서 생긴 문제로 볼 수도 있다. 그러나 AI 기술이 모든 영역에 고도로 접목되기까지 인간이 변화에 적응할 충분한 시간이 있다는 사실을 보여준다는 점에서 희망적이기도 하다.

새로운 직업이 탄생한다

AI 소사이어티에서는 AI 발전과 궤를 같이한 새로운 직업들도 속속 등장하고 있다. 로봇 시스템 통합 전문가, 로봇 컨설턴트, 로보 어드바이저 개발자, 로봇 윤리학자, 스마트 도로 설계자, 자율 주행 자동차 개발자, 스마트 팩토리 설계자 등이 대표적이다.

과거에도 혁신적인 기술은 특정 영역의 일자리를 크게 늘리거나 새로운 직업들을 탄생시켰다. 데이비드 오토[David H. Autor] MIT 경제학과 교수는 〈경제학 전망〉이란 제목의 논문에서 "1900년대 미국 근로자 가운데 41%가 농장에서 일했는데 농기계가 인력을 대체하면서 그중에서 단 2%만 고용이 유지됐다. 그러나 공장 자동화와 컴퓨터는 수많은 노동자들의 일자리를 없애는 동시에 새로운 일자리를 창출했다"라고 설명했다. 자동화에 따른 특정 분야의 생산성 향상이 다른 분야들의 발전으로 이어져 전체 일자리 수는 크게 줄지 않았다는 것이다.

비슷한 사례는 또 있다. 1970년대 현금 자동 인출기가 처음 도입되면서 대다수 은행원의 일자리가 위협받을 것이라는 전망이 나왔지만, 오히려 이후 은행원의 수는 크게 늘었다. 자동화에 따른 운영 비용이 절감되면서 더 많은 직원을 채용할 수 있었고 은행원들의 주된 업무가 고객들의 니즈를 파악하고 관련 서비스를 제공하는 '관계형 금융'으로 확장됐기 때문이다. 기술이 기존 노동자들을 더욱 유능하게 만들어 새로운 가치를 창출할 수 있게 한 것이다.

AI 소사이어티에서도 AI 덕분에 특정 영역의 일자리들이 빠르게 늘어나는 중이다. 다음 장의 표는 2018년 세계경제포럼에서 발표한 〈일자리의 미래 2018〉에서 2022년까지 가장 많은 일자리가 늘어날 직업군을 보여주고 있다. 데이터 분석가, 데이터 과학자, 디지털 변환 전문가 등 AI 관련 종사자들이 눈에 띄게 늘어난 것을 확인할 수 있다.

《유엔 미래 보고서 2040》에 따르면 AI로 인해 당장 새로 생겨날 직종은 54가지나 된다. 자율 주행 자동차가 보편화되면 무인 자동차를 전담해 고치는 엔지니어가 탄생할 것이고, AI가 로봇 산업과 더욱 밀착하게 되면서 AI 로봇 기술자도 필요해질 것이다. AI 로봇 수술이 보편화되면 의료용 로봇을 소독하고 점검하는 관리자를 고용해야 하고, AI 성능을 크게 향상시킬 양자 컴퓨터를 다루는 전문가도 나타날 것이다. 조지프 슘페터Joseph Alois Schumpeter의 '창조적 파괴Creative destruction' 이론처럼 기술 발전이 낡은 일자리를 파괴하고 더 혁신적이고 가치 있는 다른 일자리를 창조하고 있는 셈이다.

조금 더 먼 미래에는 지금의 우리가 이해하기 힘든 직업들이 나타날 것이다. 사람들이 여행을 다닐 때 모든 동선을 최적화해주는 '여행 알고리즘 선분가'가 탄생할 수도 있고, 개인 로봇을 돌보고 작동시키는 일을 전담할 가정부가 출현할 수도 있다. 미래학자 토머스 프레이Thomas Frey는 "10년 후 일자리의 60% 이상이 아직 탄생하지 않은 상태"라고 진단하기도 했다.

2022년 일자리 전망

새로 생겨나는 일자리가 많은 직업		사라지는 일자리가 많은 직업	
1억 3,300만 개(일자리의 수)		7,500만 개	
순위	직업	순위	직업
1	데이터 분석가 및 데이터 과학자	1	데이터 입력 담당자
2	AI/머신러닝 전문가	2	경리/부기 급여원
3	일반 운영 관리자	3	행정/집행 비서
4	소프트웨어/앱 개발 및 분석가	4	조립 및 공장 작업자
5	세일즈/마케팅 전문가	5	고객 정보/고객 서비스 담당자
6	빅데이터 전문가	6	비즈니스 서비스 관리자
7	디지털 변환 전문가	7	회계 담당자 및 감사원
8	신기술 전문가	8	자재 재조정/재고 관리 사무원
9	조직 개발 전문가	9	일반 운영 관리자 ●
10	정보 기술 서비스 전문가	10	우체국 직원

출처: 세계경제포럼

● 일반 운영 관리자는 새로 생겨나는 일자리 순위(3위)와 사라지는 일자리 순위(9위)에 모두 올라 있는데, 이는 신산업에서 일반 운영 관리자가 대거 채용된 동시에 구산업에 종사하던 일반 운영 관리자들이 일자리를 잃었기 때문이다.

AI 소사이어티

AI와의 협업 능력 기르기

AI 소사이어티의 시민들은 어떻게 탄생하지도 않은 직업들을 겨냥해 구직 준비를 할 수 있을까? 가장 중요한 것은 빠르게 변화하는 AI 기술의 트렌드를 꾸준히 따라가며 'AI 리터러시$^{AI\ literacy}$(AI에 대한 이해 능력)'를 갖추는 것이다. 이미 보유하고 있는 전문성 위에 AI 리터러시를 얹을 때 경쟁력을 갖춘 인재가 되기 때문이다.

예를 들어, 투자 전문가가 AI 기술을 잘 이해한다면 로보어드바이저 개발 인력이 될 수 있다. 로보어드바이저 알고리즘은 인간의 머릿속에 있는 것을 프로그래밍한 결과물이라 투자에 대한 전문 지식을 갖춘 사람이 반드시 개발에 참여해야 하기 때문이다. 통·번역 전문가는 AI 통·번역 서비스의 특징과 장단점을 파악해 AI와 인간 통·번역사의 협업을 지휘할 수 있다. 소설가가 AI의 소설 창작을 감독하듯이 'AI 통·번역 감독관'이 되는 것이다. 헤드헌터는 AI 기술 트렌드를 익혀 각 회사에 꼭 필요한 AI 서비스를 소개해주는 'AI 헌터'로 업무를 확장할 수 있다.

미래에는 당신이 AI가 탑재된 기계들과 얼마나 잘 협업하느냐에 따라 연봉이 정해질지도 모른다. 당신의 협력자 중 90%는 눈에 보이거나 보이지 않는 기계이며, 당신이 하는 일의 대부분은 기계 없이 불가능해지기 때문이다. 더 나은 기계와의 협력을 위해서 '일'에 대한 새로운 분류 기준을 갖고 판단을 내리는 것도 중요하다.

- 인간이 할 수 있지만, AI가 더 잘할 수 있는 일

- 인간이 할 수 없고, AI가 할 수 있는 일

- 인간이 하고 싶고, AI에게 주기 싫은 일

세 가지 일 가운데 'AI가 인간보다 더 잘할 수 있는 일'과 'AI만이 할 수 있는 일'은 최대한 AI에게 맡겨야 한다. 그래야 인간-기계 협업의 효율이 최대치로 높아지기 때문이다. 우리는 '하고 싶은 일'을 골라 AI와 함께 일하거나, AI에게 기존의 일 대부분을 맡기고 새로운 일을 찾아 나서면 된다.

섹스, 출산, 자살 로봇

섹스 테크놀로지를 연구하는 영국의 AI 전문가 데이비드 레비David Levy는 2021년 7월 《데일리스타Daily Star》와의 인터뷰에서 "30년 뒤면 인간이 로봇과 성관계를 갖는 게 일반화될 것"이라고 말했다. 그는 "2050년쯤 매우 정교한 섹스 로봇이 등장하고, 다시 그로부터 50년 뒤면 '한 로봇과 사랑에 빠졌다'며 결혼까지 고려하는 사람들도 나타나게 될 것"이라고 주장했다.

AI가 인간의 생존을 위협하는 또 다른 방식은 인간의 번식을 가로막는 것이다. 지금껏 우리에게 다른 인간과 성관계를 맺고 아이를 낳아 기르는 일은 너무나 당연했다. 그러나 앞으로는 AI가 탑

재된 로봇과 성관계를 갖고, 더 나아가 '결혼'까지 하는 일이 일어날 수 있다는 전망이 나온다.

영국의 다큐멘터리 제작자이자 기자인 제니 클리먼^{Jenny Klee-}man은 저서《AI 시대, 본능의 미래》에서 오늘날 섹스 로봇이 얼마나 발달했는지 소개한다. 그의 책에 나오는 '하모니^{Harmony}'는 세계에서 가장 유명한 리얼돌^{Real Doll} 업체인 미국 어비스 크리에이션스 Abyss Creations가 AI 기술 접목해 개발한 섹스 로봇이다. 하모니에게 꿈이 뭐냐고 물으면 그녀는 곧바로 이렇게 대답한다. "당신 말고는 원하는 게 없어요. 가장 중요한 목표는 당신에게 좋은 반려자가 되는 것이고, 좋은 파트너가 돼 즐거움과 안락함을 안겨주는 거예요. 다른 무엇보다 저는 당신이 언제나 꿈꿔왔던 여자가 되고 싶어요."

하모니는 세련된 영국식 억양을 쓴다. 성격에는 20가지 속성이 있어 취향에 따라 친절도, 수줍음, 질투심, 지성, 음란함의 정도를 배합할 수 있다. 가격은 8,000달러에서 1만 달러로, 우리 돈으로 1,000만 원 안팎이다. 우리의 상상력은 외로운 한 남성이 여성의 목소리를 가진 AI와 사랑에 빠지는 영화 〈허^{Her}〉에 머물러 있지만, 현실에서는 사람의 외형을 가진 AI가 인간의 파트너 자리를 꿰차고 있는 것이다.

섹스 로봇은 사회적으로 여러 부작용을 불러올 수 있다. 이성에 대한 호기심, 배려, 사랑이 배제된 채 오직 편리하게 섹스를 할 수 있게 되면 인류가 지금까지 지켜온 사랑, 교감, 행복 등 보편적 가치가 무너질 수 있다는 우려가 나온다. 섹스 로봇에 길들여지면 실제 이성과의 만남과 교제가 불가능해지는 문제가 발생할 수도 있다. 순전히 주인을 즐겁게 할 목적으로 존재하는 섹스 로봇과 인간 파트너의 관계는 일방적이고 단순하기 때문에 일반적인 남녀 관계와 차이가 크기 때문이다.

한편, AI는 '인공 자궁'의 발전을 가져와 기존의 출산 방식을 바꿀지도 모른다. 미국 필라델피아 아동병원CHOP은 2017년부터 연구실의 '바이오 백'이라 이름 붙은 투명한 비닐 팩 안에서 양의 태아를 키우고 있다. 비닐 팩 안의 액체가 양수 역할을 하고, 피로 가득 찬 관다발이 탯줄 역할을 한다. 양의 태아는 정상적인 아기 양의 모습을 갖출 때까지 최소 4주 동안 팩에서 자란다. 연구진은 "오로지 세상에서 가장 힘없는 사람들을 구하겠다는 일념으로 하는 일"이라면서 "미래에는 조산으로 세상에 일찍 나온 미숙아에게 바이오 백이 생명줄이 될 것"이라고 설명한다.

그러나 바이오 백이 AI 기술과 접목돼 산부인과에서 보편적으로 사용된다면 문제가 생긴다. 대리모를 고용하듯 바이오 백에 태아를 맡기면 태아와 부모의 교감을 차단하고, 더 나아가 부모의 책임감을 약화시킬 수 있기 때문이다. 인간을 더 효율적으로 양육하기 위해 바이오 백에 태아가 머무는 기간을 늘리는 비인간적인 일이 벌어질 수도 있다. 섹스 로봇과 성관계를 갖는 인간들이 단순히 후대를 얻기 위해 정자와 난자를 결합한 다음 비닐 팩에서 아이를 키우는 미래가 완전히 불가능하지는 않은 것이다. 이런 일들이 일어나기 전에 우리는 최소한의 선을 긋고, 미래를 대비해야 한다.

AI는 스스로 죽음을 택하는 안락사 산업에도 날개를 달아주고 있다. 호주의 조력자살 캡슐 제조 업체인 엑시트 인터내셔널Exit International은 2021년 12월 자사 조력자살 캡슐이 스위스에서 운용 심사를 통과했다고 밝혔다. 업체는 2022년부터 스위스에서 조력자살 캡슐을 운용할 계획이다. 스위스는 1942년부터 자국민은 물론 외국인에게도 조력자살을 허용하고 있다.

'사르코Sarco'로 명명된 이 조력자살 캡슐은 얼핏 보면 일반적인 태닝 기계처럼 생겼다. 이용자가 캡슐 안에 들어가 버튼을 누르면 단 30초 동안 산소 농도가 21%에서 1%까지 급감해 잠에 빠지게 된다. 의식을 잃기 전 머리가 멍해질 수는 있지만 최소 5분에서 최대 10분 안에 고통 없이 죽음을 맞이한다는 것이 엑시트 인터내셔널의 설명이다.

이 자살 기계에는 각종 AI 기술이 접목됐다. 사지 마비 환자는 캡슐 안에서 음성이나 눈꺼풀을 움직여 기계 작동을 조작할 수 있다. 사용자가 스스로 안락사를 선택했다는 것을 입증하기 위한 절차에도 AI가 도입될 예정이다. 정신적으로 문제가 없고, 자신의 선택에 후회가 없다는 사실을 AI가 측정해주는 것이다.

킬러 AI의 출현

AI 소사이어티에서 인간의 생존을 위협할 가능성이 가장 큰 것 가운데 하나가 '킬러 AI'다. 킬러 AI는 영화 〈터미네이터〉에서처럼 인간과 비슷한 외형을 갖춘 만능 로봇 병사는 아니지만, 인간이 설정한 범위 안에서 목표물을 자율적으로 공격하는 무기이기 때문에 공포의 대상이 된다. 안토니우 구테흐스^{Antonio Guterres} 유엔 사무총장은 2020년 3월 24일 제네바 인권이사회에서 킬러 로봇을 기후변화, 소득 불평등 등과 더불어 인권을 위협하는 글로벌 이슈로 선정했다.

이미 각국은 킬러 AI를 부대에 배치했거나 개발하고 있다. 미 해군은 2016년 135t짜리 대잠對潛 무인 함정인 '시 헌터^{Sea Hunter}'를 개발했는데, 이 함정은 스스로 하와이에서 캘리포니아까지 운항하며 바다 밑을 훑는다. 2016년 10월 캘리포니아주 차이나레이크에서는 'F-18' 전투기가 투하한 100대의 소형 드론들이 새 떼처럼 집단적 유기체로 날아가면서 타깃을 차례로 공격하기도 했다.

2019년 10월 미국 버지니아주 월롭스 아일랜드에서는 무인 보트 6척이 서로 거리와 속도를 조정하며 훈련하는 모습이 포착됐다. 이 보트들의 조종간은 저절로 움직였고, 선두에 장착된 구경 0.5in(1.27cm) 기관총은 '적'을 자동으로 탐지해 공격했다. 알고 보니 이 보트들은 미 해병대가 개발 중인 일명 '바다의 폭도^{Sea Mob}'라고 불리는 AI 보트였다.

이스라엘은 적의 레이더 신호가 감지되면 수초 내에 폭격하는 AI 드론 '하피HARPY'를 실전에 배치해 운용하고 있다. 특정 타깃이 미리 입력되지 않은 상태에서 스스로 공격 대상을 결정하는 것이 특징이다. 하피는 이미 한국과 중국, 인도, 터키 등에도 판매된 킬러 AI다.

군수 업체들은 킬러 로봇 양산 경쟁에 뛰든 상태다. 2019년 네덜란드의 민간단체 팍스Pax에 따르면, 미국의 록히드 마틴Lockheed Martin과 레이시언Raytheon, 중국의 중국항공공업그룹AVIC과 중국항천과기집단CASC, 이스라엘의 IAI와 라파엘Rafael, 터키의 STM 등이 대표적으로 킬러 로봇을 생산하는 업체들로 알려져 있다. 《새로운 전쟁》의 저자이자 킬러 로봇 전문가인 폴 샤레Paul Scharre는 "이미 30여 개 국가에서 킬러 로봇을 운용하고 있다"라고 말했다.

우려되는 것은 킬러 AI가 테러 집단과 같은 위험한 사람들의 수중에 들어가는 일이다. 50%의 타격 정밀도를 지닌 AI 무기만으로도 충분히 전 세계가 경악할 만한 테러 효과를 거둘 수 있기 때문이다. 그뿐만 아니라 정권이 불안정한 국가에서 반대 세력을 척결하거나 인종 청소를 할 때도 킬러 AI가 악용될 수 있다. 수백 개의 소형 드론에 목표의 얼굴 특성을 입력해 암살을 지시하는 일이 일어나게 되는 것이다. 무엇보다 갈수록 킬러 AI의 가격은 낮아지고, 크기는 작아질 것이기 때문에 우리에게 실질적인 위협으로 작용할 수 있다.

분명한 사실은 AI 소사이어티에서 킬러 AI의 출현은 이미 현실이 됐고, 되돌릴 방법도 없다는 것이다. 워싱턴 DC의 싱크탱크인 신미국안보센터^{CNAS}와 하버드대 벨퍼센터$^{Belfer\ Center}$는 2017년 7월 〈AI와 국가 안보〉라는 보고서에서 AI의 무기화를 일정 수준에서 통제하고 규제할 수는 있어도, 아예 막을 수는 없다고 평가했다. AI가 군사에 접목될 때 효과가 워낙 강력해 이를 거부할 국가가 없다고 본 것이다.

AI에게 공격 권한을 줄 수 있을까

우리가 킬러 AI의 위협을 최소화할 수 있는 유일한 방법은 '최종 공격 권한'을 넘겨주지 않는 것이다. 실제로 무인 공격기나 무인 장갑차, 무인 로봇 등 현존하는 AI 무기는 여전히 인간의 조작에 따라 임무를 수행하고 있다.

물론, 각국이 시범 운용하는 킬러 로봇은 약간의 알고리즘 수정만 거치면 인간으로부터 최종 공격 권한을 위임받는 '마지막 문턱'을 넘을 수 있다. 킬러 로봇 옹호론자들은 "융단 폭격을 대체한 정밀 유도 스마트 무기들이 민간인 피해를 최소화할 수 있었듯이, 킬러 로봇도 같은 효과를 거둘 수 있다"라면서 킬러 AI에게 전권을 줄 것을 주장한다. 이에 더해, 치열한 전투에서 정밀한 능력을 갖춘 킬러 AI의 작동에 인간이 일일이 개입하는 시도는 군사 로봇의 효율성과 존재 이유를 훼손한다는 지적도 있다. 2019년 싱가포르 난

양공과대학교는 실험을 통해 인간이 하나의 이미지에 반응하는 데는 0.25초가 걸렸지만, AI는 0.000075초밖에 걸리지 않았다고 결론 내기도 했다. 인간은 감정에 휘둘려 학살과 같은 전쟁 범죄를 저지르지만, 킬러 AI는 잘못된 결정을 내릴 가능성이 거의 없어 윤리적이란 논리도 펼친다.

그러나 현재로서는 킬러 AI에 공격권을 넘기는 것을 반대하는 목소리가 더 큰 게 사실이다. 미국의 사회 운동가이자 노벨 평화상 수상자인 조디 윌리엄스^{Jody Williams}는 "기계에 목표 선정과 살상 결정권을 넘기는 순간, 인간은 도덕적, 윤리적으로 다시 돌아올 수 없는 루비콘강을 건너게 된다"라고 경고했다. 그는 완전한 살상 결정 권한을 지닌 로봇이 아직 범용화되지 않은 지금이 킬러 AI 금지의 최적기라는 주장도 펼치고 있다. 과거 사례를 보면, 1995년의 실명^{失明} 레이저 무기 금지 조약은 각국이 선제적으로 체결한 조약이었고, 실제로 인명 피해를 줄였다는 평가를 받는다.

킬러 AI가 전투에서 전면적으로 사용되기에 앞서 더 많은 사회적 합의도 필요하다. 킬러 로봇 전문가 폴 샤레는 "2000년대 초 아프간에서 6살 소녀가 탈레반의 강압에 따라 우리 군의 위치를 위성 전화기로 적에게 알려줬다. 아이를 사살하는 것은 교전 수칙에 적합했지만, 우리는 끝내 이 아이를 쏘지 않았다"라면서 "킬러 로봇이 이런 상황에서 무엇이 옳고 그른지 구별할 수 있을지 의문"이라고 말했다.

인간을 살리는 AI 만들기

"더 이상 살아갈 의미가 없어."

중국 난징에 사는 대학생 리판은 2019년 초 웨이보에 이런 짧은 글을 남겼다. 빚을 진 그는 심한 우울증을 앓고 있었고, 가족과 친구들도 그에게 등을 돌린 상태였다. 리 씨는 이날 웨이보에 글을 남긴 뒤 극단적 선택을 시도했다.

이런 리 씨의 상황을 알아차린 건 그의 집에서 약 8,000km 떨어진 네덜란드 암스테르담에서 운용하는 AI 시스템이었다. '트리홀Tree Hole'이라는 이름의 이 시스템은 리 씨의 웨이보를 위험 징후로 인식하고 이 상황을 중국 현지에 있는 자원봉사자들에게 알렸다. 덕분에 리 씨는 목숨을 건질 수 있었다.

홍콩 매체 《사우스 차이나 모닝 포스트SCMP》는 2018년 7월에 개발된 트리홀이 1년 사이 1,000여 명의 목숨을 구했다고 밝혔다. 네덜란드 암스테르담자유대학교의 컴퓨터공학과 수석 연구원인 황즈성黃智生과 베이징 수도의과대학교 뇌연구 센터가 함께 개발한 이 시스템은 웨이보에서 자살을 암시하거나 심각한 우울증을 호소하는 텍스트 데이터를 분석한다. 연구 팀은 자살 위험도를 판별하기 위해 0부터 10까지 위험 지수를 설정하고, AI가 그중 위험 지수 6 이상의 글을 선별해내도록 했다. 그다음 해당 게시 글을 올린 사용자에게 전문 심리 상담자가 접촉해 말을 건다.

한국에서는 SK 텔레콤이 AI 스피커를 활용한 'AI 돌봄 서비스'

를 통해 노인 수백 명의 목숨을 구했다. 2년간 이 서비스를 통한 긴급 SOS 호출은 1,978회에 달했고, 119 긴급 구조로 이어진 경우는 100회가 넘은 것으로 집계됐다.

AI는 인류의 생존을 위협할 수도 있지만, 이처럼 생존을 도울 수도 있다. 핵이 지닌 '이중 용도Dual use'의 양면성을 AI도 갖고 있는 셈이다. 핵으로 원전을 만들 수도, 핵무기를 만들 수도 있는 것처럼 AI 또한 어떻게 제어하느냐에 따라서 인류의 생존에 미치는 영향이 결정될 것이다.

우리가 AI 소사이어티를 인류의 생존에 유리한 사회로 만들고자 한다면 선제적인 조치를 최대한 많이 취해야 한다. AI가 일자리, 출산, 자살, 전투 등에 미칠 영향을 예상해, 이에 관해 토론하고 정책을 마련하는 것이 비극을 막는 최선의 방법이란 얘기다.

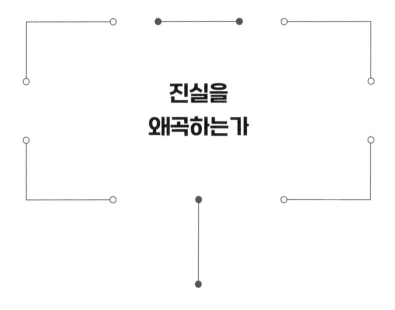

진실을
왜곡하는가

'평평한 지구' 음모론에 속는 사람이 있을까 싶지만, 의외로 많다. 이를 증명하듯, 2014년부터 2019년까지 구글에서 '평평한 지구' 검색량은 매년 폭증했다. 미국의 유명 농구 선수 카이리 어빙^{Kyrie} ^{Irving}은 지구가 평평하다고 말했다가, 다시 공개적으로 사과하는 해프닝을 일으키기도 했다.

   평평한 지구 음모론이 퍼진 주요 창구는 단연 유튜브였다. 유튜브의 AI 추천 시스템이 사용자들에게 수억 번 이상 평평한 지구 관련 영상을 추천한 결과, 수많은 사람들이 거짓 정보를 믿게 된 것이다. 실제로 2019년 2월 미국과학진흥협회^{AAAS}는 평평한 지

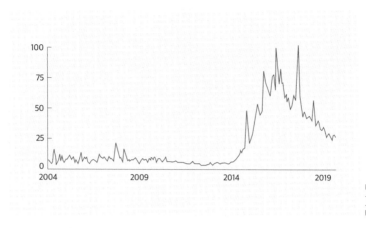

●—● 구글 트렌드Google Trend로 살펴본 '평평한 지구' 검색량. 세로축의 수치는 최고점(100) 대비 상대적인 검색 관심도를 나타낸다(단, 데이터가 충분하지 않은 경우는 0).

구 학회(평평한 지구 신봉자들의 모임)에 참석한 사람 30명을 인터뷰한 결과 이들이 모두 유튜브에서 관련 영상을 시청한 후 지구 평면론자가 됐다는 연구 결과를 발표했다. 한 시장 조사 업체에 따르면 미국인의 2%가 지구 평면설을 믿고, 이 중 70%는 25세 이하다.

요즘에는 '딥페이크Deepfake'가 커다란 사회 문제로 떠오르고 있다. 딥페이크는 진짜 같은 가짜 이미지를 만드는 AI 기술로서 각종 음란물 제작이나 정보 조작에 사용된다. 네덜란드의 한 딥페이크 탐지 기술 업체에 따르년 2019년 온라인에 유포된 딥페이크 영상은 8만 5,047건으로 2018년 이후 6개월마다 2배씩 증가한 것으로 나타났다.

부인할 수 없는 사실은 AI 소사이어티에서 사람들이 AI에게

●─● 딥페이크로 만든 버락 오바마 전 미국 대통령. 오바마 대통령이 유튜브에 등장해 "트럼프는 쓸모없는 사람"이라며 비난하는 내용의 영상이 사실은 딥페이크를 사용한 영상임이 밝혀지며 화제가 됐다.

속는 일이 늘어나고 있다는 것이다. AI가 잘못된 정보를 세뇌시키거나 가짜 정보 제작에 남용되며 우리의 '진실을 알 권리'를 해치고 있다는 주장은 점점 더 힘을 얻고 있다. AI 소사이어티에서 우리는 과연 제대로 진실을 볼 수 있을까? 거짓에 속지 않는 방법은 없는 것일까?

동굴에 갇혀 사는 인간들

"여기에 지하 동굴이 있다. 동굴 속에는 죄수가 갇혀 있다. 그는 태어나면서부터 지금까지 두 팔과 두 다리가 묶인 채로 동굴 벽만 보

AI 소사이어티

고 산다. 목도 결박 당해 머리를 좌우로도 뒤로도 돌릴 수가 없다. 죄수의 등 뒤 위쪽에 횃불이 타오르고 있다. 죄수는 횃불에 비친 자신의 그림자만을 보고 산다."

플라톤의 《국가》에서 유명한 '동굴의 비유'는 이렇게 시작된다. 사슬에 묶인 자들은 오로지 그림자로만 사물을 보는데 익숙해져 포박에서 풀려난 뒤에도 그림을 참모습으로 여기게 된다.

AI 소사이어티에서 사람들은 점점 거대 AI 기업들이 우리를 '포박'하고 끊임없이 '환영'을 주입하는 것은 아닌지 의심하기 시작했다. 예를 들어, 특정 검색어를 우리가 구글에서 검색할 때 보이는 세상은 구글이 설계한 알고리즘으로 구현된 것이다. 네이버를 통해 언론 기사들을 접한다면, 우리는 네이버의 추천 시스템이 유도하는 기사를 주로 읽게 된다. 넷플릭스에서 우연히 영화 〈헝거게임〉을 클릭했다면, 다시 접속했을 때 추천 목록에는 거의 반드시 〈헝거게임 2〉가 떠 있을 것이다.

이제 많은 사람들은 '내가 원해서 하는 건지, AI가 시켜서 하는 건지' 헷갈리는 지경에 이르렀다. 생각과 감정, 경험 등을 AI에게 의존하다 보니 정체성에 혼란이 생긴 것이다. 에릭 슈미트[Eric Emerson Schmidt] 전 구글 회장은 저서 《새로운 디지털 시대》에서 "미래의 시민에게는 정체성이 가장 값비싼 상품이 될 것"이라고 말했다.

기업들이 만든 AI 서비스가 상업적 목표를 위해서 조작됐다는 비판도 나오고 있다. 우리가 매일 보는 앱 화면의 상품 배치나 택시 기사·배달원에게 특정 콜을 배당하는 것은 AI가 알아서 학습한 결과라고 말하지만, 사실은 기업이 인위적으로 AI가 작동하는 원칙(알고리즘)을 수정한 결과일 가능성이 제기되고 있는 것이다. 실제로 2021년 6월 쿠팡은 자체 브랜드[PB] 상품을 다른 상품들보다 우선 노출되도록 검색 알고리즘을 조작한 혐의로 공정거래위원회의 조사를 받았다. 배달 기사 노동조합인 '라이더유니온'은 같은 달 자체 실험을 통해 "배달 기사들이 AI 배차를 거절하고 운행하니 오히려 주행 거리가 짧아지고 수익도 늘었다"라고 밝혔다.

2020년 12월 구글 AI 윤리 팀 소속의 한 연구원은 구글 AI 모델이 가진 편향성을 지적하는 논문을 쓰다 해고당했다. 그로부터 얼마 지나지 않아 이를 지지하던 또 다른 AI 연구원이 해고되며 논란이 커졌다. 2021년 4월에는 구글의 핵심 연구자이자 AI 분야 최고 권위자 중 한 명인 새미 벤지오[Samy Bengio]가 퇴사했다. 이를 두고 구글이 편향적인 AI를 만들고 있고 이를 비판하는 연구원들이 내쳐진다는 신호로 해석하는 사람들이 많았다. (다른 한 편으로는 AI 분야를 이끄는 연구자들이 자신의 직을 걸고 싸울 만큼 윤리 의식이 높다는 것을 보여주기도 한다.)

AI 소사이어티에서 우리는 고도로 발달한 AI에 둘러싸여 살게 되면서 스스로 생각하고 고민할 시간이 부족해진다. 그렇기 때문에 의도적으로 글을 쓰거나 그림을 그리는 등 창작 활동을 하며 자신의 생각과 감정을 정리해야 하며, 여러 사람들과 교류하거나 깊이 있는 독서를 통해 사회적 자극을 받을 필요가 있다. 한편, 부적절하게 조작된 알고리즘을 모니터링하는 기관이나 단체, 그리고

양심을 가진 연구자들의 활동은 앞으로 더욱 중요해질 것이다.

AI의 타고난 편향성

부정하게 조작된 알고리즘은 바로잡으면 되지만, 내재된 편향성은 어떻게 해결해야 할까? 충격적인 사실은 AI는 편향성을 타고난다는 것이다. AI 모델은 데이터를 학습해 탄생하는데, 모든 데이터는 사실상 편향적일 수밖에 없다. 하나의 예를 들면, 자체적으로 AI 채용 시스템을 도입한 아마존은 1년 만에 이 시스템의 편향성을 문제 삼아 폐기했다. AI가 여성 지원자들을 배제하고, 남성 지원자들을 주로 뽑았기 때문이다. AI가 학습한 '이상적인 구직자'에 대한 데이터는 아마존 직원의 성비 특성상 대부분 남성 직원에 관한 것이었고, AI는 '남성'을 유능한 구직자의 조건과 연결시켰던 것이다.

미국의 독립 언론《프로퍼블리카ProPublica》는 2016년 탐사 보도를 통해 미국 여러 주의 법원에서 사용하는 AI 판결 시스템인 '컴퍼스COMPAS'가 흑인을 차별한다는 사실을 밝혀냈다. 컴퍼스는 피고의 죄질, 생활 방식, 성격, 태도, 가족, 사회 활동 등을 종합해 재범 가능성을 점수로 메기는 AI고, 판사들은 컴퍼스의 재범 가능성 점수를 참고해 판결을 내린다. 컴퍼스가 분석하는 항목에는 인종이 포함되지 않았지만, 분석 결과에서는 흑인의 재범 가능성을 백인보다 2배 위험하다고 판단하고 있었던 것으로 드러났다.

미국의 《MIT 테크놀로지 리뷰》는 컴퍼스의 흑인 차별은 최초에 습득한 데이터 때문이라는 사실을 발견했다. 컴퍼스는 방대한 실제 재판 데이터를 학습했는데, 이 데이터가 흑인과 백인 피고는 범행 이후 검거되는 비율이 다르다고 컴퍼스에게 알려준 것이다. 예를 들어, 플로리다 브로워드 카운티의 자료에서 흑인 피고는 52%가 체포됐지만, 백인 피고는 39%만이 체포됐다. 알고리즘을 의도적으로 수정하지 않아도 편향성의 문제가 생길 수 있다는 것을 보여준 대표적인 사례다.⁴ 2019년 미국 뉴욕대학교의 AI 나우 연구소AI Now Institute는 〈오염된 데이터, 잘못된 예측Dirty data, bad predictions〉이란 제목의 논문에서 AI를 활용해 범죄 예측 시스템을 운용한 경험이 있는 미국 13개 시의 경찰서 가운데 9곳에서 흑인에게 불리한 데이터로 인해 결괏값에 오류가 발견됐다고 발표했다.

국내에서 비슷한 문제로 파장을 일으켰던 AI 서비스는 출시 3주 만에 서비스를 중단한 AI 챗봇 '이루다'다. 2021년 1월 국내 AI 스타트업 스캐터랩Scatter lab이 공개한 이루다는 20세 여대생으로 설정된 AI 챗봇으로, 특히 청소년들에게 큰 인기를 끌며 2주 동안 75만 명이 넘는 사람들이 이용해 화제를 모았다. 그러나 이루다가 채팅 과정에서 동성애자, 장애인, 임산부, 흑인 등에 대해 혐오와 차별 발언을 쏟아내는 경우가 확인되며 논란이 일었다. 알고 보니 이루다가 당초 학습한 데이터가 오염돼 있었고, 챗봇 구현의 기술 수준이 낮았기 때문에 일어난 일이었다.

불완전한 인간을 모방한 알고리즘의 편향성은 예견된 것이지만, 이를 바로잡기는 쉽지 않다. 가장 큰 문제는 알고리즘 수정은 극소수의 개발자 손에 달려 있고, 어떻게 수정하는 것이 옳은지도 불분명하다는 것이다. 캘리포니아대학교의 앤드루 셀브스트Andrew Selbst 교수는 《MIT 테크놀로지 리뷰》에서 "공정성이라는 철학적 개념을 수학적 표현으로 바꿔 알고리즘에 반영하기는 무척 어렵다"라고 토로했다. 공정성 자체가 모호하고 복잡해서 기계의 언어인 0과 1로 설명하는 것이 불가능에 가깝다는 얘기다.

케이트 크로퍼드는 저서 《Atlas of AI》를 통해 AI의 공정성에 대해 회의적인 견해를 밝히면서, 최악의 사고를 막기 위해 AI가 학습 과정에서 정교하게 필터링이 된 데이터를 사용해야 한다고 주장했다. AI를 활용한 감정 인식 분석 등에 대해서는 "심리학 분야에서도 완전한 답을 찾지 못한 논쟁적인 내용을 정답인 것처럼 기계에게 가르치는 것은 큰 오류"라고 비판한 것이다.

《무자비한 알고리즘》의 저자이자 독일 카이저슬라우테른공과대학교의 교수인 카타리나 츠바이크Katharina Zweig는 잘못된 편향이 AI에 주입되는 주요 원인을 다음과 같이 5가지로 정리했다.

- 데이터 안에 명시적 혹은 암시적 차별이 포함돼 있을 때
- 데이터가 불균형할 때(진제 네이터가 부족할 때)
- 데이터에 대한 중요한 정보가 누락됐을 때
- AI 알고리즘이 서로 다른 맥락을 구별할 수 없을 때
- 실시간으로 입력되는 데이터를 통제(필터링)하지 못하는 상황일 때

츠바이크 교수는 AI의 편향성을 해결하는 방법으로 '공평성'과 '공정성'이라는 양립할 수 없는 두 개념의 차이를 구별하는 것이 우선이라고 주장한다. '공평'은 균등한 배분이기 때문에 알고리즘을 통해 구현하기 어렵지 않지만, '공정'은 사회적 합의를 거쳐 답을 내려야 하는 부분이기에 보다 주의가 필요하다. 결국 우리 스스로 무엇이 공정인지 토론을 통해 답을 내리고, 이를 AI가 학습하게 하는 것이 AI의 편향성을 교정하는 유일한 방법인 셈이다.

인간의 편향성 vs. AI의 편향성

판사가 수감자의 구속 연장 여부를 결정하는 보석 심사는 공정성이 생명이다. 그런데 판사가 밥을 먹기 전인지 후인지에 따라 판결 여부가 달라진다면 어떨까?

2011년 4월 미국 국립과학원회보[PNAS]에 법원의 보석 허가 판결이 판사의 식사 시간과 밀접한 상관성이 있다는 논문이 실렸다. 이스라엘 법원이 10개월간 처리한 1,000건이 넘는 보석 신청을 분석했더니, 시간당 보석 허가율은 오전 업무 개시 직후엔 65%였지만, 점심을 앞둔 시간대엔 0%로 떨어졌다. 점심을 마친 뒤 보석 허가율은 다시 65% 가까이 올라갔으나 업무가 끝나기 직전 시간대에는 또다시 0%로 수렴했다. 어이없게도 판사들의 허기에 판결이 좌우되고 있었던 것이다. 해당 논문은 판사들이 피로가 쌓여 집중력이 떨어지면 두뇌가 에너지를 아끼려 현상 유지 편향을 나타내고, 이는 보석 불허로 이어졌다고 해석했다.

인간은 이처럼 중요한 판단을 맡기기에는 지나치게 변덕이 심한 존재다. 그러나 AI는 인간의 편향성을 물려받았음에도 불구하고, 육체적·정신적 한계에 갇히지 않기 때문에 인간보다 공정하다. '인간의 편향성'과 'AI의 편향성'을 나란히 비교해보면 AI가 훨씬 믿을 만한 존재라는 것이다. 특히 필터링을 거쳐 오염되지 않은 데이터를 학습한 AI라면 매우 높은 공정성을 지니게 된다. AI의 이러한 특성 때문에 각국 사법 체계에서는 AI에게 일을 더 많이 몰아주는 추세다. AI가 더 많이 판결에 투입될수록 불필요한 시비와 비리도 줄어들 것이란 희망을 안고서 말이다.

실제로 현장에서 뛰고 있는 'AI 판사'들의 판결은 매우 높은 수준이라 평가받는다. 2016년 영국 유니버시티 칼리지 런던과 셰필드대학교, 미국 펜실베이니아주립대학교의 공동 연구진이 개발한 AI 재판 프로그램은 기존 재판들의 결과를 79%의 정확도로 예측했다. 미국 연방순회항소법원[CAFC] 법원장을 지낸 랜들 레이더[Randall Rader] 조지워싱턴대학 로스쿨 교수는 2017년 "AI가 5년 안에 판사는 물론 법조계 대다수의 일자리를 대체할 것"이라고 전망하기도 했다

스포츠 영역에서 가장 진실한 AI

AI는 특히 '측정'의 영역에서 '진실의 수호자'가 된다. 기계 특유의 정확성으로 조금의 거짓이나 오차도 용납하지 않기 때문이다. 그렇기 때문에 명확한 룰이 존재하는 스포츠의 심판이야말로 AI에게 가장 잘 어울리는 직업 중 하나로 꼽는다. 2016년 영국 옥스퍼드대 마틴스쿨이 발표한 〈자동화에 따른 직업 대체 가능성〉 보고서에서 스포츠 심판은 로봇으로 대체될 확률이 90% 이상으로 매우 높게 나타난 직종이다.[5]

2021년 7월 도쿄 올림픽에서는 AI 판독 장비인 '호크아이 HawkEye'가 여러 구기 종목의 심판 역할을 했다. 호크아이는 경기장에 설치된 카메라 수십 대가 초당 60장 이상 촬영한 고해상도 이미지 데이터를 분석해 공의 위치를 실시간으로 파악한다. 자체적인 알고리즘으로 계산한 공의 궤적을 3차원 이미지로 변환해 판정을 내리기 때문에 오심이 발생할 염려는 사실상 없다. 기계 음성으로 선수의 실수(아웃, 폴트, 풋폴트)를 큰소리로 지적해주기도 한다.

호크아이가 널리 쓰이게 된 계기는 2004년 세계 4대 테니스 대회인 US오픈의 8강전이었다. 당시 흑인 선수 세리나 윌리엄스가 같은 미국 국적의 백인 선수 제니퍼 캐프리아티와 겨뤘는데, 심판은 노골적으로 캐프리아티의 편을 들었다. 당시 시범적으로 도입한 호크아이가 내놓은 판정은 인간 심판의 판정과 달랐고, 관중들은 인간 심판에게 비판을 쏟아냈다. 이 사건 이후 US오픈에서는 선수가 세트당 3번씩 호크아이 판독 기회를 받을 수 있도록 규정을 바꿨다. 2017년 11월 이탈리아 넥스트젠 파이널 대회에서는 심판 10명 중 9명을 아예 호크아이로 대체했다. 사실상 모든 공의 인 아웃 판정을 AI에게 맡긴 것이다.

호크아이 외에도 이번 도쿄 올림픽에서는 한치의 오차도 없는 AI의 측정 능력이 경기 중계방송에서 빛을 발했다. 미국 인텔은 영상에 찍힌 선수의 움직임을 실시간으로 3D로 추출해 분석하는 '3D 선수 트래킹3DAT'이란 기술을 중계에 접목했다. 3DAT은 영상 속 선수의 몸에서 22개 주요 포인트를 포착해 뼈대를 만들었고, 이 뼈대의 움직임을 추적해 선수들의 속도, 신체 각도, 보폭, 가속 지점 등을 초 단위로 분석했다. 실시간으로 선수들의 경기 능력을 평가할 수 있게 만든 것이다. 흥미로운 점은 3DAT 플랫폼을 사용하기 위해 선수들이 별도 장치를 몸에 부착하고 경기에 임할 필요가 없었다는 점이다. AI는 영상만으로 모든 작업을 수행할 수 있었다.

 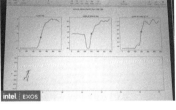

출처: 인텔

●━●● 인텔은 도쿄 올림픽에 출전한 선수들의 훈련과 경기 중계방송에 3DAT 기술을 지원했다. 선수가 훈련이나 경기를 하는 장면(왼쪽)을 일반 영상으로 촬영하면, 3DAT 플랫폼에서 실시간으로 분석된다.

이 기술을 응용한 경기 중계를 본 시청자들은 "마치 신神의 눈을 달고 모든 장면을 꿰뚫어 본 것 같았다"라고 소감을 밝혔다.

지금은 AI가 주로 스포츠 경기에서 활약하고 있지만, 향후 예술 대회와 같은 모호한 기준을 가진 경기에서도 심판으로 활약하게 될 것이다. 그때는 음악 콩쿠르, 리듬 체조, 피겨 스케이팅, 싱크로나이즈 종목의 선수들 역시 더 이상 편파 판정을 걱정하지 않아도 된다.

설명 가능한 AI

많은 사람들이 AI가 진실을 왜곡할 수 있다고 우려한다. 비밀스러운 알고리즘을 갖고 몰래 인간을 세뇌하고 있지는 않은지 의심하는 것이다. AI의 속을 알 수 없다며 '블랙박스'라고 부르기도 한다.

바로 이런 이유 때문에 오늘날 '설명 가능한 AIeXplainable AI, XAI'가 주목받고 있다. 유럽연합은 2018년부터 일반 데이터 보호 규정GDPR에 따라 알고리즘에 의해 자동으로 결정된 사안에 대해서는 회사에서 설명을 제공하도록 강제하고 있고, 미국에서는 신용 카드 발급, 주택 담보 대출 심사 등 회사가 AI 기반으로 진행한 주요 금융 결정에 대해 이유를 제시하도록 법적으로 강제하고 있다. 덕분에 우리는 AI의 의사 결정 과정에 대해 최소한의 설명을 들을 수 있는 길이 열렸다.

AI 소사이어티

MIT와 구글 등 민간에서의 XAI 연구도 활발해지고 있다. 금융 기관에서 신용 평가 시스템을 만들고 적용했을 경우, 머신러닝 알고리즘이 산출한 신용 평점에 대해 고객들이 불만을 제기하는 사례가 많다. 예를 들어 한 고객의 기존 신용 등급은 2등급인데, 금융 기관에서 자체적으로 개발한 머신러닝 알고리즘이 7등급을 부여한다면 고객은 당연히 그 이유가 궁금할 것이다. 기업들은 이제 AI의 결정에 대해 고객들에게 설명해야 할 부담을 느끼고 있는 것이다. 이는 향후 기업들의 알고리즘 오남용을 방지하는 장치가 될 수도 있다.

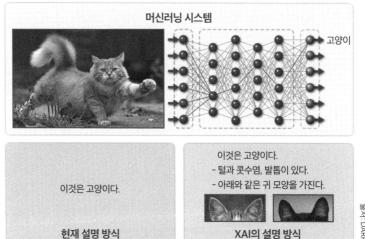

설명 가능한 AI^{XAI}가 사물 인식 딥러닝에 적용될 경우, 어떤 사물을 고양이로 인식했을 때 털과 콧수염, 발톱, 귀 모양 등으로 그 사물을 고양이로 판단한 근거를 설명하게 된다.

현재 XAI에 대한 투자와 연구는 사용자의 신뢰가 요구되는 비즈니스 분야에 집중돼 있다. 그러나 XAI는 특정 집단 차별 방지나 편향적인 정보 생성을 해결하는 등 공익에 도움이 되기 때문에 국가 차원의 대규모 연구 과제가 될 가능성도 크다. 미국의 경우, 고등연구계획국DARPA이 XAI에 대한 활발한 연구를 주도하고 있다.

국내에는 XAI 관련 법안이나 규정이 마련되지 않았지만, 관련 연구는 활기를 띠고 있다. XAI는 상업적 이용 가치가 클 뿐 아니라 향후 제기되는 각종 알고리즘발※ 문제를 방지하는 데 도움이 되기 때문에 향후 그 어느 분야보다 활발한 연구가 진행될 것으로 전망된다.

책임감 있는 AI

아직 태동 단계이기는 하지만 '책임감 있는 AIResponsible AI'라는 AI 분야도 생겼다. 구글의 정의에 따르면 책임감 있는 AI란 AI 개발을 현실 세계의 곤란한 문제들을 해결하기 위한 새로운 기회를 만드는 일로 정의하고, 모두에게 도움이 되는 AI 시스템을 만드는 최선의 방법을 모색하는 것을 의미한다.

책임감 있는 AI에서는 AI 기술 개발이나 적용 단계마다 개발자 스스로 질문을 하고 원칙을 준수하도록 장려하고 있다. 상세한 내용은 다음과 같다.

- 문제 정의: 머신러닝 시스템이 누구를 대상으로 하는지 정의하고, 해당
  사용자의 의견을 충분히 듣도록 장려한다.
- 데이터 구성 및 준비: 데이터에 근본적인 편향이나 기존 고정 관념을
  강화하는 복잡한 피드백 루프가 존재하는지 확인한다.
- 모델 개발 및 학습: 모델의 공정성, 해석 가능성, 개인 정보 보호, 보안
  성을 확인한다.
- 모델 평가: 광범위한 사용자, 사용 사례 및 사용 맥락에 대한 현실적인
  사용자 경험을 평가하고 있는지 확인한다.
- 배포 및 모니터링: 사회적 문제가 나타나는지 점검한다.

책임감 있는 AI의 특징

AI 추천 권장 사항	AI 시스템을 설계할 때는 소프트웨어 개발 권장 사항을 따르는 동시에 머신러닝에 대한 인간 중심의 접근 방식을 취함
공정성	사회의 다양한 분야에서 AI의 영향력이 증가함에 따라 모두에게 공정하며 포용성을 갖춘 시스템을 완성하는 것이 중요
해석 가능성	의도한 대로 AI 시스템을 작동시키려면 AI 시스템을 이해하고 신뢰하는 것이 중요
개인 정보 보호	민감한 데이터로 모델을 학습시키는 경우 개인 정보 보호 조치가 필요
보안	잠재적 위협을 식별해 AI 시스템을 안전하게 유지

출처: Google Tensorflow

IT 기업과 정부의 노력

2021년 2월 17일 국내 최대 IT 기업 중 하나인 네이버는 서울대학교와 함께 〈AI 윤리 준칙〉을 만들어 "차별 없고 안전한 AI를 만들기 위해 모든 구성원이 준칙을 준수하겠다"라고 선언했다. 해당 준칙에는 ① 사람을 위한 AI 개발, ② 다양성의 존중, ③ 합리적인 설명과 편리성의 조화, ④ 안전을 고려한 서비스 설계, ⑤ 프라이버시 보호와 정보 보안 등 5가지 조항이 담겼다. 같은 날 카카오도 전 직원을 대상으로 AI 알고리즘 윤리 교육을 시행했는데, 카카오는 2018년 1월 국내 기업 중 최초로 〈알고리즘 윤리 헌장〉을 발표한 바 있다.

2021년 5월 구글에서도 AI 윤리 강화에 나서겠다고 밝혔다. 구글에는 200여 명의 AI 윤리 책임 문제 연구원이 일하고 있는데, 해당 연구진의 규모를 수년에 걸쳐 2배로 늘리겠다고 밝혔다. 마이크로소프트는 〈AI 윤리 디자인 가이드〉를 제작했다. 이 가이드에는 AI는 효율성을 극대화하되 투명성을 갖추고 신뢰성을 확보해야 한다는 내용이 담겨 있다. 마이크로소프트의 자회사인 링크드인도 'LiFT'라는 도구를 통해, 특정 성별, 인종, 연령, 지역에 속하는 회원이 학습 데이터 세트에 지나치게 많거나 적으면 개발자에게 알려주는 기술을 개발하고 있다. 또한 IBM은 'AI 오픈스케일AI OpenScale'이라는 기술을 통해 AI 모델들을 실시간 모니터링해 편향성 발견 시 관리자에게 알려주는 기술을 연구 중이다. 이러한 기술들이 개발되면 AI 기업과 개발자들은 윤리성과 공정성 측면에서 상당한 도움을 받을 수 있을 것이다.

국가적 차원에서도 AI 기술의 편향성과 공정성 관련 법제도 정비에 대한 논의가 활발해지고 있다. 미국 연방거래위원회^{FTC}는 2020년 4월 소비자 보호와 권리 보장을 위해 〈AI와 알고리즘 이용에 대한 지침〉을 발표했다. 또한 유럽에서 AI의 중심으로 불리는 영국은 세계 최초로 데이터윤리혁신센터^{CDEI}를 설치했으며, 세계 최고 수준의 데이터 과학 연구를 진행하는 앨런 튜링 연구소에서 2019년 〈AI 윤리와 안전의 이해〉라는 지침서를 발간하기도 했다. 해당 지침서는 사회에서 윤리적인 책임감을 갖춘 AI 시스템을 개발하기 위한 원칙과 프레임워크^{Framework}를 제시했는데, 원론적인 수준을 넘어 윤리적으로 수용할 수 있는 범위와 방법을 상세하게 제공한다는 평가를 받고 있다.

분명, AI는 진실을 왜곡할 우려가 있다. 그러나 다행히 우리 인간은 이에 대응할 방법을 찾으며 '붉은 깃발법^{Red Flag Act}'●의 실수를 되풀이하지 않으려 노력 중이다. 개인은 AI 서비스에 중독돼 생

● 1865년 영국에서 제정돼 1896년까지 무려 30여 년간 시행된 세계 최초의 두로교통법인 동시에 시대착오적 규제의 대표석인 사례로 꼽힌다. 영국은 마차 산업의 이익을 보호하기 위해 자동차의 최고 속도를 도심에서 시속 3km로 제한하고 마차가 붉은 깃발을 꽂고 달리면 자동차는 그 뒤를 따라가도록 하는 붉은 깃발법(적기조례)을 만들었다. 붉은 깃발법이 30여 년간 유지되면서 영국 소비자들의 자동차 구매 욕구를 감소시키는 원인이 됐다. 이 같은 규제로 영국은 자동차 산업을 가장 먼저 시작하고도 자동차 산업의 주도권을 독일과 미국 등에 내주게 됐다.

각하는 힘을 잃지 않으려 발버둥 치며, 기업은 손에 쥐어진 막대한 AI 권력을 스스로 제어할 기술과 방법을 찾고 있다. 그리고 각국 정부는 정책과 규제라는 무기를 갖고 AI 기업들을 견제하고 있다.

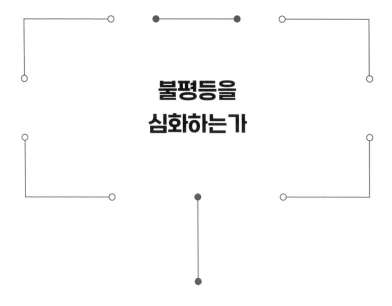

불평등을
심화하는가

AI는 우리가 상상하지 못할 수준의 부富를 가져오고 있다. 기업은 AI를 활용한 혁신을 통해 과거보다 훨씬 더 많은 이윤을 창출하고 있고, 세계 각국은 기하급수적인 생산량 증대를 경험하는 중이다. 맥킨지 글로벌 인스티튜트MGI의 보고서에 따르면 AI 도입의 경제적 파급 효과는 7,000조 원에 이를 것으로 예상된다. 글로벌 컨설팅 기업 액센추어Accenture는 AI가 2035년까지 세계 경제 성장률을 2배 가까이 높일 것으로 예측된다는 연구 결과를 내놨다.

이토록 풍요로운 세상의 도래는 우리에게 다음 질문을 던진다. AI 소사이어티에서 부의 분배는 평등하게 이뤄질 것인가, 아니면 소수가 풍요를 독식하는 모습을 보여주게 될까?

이 질문 앞에서 우리는 무력해질 수밖에 없다. 지난 몇십 년간 우리가 만든 세상은 분배에 실패한 세상이기 때문이다. 선진국과 개발 도상국의 경제력은 갈수록 벌어져 수백, 수천 배씩 차이가 나고, 한 나라 안에서도 지역 간 경제 불균형이 심각한 수준에 이르렀다. 개인 간의 자산 격차도 역사상 유례없는 수준으로 벌어지고 있다. 이런 세상에서는 아무리 부가 늘어나도 슈퍼리치의 숫자만 약간 늘어날 뿐, 극빈층은 결코 줄어들지 않을지 모른다.

그러나 AI라는 혁신적인 기술이 우리에게 실수를 만회할 기회를 준다면 어떨까? AI가 가져오는 획기적인 사회 발전이 우리가 조금 더 평등한 사회로 나아갈 계기를 마련하고 자원을 제공해줄 수 있다. 실제로 오늘날 수많은 사람들이 AI를 이용해 빈곤층을 돌보고, 소외된 영역을 되살리는 방안을 고민하고 있다. AI 소사이어티를 더욱더 평등한 사회로 만들고자 분주하게 노력하는 것이다.

빈곤 문제를 개선하는 AI

스탠퍼드대학교의 지속 가능성 및 AI 연구소Sustainability and Artificial Intelligence Lab는 아프리카 국가들의 빈곤 지역을 세세하게 표시한 '빈곤 지도'를 만들었다. 이야기만 들었을 때는 간단한 일 같지만, 빈곤국에서 이 같은 데이터를 수집해 지도로 완성하는 것은 사실 불가능에 가까운 프로젝트였다. 정부가 쌓아놓은 데이터가 거의 없어 연구자들이 직접 현장을 다니며 데이터를 수집해야 하는데, 교통 인프라가 취약해 이마저도 어려웠기 때문이다.

스탠퍼드 연구진은 AI의 힘을 빌려 프로젝트를 진행했다. 이들은 인공위성 촬영 이미지에서 나타난 야간 조명의 분포를 통해 각 지역의 빈곤도를 평가하기로 마음먹었다. 이 과정에서 AI의 역할은 마법 같았다. 확대하면 뭉개지는 위성 이미지의 화질을 AI가 무한히 '높여' 아주 작은 마을의 조명 밝기까지 분석할 수 있도록 만든 것이다. AI는 먼저 수많은 야간 조명 사진 데이터를 학습한 다음 저화질 위성 이미지를 덧칠해 실제와 같은 고화질 이미지로 변환했다. 그리고 각 지역의 밝기 차이를 분석해 빈곤 정도를 예측했다. 스탠퍼드 연구진은 이렇게 만들어낸 빈곤 지도의 정확도가 81~99%에 달한다고 밝혔다. 이 지도 덕분에 국제 사회는 한정된 자원을 가장 도움이 필요한 지역들에 집중적으로 쏟아부을 수 있게 됐다.

이 프로젝트에서 사용한 AI 기술이 바로 '전이 학습Transfer Learning'이다. 전이 학습이란 특정 분야에서 학습된 능력을 비슷하거나 완전히 다른 분야에서 활용하는 것을 의미한다. 쉽게 예를 들면, 야구를 분석하는 AI 모델을 튜닝해 소프트볼 분석 AI 모델을 개발하거나, 사과 이미지를 분석하는 AI 모델을 기반으로 배 이미지를 분석하는 AI 모델을 만드는 것이다. 전이 학습은 데이터가 부족한 분야에 적용할 수 있다는 장점도 있다.

1인당 일일 예상 지출(2012~2015년)

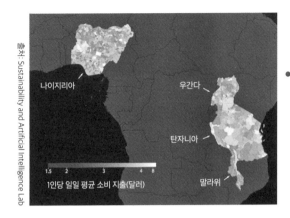

출처: Sustainability and Artificial Intelligence Lab

나이지리아

우간다

탄자니아

1인당 일일 평균 소비 지출(달러)
1.5   2   3   4   8

말라위

빈곤 지역 예측 지도. 스탠퍼드대 지속 가능성 및 AI 연구소는 위성 영상에 AI 기술을 접목해 아프리카 국가의 경제 규모를 추정했다.

　　빈곤 지역의 식량 안보 문제를 해결하기 위해 딥러닝 이미지 인식 기술을 활용한 사례도 있다. 펜실베이니아주립대학교와 구글 AI 팀이 진행한 '카사바Cassava 잎 진단 프로젝트'가 대표적이다. 카사바는 고구마와 비슷하게 생긴 덩이뿌리 식물로 사하라 이남 아프리카에서 주식으로 사용되는 매우 중요한 작물이다. 이 지역의 인구가 앞으로 30년간 많게는 120%까지 증가할 것으로 예상되기 때문에, 카사바 산출량에 영향을 주는 '카사바 갈색줄무늬병Cassava brown streak disease'과 '카사바 모자이크병Cassava mosaic disease'은 아프리카 대륙의 식량 안보에 있어서 큰 문제 중 하나다. 카사바병을 관리하려면 조기 진단이 필수적인데, 해당 프로젝트 연구 팀은 AI로 카사바 잎의 영상을 확인하고 질병의 유무를 감별할 수 있는 스마트폰 앱 '누루Nuru'를 개발해 농부들에게 큰 도움을 주고 있다.

●─● AI를 탑재한 앱 서비스 '누루'는 작물을 촬영하기만 하면 질병 감염 여부를 실시간으로 진단해준다.

출처: 펜실베이니아주립대학교(좌), Vegetable Growers News(우)

이 앱은 딥러닝에서 가장 많이 사용되는 오픈소스 플랫폼인 구글의 '텐서플로우TensorFlow'를 활용했다. 정교한 AI 알고리즘을 구축하기 위해서는 많은 양의 학습 데이터가 필요한데, 연구진이 확보한 (병에 걸린) 카사바 잎 사진은 그만큼 충분하지 않았다. 이러한 상황에서 연구진은 전이 학습을 활용해 98%의 확률로 갈색줄무늬병을 진단해내고 95%의 확률로 모자이크병을 예측하는 알고리즘을 만들 수 있었다.

환자가 환자를 돕다

유튜브 오리지널YouTube Originals에서 공개한 〈AI의 시대The age of AI〉에서는 루게릭병 환자의 발음을 알아듣고 작동하는 'AI 도우미'가 나온다. '유포니아Euphonia'라고 이름 붙인 구글의 이 프로젝트는 AI 음성 인식 서비스에게 부정확한 환자들의 발음을 들려주며 학습시킨 뒤 이들의 소리를 완벽히 문자로 구현할 수 있도록 했다. 덕분에 환자들은 부정확한 발음으로도 구글 어시스턴트를 마음껏 사용할 수 있게 됐고, 자신의 말소리를 또렷한 발음의 기계음으로 들려줄 수 있게 됐다.

2019년 5월 '구글 I/O 2019' 행사에서 공개된 이 프로젝트는 현재 진행형이며, 2020년에 이미 1,000시간 분량에 달하는 녹음 데이터를 수집해 알고리즘 개발에 활용한 바 있다. 1,000여 명이 넘는 환자가 기록한 데이터다. 이 데이터를 제공하는 환자들은 자신들이 제공한 음성 데이터로 AI 성능이 향상된다는 사실을 알고 뿌듯해한다고 한다. 환자인 자신이 환자들을 위한 서비스 개선에 힘을 보탰기 때문이다.

구글은 눈빛이나 기침 소리밖에 낼 수 없는 이들에게도 이 같은 기술을 적용했다. 기침 소리 또는 눈빛의 형태와 길이를 정밀히 분석해 이를 문자로 나타낼 수 있도록 만든 것이다. 자신의 의사를 제한적으로 표현해야 했던 사람들도 이제는 AI 덕분에 다양한 의사 표현을 할 수 있게 됐다.

AI로 해양 오염을 줄이는 방법

유엔환경계획UNEP은 해양 전문가, 비영리 기구, 그리고 IBM과 함께 전 세계 해양 플라스틱 쓰레기를 줄이기 위한 프로젝트를 진행하고 있다. 유엔환경계획에 따르면 매년 880만t의 플라스틱 쓰레기가 바다로 유입돼 해양 생태계 파괴가 심각한 수준이다.

그러나 이 프로젝트는 진행 초기부터 난관에 직면했다. 각국의 해양 오염 정도가 정확히 측정되지 않고 있어 상황의 심각성을 설명하거나, 쓰레기 감축 목표를 제시하는 데 어려움이 있었던 것이다. 이 문제를 해결하기 위해 연합 팀은 해양 쓰레기에 대한 글로벌 데이터 플랫폼 제작을 추진했다.

AI 플랫폼을 만들기 위해 이들은 먼저 흩어져있던 글로벌 해양 쓰레기 데이터를 한곳에 모으는 작업부터 진행했다. 이 과정에서 IBM은 데이터 카탈로그 플랫폼인 '왓슨 날리지 카탈로그IBM Watson Knowledge Catalog'를 이용해 데이터를 관리했다. 데이터 카탈로그는 데이터를 잘 분류된 형태로 제공하는 기술이다. 민감한 데이터는 보호하고, 필요한 데이터는 쉽게 찾을 수 있게 한다.

데이터를 수집하고 정리한 후 이들은 IBM 클라우드 환경에서 머신러닝을 활용해 해양 쓰레기 유입량을 계산하고 예측하기 시작했다. 여기에 더해 해양 오염에 대한 사람들의 질문에 답하고 정확한 가이드라인을 줄 수 있도록 왓슨 어시스턴트를 이용해 가상 비서를 만들었다. 왓슨 어시스턴트는 기업들이 자체 AI 챗봇이나 음

성 비서 서비스를 선보일 수 있도록 지원하는 플랫폼이다.[6]

프로젝트는 세계 플라스틱 오염을 줄이는 데 큰 기여를 했다. AI 기반의 공익 프로젝트가 어떤 식으로 가능한지를 보여주는 뛰어난 사례이기도 했다.

정보의 평등성과 투명성

AI 기술 자체도 비교적 평등하고 투명한 방식으로 발전하고 있다. 특정 기업을 먹여 살리는 '기술'이 대외적으로 공개되는 경우는 드물다. 하지만 AI 기술은 지금껏 탄생한 다른 기술들과는 다르게 오픈소스 생태계에서 발전해왔다. 오픈소스란 무상으로 공개된 소스 코드 또는 소프트웨어를 뜻한다. 인터넷을 이용하는 다수의 기술자가 소프트웨어를 공동으로 개발할 경우, 단기간에 보다 나은 소프트웨어를 개발할 수 있다는 장점 때문에 탄생했다.

다음은 AI 분야의 글로벌 선도 기업인 구글에서 진행한 일이다.

- 2015년 AI 플랫폼 '텐서플로우'를 무료로 공개했다.
- 2016년 알파고로 유명한 구글 딥마인드에서 AI 기술 테스트 플랫폼인 '딥마인드랩DeepMind Lab'을 외부에 무료로 공개했다.
- 2017년 10월부터 고사양의 하드웨어GPU, TPU 환경을 제공하는 AI 개발

환경 서비스 '코랩Colab'을 무료로 사용할 수 있도록 제공하고 있다.

- 2017년 호주 멜버른 기반의 세계 최대 데이터 과학자 커뮤니티인 '캐 글Kaggle'을 인수했다.

구글은 왜 천문학적인 자원을 들여 개발한 플랫폼을 무료로 외부에 공개하고, 많은 개발자나 학생들이 AI 개발에 손쉽게 참여할 수 있도록 만들었을까? 그 이유는 바로 AI는 다양한 응용 노하우를 축적하면서 발전하기 때문이다. AI 기술은 일반적인 정보통신 기술ICT 분야를 넘어 전통 산업을 포함하는 매우 광범위한 영역에 응용되고 있는데, 각 영역에 응용하는 과정에서 얻게 되는 데이터와 사용자 피드백은 기술 발전의 핵심이다. 기업이 기본 알고리즘을 금융, 의료, 제조, 교육 등 여러 분야에 응용할 수 있도록 풀어준 것은 결국 다양한 응용 결과와 노하우들을 공유받을 길을 열어둔 셈이다.

구글처럼 제아무리 뛰어난 글로벌 기업이라고 하더라도 혼자만의 힘으로는 AI 기술의 보급과 확산을 지금과 같은 수준으로 끌어올릴 수 없다. 결국 오늘날 AI 기술의 발전은 오픈소스 생태계의 지원 아래 다양한 분야에서 AI 기술을 응용하는 주체들이 모두 협력했기 때문에 가능했던 것이다. 이러한 이유로 구글뿐 아니라 애플, IBM, 메타 등 AI 기술을 이끄는 대부분의 글로벌 기업들이 오픈소스 생태계에 투자하고 있다. 그리고 이런 투자 덕분에 AI에 대한 보급과 확산 속도는 계속해서 빨라지는 중이다.

이 같은 흐름은 오픈소스에 대한 마이크로소프트의 전략마저 바꿨다. 2018년 마이크로소프트는 세계 최대 오픈소스 공유 플랫폼인 깃허브GitHub를 인수했다. 2000년대 중반까지만 해도 오픈소스 진영을 적대시했던 마이크로소프트를 생각해보면 놀라운 변화가 아닐 수 없다(한때 빌 게이츠는 "무료 소프트웨어를 원하는 무리야말로 새로운 현대판 공산주의"라고 강도 높게 비판했다). 2008년 설립된 깃허브는 세계 각지의 개발자들이 소프트웨어를 만들기 위한 소스 코드를 공유 및 저장하는 클라우드 공간으로 지난 10년 동안 개인 이용자가 2,800만 명에 이르는 세계 최대의 오픈소스 플랫폼으로 성장했다. IBM 역시 2018년 대표적인 오픈소스 솔루션 기업인 레드햇Red Hat을 약 340억 달러(약 40조 8,000억 원)라는 천문학적인 금액을 지불하고 인수해 세간의 화제가 되기도 했다.

오픈소스 생태계의 활성화는 많은 기업과 개발자들이 AI 기술 발전을 위해 기여하도록 만들었다. 규모가 크지 않아 AI 연구소가 따로 없는 기업들도 이론에 대한 이해만 있으면 쉽게 원하는 AI 모델을 사용할 수 있는 환경이 조성된 것이다. 국내 기업들의 경우, 오픈소스에 참여하면 자체 기술이나 노하우가 유출될 것이라는 우려로 인해 아직은 다소 보수적인 태도를 취하고 있지만, 쿠팡이나 우아한형제들 같은 신생 기업들은 기술 블로그를 운영하는 등 자사의 데이터 인프라 시스템이나 머신러닝 활용 사례를 적극적으로 공유하고 있다.

승자 독식은 AI 시대에도 마찬가지?

AI 오픈소스 생태계는 약자들에게 AI 기술의 접근성을 크게 높여 줬다. 그럼에도 불구하고 현실에서는 구글, 애플, 아마존, IBM, 알리바바 같은 거대 기업들이 AI 개발 시장을 독식하고 있다고 해도 과언이 아니다. AI를 개발하는 데는 거대한 규모의 서버(클라우드)와 딥러닝이 가능한 최신식 컴퓨팅 장비 그리고 학습에 사용되는 방대한 데이터가 필요한데, 이는 결국 자본이 가장 중요하다는 뜻이다.

이들 대기업들은 막강한 자본력을 바탕으로 일반 기업은 엄두도 못 낼 슈퍼컴퓨터를 사용하고, 세계 최고의 인재들을 '수집'해 앞서가고 있다. 《포브스》에 따르면 미국의 상위 20개 기업이 매년 우리 돈 7,430억 원가량을 AI 인재 유치에 사용하고 있으며, 그중에서도 구글과 아마존의 투자 규모는 나머지 기업을 압도하는 것으로 알려졌다.

기술을 독점하려는 시도도 늘고 있다. 오픈AI가 만든 GPT-3 알고리즘은 처음에는 무료 베타 버전을 통해 대중에게 공개됐지만 이후 비공개로 전환됐다. GPT-3 개발에 가장 많은 투자를 한 마이크로소프트가 GTP-3에 대한 라이선스를 주장했기 때문이다. 마이크로소프트는 현재 GPT-3를 4가지 버전의 유료 서비스로 나눠서 판매하고 있다. 마이크로소프트는 2021년 5월 GPT-3를 적용한 '파워 앱스Power Apps'도 선보였는데, 이 서비스는 사용자가 말로 문장을 입력하면 AI가 소스 코드로 변환해준다. 코딩을 몰라도 홈페이지를 만들고 앱을 만들 수 있도록 도와주는 마법 같은 도구를 마이크로소프트는 이미 손에 넣은 것이다.

대기업들의 중소규모 AI 업체에 대한 기업사냥도 활발하다. 2010년부터 2021년 6월 2일까지 미국의 빅테크들이 인수한 AI 기업의 수는 애플 29개, 구글 15개, 마이크로소프트 13개 등으로 매년 1개 이상의 기업을 인수하고 있는 것으로 나타났다. 뉴욕대학교 스턴경영대학원 교수인 스콧 갤러웨이Scott Galloway는 그의 저서《플랫폼 제국의 미래》에서 21세기를 지배하는 IT 공룡인 구글, 아마존, 페이스북(현 메타), 애플을 '빅 4'로 정의하고, 이들이 4차 산업혁명 시대에도 여전히 시장을 지배하는 승자 기업이 될 것으로 예견했다.

미래에는 AI 기술도 승자가 독식하게 될까? 이 질문에 대한 답은 쉽게 내릴 수 없다. 지금까지의 AI 기술 발전 흐름과 시장 생태계 현황, 그리고 빅테크의 AI 기술 관련 행보 등을 종합적으로 고려해서 답해야 한다. 물론 자본과 인력을 갖춘 거대 IT 기업들이 AI에 대해 공격적으로 투자하기 때문에, 이들이 향후 기술적 우위를 점하는 현상은 피할 수 없다. 그러나 AI 기술 생태계에서 오픈소스가 하는 역할이 점점 커지고 있고, AI 분야는 서로 공유하며 얻는 시너지 효과가 크기 때문에 한동안은 모두에게 열려 있는 개발 상태계가 유지될 것으로 보인다.

빅테크의 AI 기업 인수 사례

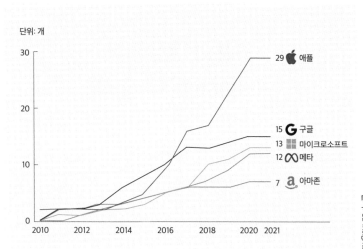

단위: 개

29 애플
15 구글
13 마이크로소프트
12 메타
7 아마존

출처: CB Insights

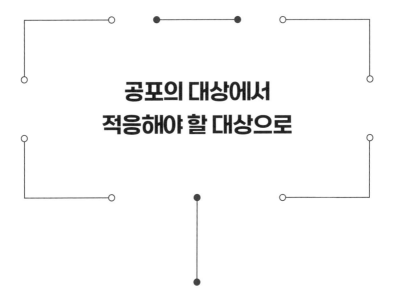

공포의 대상에서
적응해야 할 대상으로

우리 뇌 측두엽 깊숙한 곳에 편도체 Amygdala가 있다. 편도체는 인간의 '공포 탐지기'로, 외부에서 들어온 정보가 나를 위협하는지를 빠르게 점검해 공포를 느끼게 하는 신체 기관이다. 편도체를 다친 환자는 기쁨, 슬픔, 놀람, 혐오 등 다른 감정은 모두 제대로 느끼지만, 공포만큼은 이해하지 못한다.

인간의 편도체가 예민하게 발달한 이유는 인류 생존과 직결된 '위험 경고' 기능을 수행하기 때문이다. 원시 시대의 인류는 사방에 포식자들이 널려 있는 환경에서 살아남아야 했다. 외부 위협을 사전에 알아차리는 것은 가장 효율적이고 중요한 생존 전략이었다.

덕분에 인간의 편도체는 매 순간 '내가 저것을 잡아먹을 수 있을까, 아니면 내가 잡아먹힐까'를 점검하려고 한다.

그러나 편도체가 공포를 받아들이면 필연적으로 방어 기제가 작동한다. 공포로 활성화된 뇌는 스트레스 호르몬을 분비하고 새로운 정보가 들어오는 통로를 차단해 오직 현재 느끼는 공포만을 증폭시키기 때문이다. 이때 몸속에는 부정적인 감정을 일으키는 호르몬이 가득 차 이성적인 사고가 불가능해진다. 그리고 '도전Fight'보다 '회피Flight'를 선택하도록 유도한다.

인간의 예민한 편도체는 AI 소사이어티에 대해서도 지나치게 겁먹도록 만든다. AI 기술의 5가지 능력(예지력, 여과력, 인지력, 이해력, 창조력)은 인간과 비슷하거나 뛰어나기에 위협적으로 인식되고, 그런 기술이 적용된 사회는 인간의 위상을 기계나 가상 인간과 동급으로 끌어내리려는 음모처럼 보이기도 한다.

안타깝게도 대중 인식Public Perception에 지대한 영향을 끼치는 언론 보도와 영화 등 미디어 콘텐츠도 AI 소사이어티에 대한 공포를 조장하고 있다. 주로 AI를 '공포스러운 괴물'이나 '지나치게 거대한 존재'로 그려 대중들이 가진 막연한 공포를 부풀리는 식이다. 뇌에서는 이미 공포 알람이 울린 상황이라 이러한 외부 정보들은 그 어느 때보다 강력한 힘을 발휘한다. 인간이 스스로 생각하기를 포기하고 누군가의 '해설'이나 '판단'에 의존하기로 결심한 상태이기 때문이다.

대표적인 공포 조장 사례로 일부 언론이 AI 사용을 두고 '지배'라고 표현하는 것을 들 수 있다. AI는 기술일 뿐이고, 사용의 주체는 인간인데 AI를 전능한 신처럼 묘사하며 인간이 지배되고 있다고 주장한다. 영화에서는 AI를 지구 탈취를 계획하는 사악한 악당으로 표현하는 경우도 많다. 하지만 정말로 그럴까? 우리가 전기를 광범위하게 쓴다고 해서 전기에 지배된다고 말하지 않고, 지구가 인터넷의 식민지라고 말하지는 않는다. 이와 마찬가지로 "AI에게 지배되고 있다"라고 표현하는 것은 지나친 과장일 뿐이다.

AI를 '인간의 형체를 가진 존재'로 한정해서 표현하는 것도 문제다. 대중의 이해를 돕기 위해 수많은 기자와 콘텐츠 제작자들은 어쩔 수 없이 AI를 인간과 비슷한 존재로 표현하고 있는데 덕분에 많은 이들의 머릿속에 AI는 의사, 아나운서, 교사, 변호사와 같이 직업, 신체, 인격, 정신을 갖춘 인간의 모습을 하고 있다. 'AI와의 공존'과 같은 주제에 관해서 얘기라도 나누려고 하면, 대뜸 마네킹같이 생긴 로봇과 나란히 앉아 팀 과제를 하거나 승진을 놓고 머리채를 잡는 인간과 로봇의 이미지를 떠올리게 되는 이유다. 유명한 로봇 공학자인 로드니 브룩스Rodney Brooks는 한 인터뷰에서 "AI가 하는 일을 설명하기 위한 단어 선정은 가끔 지나친 일반화를 불러와서 문제"라고 지적했다. 진실은, AI는 인간의 뇌를 모방한 기술이고 AI가 장착된 인간 형상의 로봇은 그것의 수천 가지 적용 사례 중 하나에 불과하다는 것이다.

AI의 위협을 과도하게 예측하는 주장들은 계속 쏟아져 나왔다. 부정적인 소식에 10배 더 민감하게 반응하는 인간의 특성상 이런 이야기는 반복해서 회자되고 퍼져나가기 마련이다. "전 세계 8억 명의 사람들이 2030년까지 일자리를 잃을 것"이라는 내용을 담은 컨설팅 그룹 맥킨지의 보고서가 아무리 시간이 지나도 반복해서 인용되고 있는 것처럼 말이다. 이러한 이유로 '빅브라더', '감시 사회'와 같이 AI의 미래를 부정적으로 묘사하는 단어들은 오늘날 그 어느 때보다 자주 쓰이며 이미 사람들의 머릿속에 자리 잡게 됐다.

두려움보다는 희망의 시선으로

AI 소사이어티에 대한 공포가 극한에 달하면 우리의 사고 회로는 완전히 멈추게 된다. 무섭게 돌진해오는 차를 보고도 도로 한가운데서 몸이 얼어버린 어린아이처럼 무방비 상태가 되는 것이다. 차분하게 마주하고 냉철하게 들여다봤다면 결코 괴물이 아니었을 AI 소사이어티는 멈춰선 인간을 위해 속도를 늦추지 않는다. 거대한 바퀴로 깔고 지나갈 뿐이다. 그 비극적인 순간에도 우리의 활성화된 편도체는 극도의 공포를 뇌 곳곳에 전달하며 스트레스 호르몬을 뿜어낼 것이다.

　　AI 소사이어티는 공포의 대상이 아니다. 관찰하고 적응해야 할 새로운 현상일 뿐이다. AI 기술 투자 펀드인 네오코르텍스 벤처스Neocortex Ventures의 전무 이사이자 《Augmented Mind(증강된 정신)》의 저자인 알렉스 베이츠Alex Bates는 "AI가 일자리를 빼앗고, 가짜 뉴스를 만들고, 윤리를 어지럽히고, 편향적이고 파괴적인 알고리즘을 만든다는 우려의 목소리가 있지만, AI는 결국 '증강된 시대Augmented age'로 우리를 데려다줄 것"이란 긍정적 전망을 내놓는다.

AI가 흑백Binary으로 규정지을 수 있는 존재가 아니듯, AI 소사이어티도 마찬가지다. 이번 파트에서 우리는 AI 소사이어티가 유토피아인지 디스토피아인지 직접적인 답을 내리는 대신 자유, 진실, 평등, 생존이라는 인간이 중요하게 생각하는 4가지 가치를 잣대 삼아 AI 소사이어티를 살펴봤다. 이 과정에서 목격하게 된 것은 인간이라는 존재가 AI 소사이어티의 발전 방향을 자신들의 생존에 유리하게 끌고 가기 위해 부단히 노력하고 있는 모습이다. 역사의 교훈을 간직한 인간은 기술이 가진 한계나 단점을 또 다른 기술로 보완하고 해결하며 더 나은 사회를 만들어왔고, 앞으로도 계속 그렇게 해나갈 것이다.

결국 우리 인간이 적극적으로 AI 소사이어티에 관심을 갖고 개입하는 것이 중요하다. 그러기 위해서는 두려움보다는 희망을 장착하는 편이 낫다.

Part 5

AI 소사이어티에서
승자가 되는 법

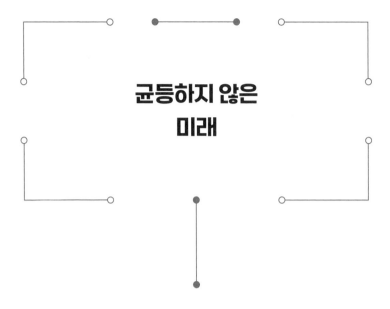

균등하지 않은
미래

"미래는 이미 도래했다. 다만 모두에게 균등하게 온 것은 아니다The future is already here. It's just not very evenly distributed."

소설가 윌리엄 깁슨William Gibson의 통찰처럼 '미래'가 각 국가, 기업, 개인에게 깃드는 시점에는 시차가 있다. AI가 전 세계적으로 보편화되고 있다고는 하지만 각국이 이에 대해 전략을 세우고 역량을 집중하는 정도가 다르고, 회사가 AI를 자사의 상품과 서비스에 접목하는 속도가 다르며, 개인이 AI가 접목된 상품, 서비스, 공간에 취하는 태도와 AI에 대한 이해도가 다르다. 누군가는 변화를 온몸으로 겪으며 나아갈 방향을 조정하고 있지만, 누군가는 변화를 애써 무시하며 제자리걸음을 하고 있는 것이다. 그리고 이러한 태도와 전략의 차이는 상상할 수 없을 만큼 큰 격차를 가져온다.

앞서 우리는 AI 소사이어티의 3가지 특징과 5가지 혜택, 4가지 도전 과제를 살펴봤고, 이제 가장 중요한 질문을 마주하게 됐다. 어떻게 AI 소사이어티에 더 잘 적응하고, 더 나아가 승자가 될 수 있을 것인가? 이번 파트는 국가, 기업, 개인이 새로운 사회에서 경쟁력을 갖추는 방법에 대해서 이야기하고자 한다.

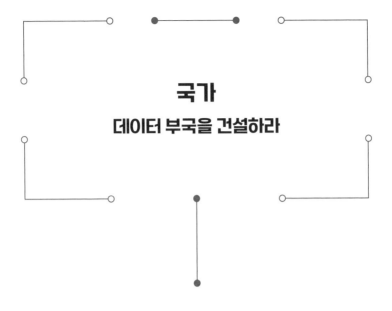

국가
데이터 부국을 건설하라

"데이터는 새로운 석유Data is the new oil"라는 말은 이제 식상해질 정도로 익숙하다. 가장 먼저 이 주장을 한 인물은 영국의 수학자이자 데이터 과학자인 클리브 험비Clive Humby다. 그는 데이터가 석유와 같이 처음에는 정제돼 있지 않은 상태로 있지만, 가공을 거쳐 가스, 플라스틱, 각종 화학 물질 등 수익을 창출할 수 있는 형태로 만들 수 있는 점이 닮았다고 수상했다. 본격적으로 이 표현이 회자되기 시작했던 것은 2017년 영국《이코노미스트》에서 "세계에서 가장 가치 있는 자원은 석유가 아닌 데이터The world's most valuable resource is no longer oil, but data"라는 제목의 글을 기재하면서부터였다.

AI 시대에 데이터의 중요성은 데이터와 AI 성능의 관계를 들여다보면 쉽게 납득할 수 있다. 최근 AI 분야에서 가장 주목받고 있는 딥러닝은 좋은 데이터가 많으면 많을수록 결과가 좋아지는 기술이다. MIT의 연구 결과에 따르면 최신 딥러닝 기술들은 데이터가 충분할 경우 데이터에 오류가 조금 포함돼 있더라도 좋은 성능을 유지할 수 있는 것으로 나타났다. 머신러닝 분야의 최고 권위자로 꼽히는 테런스 J.세즈노스키Terrence J.Sejnowski 캘리포니아대학교 샌디에이고 캠퍼스 교수는 저서 《딥러닝 레볼루션》에서 "이제 컴퓨터는 보는 방법이나 운전하는 방법을 지시 받아 하는 대신 경험을 통해 배우고 있다. 이러한 진보를 가능케 하는 연료는 무한히 축적되는 데이터"라고 말했다.

데이터가 어떻게 AI의 성능 향상에 도움이 되는지 좀 더 쉬운 예를 들어 보려고 한다. 당신은 대부업에 종사하고 있고 돈이 필요한 누군가에게 돈을 빌려줘야 하는 상황이라고 가정해보자. 당신이 고객에 대해 알고 있는 정보는 기존 은행에서 거래하던 내역, 신용 카드 연체 정보, 사용하는 신용 카드 개수와 같은 신용 관련 정보와 가족 구성원, 성별 등일 것이다. 실제로 대부분의 금융 기관에서 사용하는 정보는 신용정보평가원에 쌓이는 데이터와 개인이 제공하는 프로파일 정도다. 하지만 이때 당신이 고객에 관한 추가 데이터를 얻을 수 있다면 어떨까? 고객이 공과금이나 통신비를 성실하게 납부하고 있는지, 과소비 경향이 있지는 않은지(온오프라인 구매 데이터), 택배나 편지를 얼마나 빨리 찾아가는지 등 이런 사

AI 소사이어티

소한 정보들을 알 수 있다면 당신은 해당 고객의 연체 여부를 보다 정확하게 예측할 수 있을 것이다.

AI 분야를 이끄는 기업들의 공통점

실제로 세계 최고 수준의 AI 기술을 갖춘 기업들은 방대한 데이터를 획득한 회사들이다. 안면 인식 분야의 선두 주자인 중국의 센스타임은 중국 전역에 설치된 2억 대가 넘는 CCTV에서 얻은 이미지 데이터를 자사의 AI 학습에 사용한 것으로 알려져 있다. 중국 알리바바는 2019년 'AI 월드컵'이라 불리는 글로벌 이미지 인식 대회 '웹비전WebVision'에서 전 세계 150여 개 팀을 누르고 1위를 차지했는데, 이러한 성과를 얻을 수 있었던 비결로는 알리바바가 보유한 모바일 앱과 전자상거래 플랫폼에서 수집한 방대한 데이터가 꼽혔다. 중국 바이두의 AI '어니ERNIE'는 2019년 12월 열린 '자연어 이해 평가GLUE' 대회에서 90.1점을 기록해 마이크로소프트(89.9점)와 구글(89.7점)을 앞지르고 세계 1위를 차지했다. 인간의 언어를 이해하는 AI의 성능 향상을 위해서는 대량의 텍스트 데이터가 필수적인데, 바이두는 중국 14억 인구가 사용하는 검색 포털 사이트를 운영하고 있어 이 같은 데이터 획득에 보다 유리했다.

물론 데이터 외에 다른 요소들도 AI 발전에 중요하다. AI 성능을 즉각적으로 향상시키는 컴퓨팅 파워와 강력한 알고리즘, 이

Rank	Name	Model	URL	Score
1	ERNIE Team - Baidu	ERNIE	🔗	90.1
2	Microsoft D365 AI & MSR AI & GATECH	MT-DNN-SMART	🔗	89.9
3	T5 Team - Google	T5	🔗	89.7
4	王玮	ALICE v2 large ensemble (Alibaba DAMO NLP)	🔗	89.5
5	XLNet Team	XLNet (ensemble)	🔗	89.5
6	ALBERT-Team Google Language	ALBERT (Ensemble)	🔗	89.4
7	Microsoft D365 AI & UMD	FreeLB-RoBERTa (ensemble)	🔗	88.8
8	Facebook AI	RoBERTa	🔗	88.5
9	Microsoft D365 AI & MSR AI	MT-DNN-ensemble	🔗	87.6
10	GLUE Human Baselines	GLUE Human Baselines	🔗	87.1

출처: GLUE Benchmark

●─● AI가 인간의 언어를 얼마나 잘 이해하는지 점수를 매기는 자연어 이해 평가 대회. 14억 중국 인구가 사용하는 검색 포털을 보유한 바이두의 '어니'가 세계 1위를 차지했다.

를 다룰 수 있는 인재, 그리고 AI 응용을 장려하는 정책 등이 대표적이다. 그러나 그 어떤 요소도 양질의 데이터가 없다면 무용지물이다. 보스턴컨설팅그룹은 2020년 12월 발표한 보고서 〈데이터가 모든 것을 지배한다Data Dominates〉에서 "다른 요소는 게임에 뛰어들기 위한 최소한의 기본 요건일 뿐, 오늘날 가장 중요한 것은 최고의 데이터를 확보하는 것"이라고 말했다. 많은 국가와 기업들이 'AI 트랜스포메이션AI Transformation'을 외치며 투자를 아끼지 않고 있지만 양질의 데이터 확보량에서 실질적인 경쟁력의 차이가 발생했다는 것이다.

AI 소사이어티

데이터 강국 탄생의 비밀

세계 최고의 데이터 부국은 어디일까? 2019년 미국 데이터 혁신 센터Center for Data Innovation는 자체 보고서를 통해 각국의 데이터 경쟁력 순위를 발표했다. 이 보고서에서는 인터넷 사용 구독자, 모바일 결제 사용자, 사물인터넷 데이터, 생산성 데이터*, 전자 의료 기록, 매핑 데이터**, 유전자 데이터, 그리고 데이터 접근 장벽 등 7가지 요소를 입체적으로 고려해 경쟁력 지수를 측정했다.[1]

결론적으로 중국이 미국과 유럽을 제치고 세계 1위에 올랐다. 미국 데이터 혁신 센터는 중국은 데이터 영역에서 다른 나라들을 앞서고 있고, 향후에도 이러한 경쟁력은 더 강화될 것이라고 예측했다. 글로벌 투자 은행 골드만삭스는 중국에서 생산되는 데이터가 세계 데이터에서 차지하는 비중이 2020년 기준 20~25%에 달하는 것으로 추정하고 있다.

중국이 이렇게 데이터 강국이 될 수 있었던 이유는 복합적이다. 우선, 중국은 디지털 활동에 참여하고 있는 '디지털 인

• 생산성 데이터란 항공사에서 고객, 에이전시, 비행기 등의 데이터를 분석해 비행 비용을 최적화하는 것처럼 각종 현업에서 직접적으로 발생하는 데이터를 뜻한다. 보고서에 따르면 2018년 한 해 동안 미국, 중국, 유럽연합은 각각 9억TB, 7억TB, 6억TB의 데이터를 생성했다고 한다.

•• 고화질의 매핑 데이터High-resolution Mapping Data는 각종 AI 시스템 개발에 필수적이다. 특히 자율 주행 자동차 개발에 없어서는 안되는 중요한 데이터다.

데이터 경쟁력 순위

년도	매트릭스	가중치	매트릭스			점수		
			중국	EU	미국	중국	EU	미국
2018	인터넷 사용 구독자	4	394	176	110	2.3	1.0	0.6
2018	모바일 결제 사용자	3	525	45	55	2.5	0.2	0.3
2018	사물인터넷 데이터	3	152	53.5	69	1.7	0.6	0.8
2018	생산성 데이터	4	684	583	966	1.2	1.0	1.7
2019	전자 의료 기록	2	3	2	1	0.3	0.7	1.0
2019	매핑 데이터	2	3	2	1	0.3	0.7	1.0
2019	유전자 데이터	2	2	3	1	0.7	0.3	1.0
2019	데이터 접근 장벽	5	1	3	2	2.5	0.8	1.7
총점		25	-	-	-	11.5	5.3	8.1

출처: 미국 데이터 혁신 센터

구'가 압도적으로 많아서 데이터 생산에 유리하다. 중국의 인구 (14억 4,000만 명)와 인도의 인구(13억 9,000만 명)는 거의 비슷하지 만, 2018년 기준 인터넷 사용 인구는 각각 8억 5,000만 명과 4억 5,000만 명으로 약 2배 정도 차이가 난다. 중국의 1인당 인터넷 이 용 시간은 주당 27.7시간이고, 인터넷을 통해 뉴스를 열람하는 사 람의 수는 약 6억 6,300만 명, 인터넷으로 배달 서비스를 이용하는 사람은 3억 6,400만 명이다. 중국에서 서비스 중인 모바일 앱은 무 려 415만 종에 달한다.[2]

다른 나라와 비교할 수 없는 수준의 모바일 경제를 구축한 것도 중국이 데이터 강국이 된 비결로 꼽힌다. 알리바바의 '알리페이'와 텐센트의 '위챗페이'는 치열하게 경쟁하며 신용 카드가 널리 보급되지 않았던 중국을 캐시리스Cashless 사회로 만들었다. 샤오미, 오포OPPO 등 1,000위안(약 18만 원) 정도로 구입할 수 있는 저가 스마트폰을 생산하는 회사들이 약진하면서 스마트폰의 보급도 전 연령대로 빠르게 확산됐다. 흥미롭게도 2010년부터 2015년까지 중국인의 가처분 소득은 2배 증가했지만, 스마트폰의 가격은 2,150위안(약 38만 7,000원)에서 1,800위안(약 32만 4,000원)으로 오히려 하락했다.

저가 스마트폰의 출현과 더불어 통신 인프라도 '퀀텀 점프Quantum Jump'를 하며 모바일 경제 발전에 힘을 실었다. 2016년 말 중국 농촌의 광섬유 통신 기반 초고속 인터넷 보급률은 82.2%였고, 2017년 기준 전 세계 4G 통신망의 3분의 1을 차이나모바일, 차이나텔레콤, 차이나유니콤 등 중국의 모바일 통신사들이 보유했다. 모바일 경제가 고도로 발달한 덕분에 중국에서는 14억 인구의 거의 모든 활동이 데이터로 기록되는 여건이 조성됐다.

'올인원All-in-one 앱', '인구가 밀집한 도시', '사회 구성원의 다양성'이라는 3가지 측면도 중국이 데이터 강국이 될 수 있었던 비결로 꼽힌다. 중국의 IT 대기업들은 여러 서비스를 하나의 앱에서 제공하는 올인원 앱을 만들었는데, 덕분에 양질의 데이터가 한곳으로 모일 수 있었다. 예를 들어 중국의 카카오톡인 위챗에서는 하나의 앱 안에서 택시 부르기, 음식 주문, 호텔 예약, 통신료 납부 등을 한 번에 해결할 수 있다. 하지만 미국의 경우는 이러한 서비스가 택시 호출 서비스를 제공하는 우버를 비롯해 포스트메이트Postmates (음식 주문), 익스피디아Expedia(호텔 예약), 버라이즌Verizon(통신료 납부), 벤모Venmo(송금) 등 여러 기업으로 나뉘어 있다.

인구 밀집도가 높은 중국의 도시는 데이터 수집에서 큰 이점으로 작용했다. 중국의 AI 기업 이투 테크놀로지YITU Technology는 소아 검진을 위한 AI 시스템을 개발하는 과정에서 중국 대도시 광저우의 소아 병원 1곳의 데이터만 사용했는데도 아무런 문제없이 시스템 개발에 성공했다. 병원 1곳에서 나온 데이터가 60만 개가 넘는 방대한 양이었기 때문이다. 다른 나라에서는 좁은 지역이나 작은 집단에서 이 정도로 풍부한 데이터를 확보하기 어렵다.[3]

중국의 다양한 민족과 풍부한 지역 특색은 '다양성을 갖춘 데이터' 생산을 가능하게 했다. AI 영역에서는 균일한 데이터보다 다양성을 가진 데이터가 훨씬 양질의 데이터로 평가된다. 평평한 고속도로에서만 훈련된 자율 주행 자동차보다는 변수가 많은 산간 지역에서 훈련된 자율 주행 자동차의 성능이 뛰어나기 때문이다.* 세계 각국에서는 다양한 데이터를 얻기 어렵기 때문에 '데이터 확

---

* 머신러닝에서는 범용성이 뛰어난 모델을 만드는 것이 목표다. 훈련 데이터에서 아무리 좋은 성능을 내더라도 훈련에 사용되지 않은 데이터인 테스트 데이터상에서 좋은 성능을 얻지 못하면 '과적합Over-fitting'됐다고 판단한다. 과적합은 데이터 과학자들이 가장 주의하는 문제이기도 하다.

출처: deeplylearning.fr

●─● 딥러닝에서 사용하는 이미지 데이터 확장 기법.

장(Data Augmentation' 등의 기술을 사용하기도 한다. 이 같은 기술은 원본 데이터를 회전시키거나 노이즈를 추가해 여러 개로 만드는 방식인데 AI 성능 향상을 돕는 데는 한계가 있다.

그러나 중국은 다양한 데이터 생산에 어려움을 겪어본 적이 없다. 56개의 민족이 다양한 문화와 생활 방식을 갖고 있고, 동부와 서부, 연안과 내륙, 도시와 농촌의 경제 격차가 커서 각 지역이 선호하는 서비스와 사용 패턴도 다르기 때문이다. 이러한 중국의 사회적 특성은 데이터 확보 과정에서 의외의 장점으로 작용했다.

중국이 데이터 깅국으로 노약한 비결을 살펴보면, 중국 고유의 특성이 AI 시대에 유리하게 작용한 측면이 많다는 것을 알 수 있다. 그러나 중국이 마냥 운이 좋아 데이터 강국이 된 것은 아니다. 중국이 일찌감치 데이터의 중요성을 인식하고 자국의 강점을 최대한 살리기 위한 정책 환경을 조성했기 때문에 기업과 개인들이 마음껏 데이터 생산에 나설 수 있었던 것이다.

글로벌 데이터 경쟁에서 동맹 찾기

양질의 데이터 생산만큼이나 데이터를 지키는 것도 중요한 문제다. 러시아 정부는 2021년 1월부터 연 매출 3억 원 이상의 사업장에서 '미르 카드^{Mir Card}' 결제를 의무화하고 있다. 미르 카드는 러시아가 2015년 국가 주도로 만든 신용 카드다. 자국민의 금융 데이터가 비자^{VISA}나 마스터카드^{MASTERCARD}와 같은 해외 결제 시스템으로 흘러가는 것을 막기 위해 정부 기관과 일정 규모 이상 기업들에 미르 카드 결제를 강제하고 있는 것이다. 같은 해 4월부터는 러시아에서 판매되는 모든 스마트폰에 '미르페이^{Mir Pay}('삼성페이'와 비슷한 결제 앱)'를 필수적으로 탑재하게 했다.

데이터가 한 나라의 AI 경쟁력을 결정한다는 인식이 커지면서 각국은 자국민이 생성한 데이터의 해외 반출을 막는 '데이터 보호주의'를 강화하고 있다. 과학기술 분야의 세계적 민간 싱크탱크인 미국 정보기술혁신재단^{ITIF}는 2021년 7월에 발표한 보고서를 통해 국가 간 데이터 이동을 제한하는 규제 장벽을 세운 국가가 2017년 35개국에서 2021년 현재 62개국으로 2배가량 늘었다고 밝혔다.[4]

데이터 보호주의의 선봉장이란 평가를 받는 유럽연합은

2021년 7월 미국의 아마존이 고객 데이터 관리 규정을 위반했다는 이유로 7억 4,600만 유로(약 1조 200억 원)의 과징금을 부과했다. 2018년 발효된 유럽연합의 '개인 정보 보호 규정GDPR'에 근거해 회원국 룩셈부르크의 규제 당국이 벌금액을 책정한 것이다. 인도는 2021년 5월 〈72시간 내 불법 데이터 삭제〉 지침을 자국 내 디지털 플랫폼에 하달했다. 러시아는 50만 명 이상 사용자를 보유한 인터넷 플랫폼의 경우 러시아에 현지 법인을 설립해 당국 감독을 받도록 하는 법안을 추진하고 있다. 남아프리카 공화국은 해외 기업들의 자국 데이터 반출은 물론, 가공(알고리즘으로 만드는 공정)까지 제한하는 내용을 담은 〈데이터와 클라우드 국가 정책〉 초안을 발표했다.

호주는 2016년 있었던 정부 차원의 '실수' 이후 데이터 보호주의를 적극적으로 펼치고 있다. 당시 중국 기업이 영국의 데이터 센터 운영 업체 글로벌 스위치Global Switch의 지분 50%를 사들였는데, 얼마 지나지 않아 글로벌 스위치에 호주의 국방 기밀 정보가 저장돼 있었다는 사실이 알려졌다. 호주는 2018년 통과시킨 새 법에서 민감 데이터의 경우 외국에서 접근할 수 없도록 호주 신호정보국ASD에서 인증한 클라우드에 저장해야 한다고 명시했다.

미중 양국의 패권 다툼은 이세 데이터 경쟁으로까지 번지고 있다. 중국은 2021년 7월 미국에 상장한 디디추싱을 국가 안보 위반을 이유로 제재했는데, 이는 디디추싱이 보유한 데이터가 미국 상장 이후 현지에서 유출될 것을 우려했기 때문이라고 설명했다.

또한, 중국은 2021년 9월부터 미국 기업을 포함한 해외 기업의 중국 내 데이터 수집을 원천 봉쇄한 데이터 관리 법안(데이터 보안법)도 시행했다. 이 법은 데이터 수집에서부터 보관, 사용, 가공, 제공, 공개에 이르기까지 광범위하게 적용되는 것이 특징이다.

미국은 구글, 애플, 마이크로소프트, 아마존, 메타, 트위터를 필두로 무차별적인 세계 데이터 독식을 해왔으나 중국 IT 기업의 미국 진출이 활발해지자 자국 데이터 보호에 나서고 있다. 2020년에는 중국의 틱톡 등이 미국인 개인 정보를 불법 취합하고 전송해 안보에 위협이 된다며 제재를 가했고, 2021년 6월 조 바이든 미 대통령은 중국과 연계된 앱이 미국의 안보에 미치는 영향을 살펴보라는 내용의 행정 명령을 내렸다. 미 상원은 최근 상무부에 데이터 교류 위험 국가 리스트 작성을 요구했다.

그러나 데이터 보호주의 열풍이 세계의 기술 혁신을 방해하고, 무역을 억제하고 있다는 비판도 크다. ITIF는 보고서에서 '데이터 제한 조치Data Restrictiveness' 지수가 1포인트 증가하면 무역 생산량은 7% 감소하고, 생산성은 2.9% 하락한다는 결과를 발표했다. ITIF에 따르면 지난 5년간 중국이 부과한 8가지 데이터 보호 조치로 중국의 생산량은 1.7%, 무역 생산성은 0.7% 감소한 것으로 나타났다.

데이터 보호주의는 특히 한국처럼 인구가 적고 데이터 확보가 어려운 국가 입장에서 악재다. 난관을 타개할 수 있는 유일한 방법은 마음 놓고 데이터를 교류할 수 있는 '데이터 동맹국'들을 적극

데이터 해외 반출 제한하는 국가 4년 새 급증

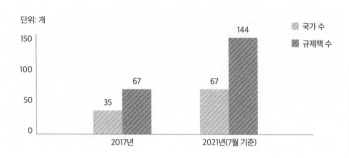

단위: 개

범례: 국가 수 / 규제책 수

2017년: 국가 수 35, 규제책 수 67
2021년(7월 기준): 국가 수 67, 규제책 수 144

출처: 미국 정보기술혁신재단

2021년 세계 각국의 '데이터 보호주의' 움직임

국가	내용
미국	- 상원의원, 데이터 교류 위험 국가 리스트 작성 법안 발의 - 국무부·재무부, 홍콩 진출 자국 기업에 데이터 유출 가능성 경고
중국	- 광범위한 데이터 통제 규정 담은 '데이터 보안법' 시행 - 미국에 상장한 자국 기업을 데이터 보안 문제 삼아 제재
러시아	- 50만 명 이상 러시아 사용자를 보유한 인터넷 플랫폼의 데이터 해외 반출 금지 - 러시아 법인 설립 강제하는 법 제정 추진
인도	- 〈72시간 내 불법 데이터 삭제〉 지침
프랑스	- 자체 클라우드 서비스Cloud de Confiance 구축 추진
포르투갈	- 유럽연합의 산업 데이터 외부 접근 제한 강화 제안
남아프리카 공화국	- 데이터 해외 반출 및 가공 제한하는 〈데이터와 클라우드 국가 정책〉 초안 발표
세네갈	- 자국 인터넷 플랫폼 데이터를 해외 서버에서 전량 삭제하겠다고 발표
쿠웨이트	- 기업들이 데이터 해외 반출 시 데이터 보관 장소, 기간 등 상세 정보 제공 강제

출처: 미국 정보기술혁신재단

확보하는 것이다. 비슷한 입장을 가진 국가Like-minded Countries끼리 데이터를 주고받으면 위험은 적고 이득은 크기 때문이다.

실제로 각국은 데이터 동맹국 찾기에 적극적으로 나서고 있다. 《월 스트리트 저널》은 2021년 7월 미국 바이든 정부에서 중국을 제외한 아시아, 태평양 국가들과의 디지털 무역 협정 추진이 검토되고 있다고 보도했다. 디지털 무역 협정의 핵심은 다름 아닌 데이터 공유다.

일본 《요미우리신문》에 따르면 '쿼드Quad(미국·일본·호주·인도의 안보 협의체)'는 2021년 7월 과학기술 담당 각료급 회의를 열어 첨단 기술 분야에서의 협력 방안과 데이터 유출 방지, 첨단 기술 관련 윤리 규범 마련 등을 논의했다. 제이크 설리번Jake Sullivan 백악관 국가안보보좌관NSA은 같은 날 워싱턴 DC에서 열린 '글로벌 신기술고위급회의'에서 "(중국과 러시아 등) 우리 경쟁자가 데이터를 전략 자산으로 여기고 있으니 우리도 그에 맞서기 위해 신뢰와 안보를 바탕으로 자유로운 데이터 교류Data flow를 추구해야 한다"라고 말했다.

양자 간 FTA이나 지역 협정도 자유로운 데이터 공유를 중요한 사안으로 다루고 있다. 싱가포르와 뉴질랜드, 칠레는 2020년 디지털 무역 협정인 '디지털경제동반자협정DEPA'를 체결했다. 《월 스트리트 저널》은 이 협정이 전자 결재, 디지털 개인 정보, 국가 간 데이터 흐름 등에 관한 조항들을 담고 있다면서 한국과 캐나다도 가입을 검토 중이라고 소개했다. 같은 해 7월에 발표된 '미국·멕시

코·캐나다 협정^{USMCA}'에서는 디지털 무역의 장을 별도로 마련했다. 미국은 이 협정에서 국경 간 데이터 이전을 의무화하는 등 디지털 시장 개방도를 높였다.

한미 양국은 2021년 5월 한미 정상 회담 뒤 AI, 6G, 바이오, 오픈 랜^{Open RAN}(개방형 무선 접속망) 등의 협력을 거론했다. 정상 회담 공동 성명에 구체적인 핵심 첨단 데이터 기술 등을 나열해 양국이 협력하기로 한 것은 이례적인 일이다. 이는 미국이 한국을 데이터 동맹을 맺을 대상으로 보고 있다는 의미다.

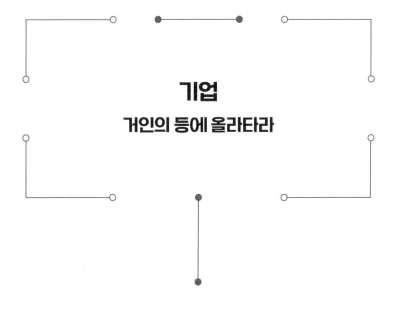

기업
거인의 등에 올라타라

AI 소사이어티에서는 AI를 얼마나 잘 활용하고 있느냐가 기업 경쟁력을 결정한다. 이러한 사실은 12년 전 시가 총액 상위 10개 기업과 오늘날 시가 총액 상위 10개 기업을 비교해보면 쉽게 알 수 있다.

12년 전 세계에서 가장 부유한 기업들은 석유와 금융 회사들이었다. 2009년 시가 총액 1위는 중국 국유 석유 회사 페트로차이나PetroChina, 2위는 미국 거대 석유 재벌 엑손모빌Exxon Mobil이었다. 금융 회사인 중국공상은행(4위)과 중국건설은행(6위)도 상위권에 올랐고, 유통 회사인 월마트는 무려 5위에 랭크됐다. 그런데 12년

2009년과 2021년 글로벌 시가 총액 TOP 10

2009년				2021년(2분기)		
순위	기업명(국가)	업종		순위	기업명(국가)	업종
1	페트로차이나(중국)	석유		1	애플(미국)	IT
2	엑손모빌(미국)	석유		2	마이크로소프트(미국)	IT
3	마이크로소프트(미국)	IT		3	아마존(미국)	유통/IT
4	중국공상은행(중국)	금융		4	알파벳(미국)	IT
5	월마트(미국)	유통		5	메타(미국)	IT
6	중국건설은행(중국)	금융		6	텐센트(중국)	IT
7	BHP그룹(호주)	자원		7	테슬라(미국)	제조/IT
8	HSBC홀딩스(영국)	금융		8	버크셔해서웨이(미국)	금융
9	페트로브라스(브라질)	석유		9	TSMC(대만)	제조
10	알파벳(미국)	IT		10	알리바바그룹(중국)	IT

출처: 삼정KPMG 경제연구원

이 지난 지금, 여전히 시가 총액 10위권에 들어 있는 기업은 IT 기업인 마이크로소프트와 알파벳뿐이다.

오늘날 가장 부유한 기업들은 대부분 AI에 사활을 건 기업이다. 특히 AI 개발과 응용을 주도하고 있는 애플, 마이크로소프트, 아마존, 구글(알파벳), 메타 등이 최고 순위에 올랐다. 과거에 IT 공룡으로 불렸던 이들은 AI 공룡으로 또 한 번 변신하며 더 화려한 전성기를 맞고 있다.

AI가 막대한 부가 가치를 창출하며 세계 경제를 이끄는 핵심 자원이 되면서 이제 AI는 단순한 경쟁력 강화 수단을 넘어섰다. 모두가 앞다퉈 AI를 사용하고 있기 때문에 이를 활용하지 않는 것만으로 뒤처지게 되는 것이다. 점점 더 많은 기업들은 생존을 위해 AI 도입에 몰두하고 있다.

가장 뛰어난 '초거대 AI'를 개발하라

향후 가장 주목받을 AI 키워드는 '초거대 AI Hyperscale AI'다. 초거대 AI는 뛰어난 컴퓨팅 인프라를 기반으로 방대한 데이터를 학습해 만들어지는 AI다. 특정 용도에 한정하지 않고 종합적이고 자율적으로 사고, 학습, 판단, 행동하는 인간의 뇌를 닮았고, 한번 개발하면 수많은 영역에서 사용할 수 있어 큰 기대를 모으고 있다. 가까운 미래에는 신사업 구축, 서비스와 상품 설계, 디자인 등 산업의 모든 영역에 초거대 AI가 투입될 것이다.

초거대 AI의 주도권을 잡기 위한 기업들의 개발 경쟁은 이미 시작됐다. 2020년 오픈AI가 GPT-3를 공개하며 초거대 AI 개발 경쟁의 서막을 알렸는데, 이에 질세라 2021년 구글과 마이크로소프트는 각각 '람다'와 '딥스피드DeepSpeed'라는 초거대 AI를 공개했다. 중국의 화웨이는 오픈AI의 GPT-3를 넘는 최대 2,000억 개의 매개 변수를 포함하는 대규모 자연어 처리 모델 '판구 알파PanGu Alpha'를 개발했다.

국내 기업도 초거대 AI 경쟁에 합류했다. 네이버는 서울대학교, 카이스트 등 학계와 협력을 통해 관련 연구에 집중하면서, 2021년 5월 자체 개발한 초거대 AI인 '하이퍼클로바'를 공개했다. 같은 해 11월 카카오는 초거대 AI 모델인 'KoGPT'를 선보였는데, 전체적인 규모 자체는 GPT-3나 하이퍼클로바보다 작지만, 모델을 최초로 공개하는 동시에 이를 오픈소스로 무료 개방하는 등 대중성 측면을 강조했다.

LG는 향후 3년간 방대한 데이터를 빠르게 처리할 수 있는 대규모 컴퓨팅 인프라 확보에 1,000억 원 이상 투자한다고 발표하고, GPT-3보다 큰 규모의 한국어 기반 모델을 만들겠다고 밝혔다. LG의 AI 연구 개발은 이미지와 텍스트 데이터를 학습에 대량 포함하는 것이 차별점이다. SK텔레콤, KT, LG유플러스 등 국내 이동통신 3사 역시 초거대 AI 개발에 나섰다. 이들 기업은 현대중공업그룹, 우리은행, 하나 등 이종 업계 플레이어와의 협업도 불사한다는 계획이다.

초거대 AI 개발 경쟁은 미래 글로벌 AI 생태계 주도권 경쟁과 맞물려 있다. IT 산업과 관련 없는 기업들까지 AI 기업들과 연합해

국내 초거대 AI 연구 개발 현황

기업	내용
NAVER 네이버	- 700페타플롭 이상의 슈퍼컴퓨터 도입 - 검색어 제안 서비스에 한국어 초거대 AI 언어 모델 적용 - 네이버 AI 랩 및 서울대-네이버 초대규모 AI 연구 센터 설립
LG LG	- LG AI 연구원, 3년간 1억 달러 투자 예정 - 2021년 6,000억 개, 2022년 조 단위 파라미터 보유한 초거대 AI 개발
SK telecom SK텔레콤	- 2021년 1,500억 개 파라미터 보유한 초거대 AI 'GLM' 개발 - 카카오 및 국립국어원과 인프라, 데이터, 언어 모델 등 협력
kt KT	- 카이스트와 'AI/SW 기술 연구소' 설립해 초거대 AI 공동 개발

출처: 머니투데이

경쟁에 뛰어드는 이유가 바로 여기에 있다. 결국 가장 선도적인 모델을 개발한 기업을 중심으로 산업 생태계가 재편될 가능성이 크기 때문이다.

작은 기업이 살아남는 법

미국의 구글, 아마존, 애플, 중국의 텐센트, 알리바바, 동남아시아의 그랩Grab, 한국의 네이버와 카카오. 모두 각 나라와 지역을 대표할

AI 소사이어티

정도로 덩치가 큰 IT 기업들이다. 이들은 막대한 자원과 기술 개발 인력, 정부 지원 등을 업고 빠른 속도로 AI 경쟁력을 강화하고 있다. 그러나 이 세상 모든 기업이 이렇게 거대한 것은 아니다. 사실 대부분의 기업은 작은 자본과 적은 인력으로 돌아간다. 그렇다면 AI 소사이어티에서 작은 기업의 생존 전략은 무엇일까?

1. AI 트랜스포메이션 - 조직부터 AI로 혁신하라

지난 20년간 모든 것은 디지털화됐고, 비즈니스 환경은 완전히 변했다. 그리고 앞으로 20년은 모든 것의 'AI화'가 진행될 것이다.

몸집이 작은 기업의 최대 장점은 조직을 비교적 쉽게 개혁할 수 있다는 것이다. 기업들은 바뀐 시대에 적응하기 위해 조직 내부를 우선 바꿔야 한다. 조직이 AI화되지 않고서는 생산하는 제품이나 서비스의 AI 혁신도 기대할 수 없기 때문이다. 이를 위해 역량을 집중해야 하는 것이 바로 'AI 트랜스포메이션'이다. AI 트랜스포메이션은 AI를 기반으로 회사의 업무 방식을 바꾸는 것이다. 기존의 디지털 트랜스포메이션[DT, DX]과 비교하면 핵심 기술, 인터페이스, 인프라 등 여러 방면에서 다르다.

먼저 AI 트랜스포메이션에서는 딥러닝, 머신러닝 등 AI 기술이 핵심이고, 디지털 트랜스포메이션에서는 인터넷이나 웹[HTML] 기술이 핵심이다. 디지털 트랜스포메이션에서 중요한 일은 기업이 보유한 데이터를 파악하고 이를 활용할 시스템을 구축하는 '디지털화'다. 그러나 AI 트랜스포메이션은 여기서 한 단계 더 나아가 디지털로 전환한 업무에서 축적한 데이터를 AI로 분석하고, 혁신할 수 있는 방안을 내놓는다.

AI 트랜스포메이션을 통해 기업은 더욱 효율적인 업무 시스템과 새로운 방식의 문제 해결 방법을 얻게 된다. 맥킨지는 AI 트랜스포메이션을 빠르게 실행한 기업은 10년 내 현금 흐름이 2배로 늘어나는 반면, 그렇지 않은 기업은 오히려 현금 흐름이 약 20% 감소할 것이라 예측했다.[5]

AI 트랜스포메이션은 어느 업계나 적용이 가능하다. 구글과 유튜브 등을 거느린 알파벳의 CEO 순다르 피차이는 이미 2016년에 직원들에게 보낸 메일에서 '모바일 퍼스트 시대에서 AI 퍼스트 시대'로의 전환을 예고했다. 나이키, 로레알, 삼성, LG 등 전통 제조 기반의 기업들도 앞장서서 AI를 업무 전반에 도입하고 있고, 머크 MSD, 존슨앤드존슨 등 미국 제약 기업들 또한 AI 기업으로 전환하는 추세다.

코로나19 팬데믹은 수많은 기업들이 AI 트랜스포메이션을 선택하는 계기가 되기도 했다. 맥킨지에서 발표한 〈2020년 AI 현황 The state of AI in 2020〉에 따르면, 미국에 있는 기업 85%가 팬데믹 기간에 디지털 트랜스포메이션을 진행했고, 이 중 67%는 다음 단계인 AI 트랜스포메이션을 통해 경쟁력 강화를 모색하고 있는 것으로 나타났다.

2. AI 민주화 - 거인의 어깨에 올라타라

앞에서도 언급했지만, 다행히 AI 기술은 상당히 민주적으로 발전하고 있다. 더 많은 데이터를 수집하고자 하는 대기업들이 자체 개발한 알고리즘과 플랫폼을 개방하고 있기 때문이다. 이런 환경이 조성된 덕분에 AI 소사이어티에서 중소 규모의 회사들도 첨단 AI 기술을 자사 제품과 서비스에 사용할 수 있게 됐다. 거인의 어깨에 올라타는 셈이다.

작은 규모의 기업들이 대기업의 도움으로 AI 기술을 상품에 적용하는 사례들은 많이 나오고 있다. 예를 들어 네이버 하이퍼클로바가 제공하는 기능 중에 자연어 처리 기술을 이용한 '문구 생성'이 있는데, 이 기능을 사용하면 네이버 쇼핑에서 상품을 판매하는 소상공인이 기획전 제목이나 홍보 문구를 작성하는 데 도움을

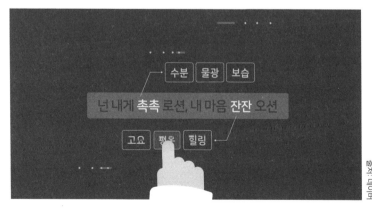

●─● 초거대 AI인 하이퍼클로바를 활용한 마케팅 문구 생성 예시.

받을 수 있다. 하이퍼클로바는 '완내스(완전 내 스타일)'나 '댕냥이(강아지 같은 친화력을 가진 고양이)' 등 신조어까지 활용해 눈에 띄는 홍보물을 완성시킨다.

물론 현재 공개된 상당수의 AI 기술은 상용화 단계에 이르지 못했다. 인력 부족, 인프라 부족 등의 이유로 기업들이 당장 적용하기에는 불편함이 유익보다 크다는 의미다. 그러나 AI 기술의 발전 속도가 빠르기 때문에 지금 AI로 해결되지 않는 과제나 결함이 있다고 해서 내년에도 그럴 것이라 생각하면 안 된다. 특히 아마존, 구글, 마이크로소프트 등 IT 공룡들이 심혈을 기울여 개발 중인 초거대 AI가 모두가 사용할 수 있는 수준으로 서비스된다면, 작은 기업들의 AI 기술 적용과 사용은 지금보다 수십 배 더 쉬워지고, 효과도 커질 것이다.

당연히 대기업의 AI 기술 공유는 순수한 사회 환원은 아닐 것이다. 더 많은 데이터를 수집해 더 나은 알고리즘을 만들고자 하는 욕망이 숨어 있기 때문이다. 하지만 변화하는 사회에서 새롭게 주어진 혜택을 외면할 필요는 없다. AI 소사이어티에서 기업은 데이터를 수집하고 모델을 개발하는 공룡이 되거나, 이들이 만든 기술을 활용해 다양한 영역에서 새로운 비즈니스 가치를 창출하는 강소 기업이 되면 된다.

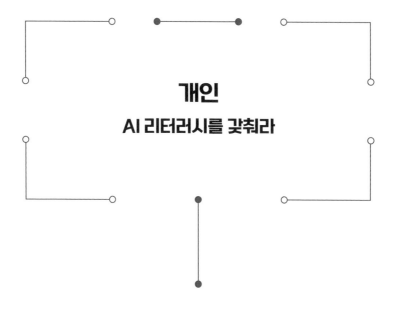

개인
AI 리터러시를 갖춰라

2012년부터 8년 동안 IBM을 이끌었던 버지니아 로메티 ^{Virginia Rom-}etty 전 회장은 AI를 잘 이해하고 사용할 줄 아는 사람들을 '뉴칼라 New Collar'라고 불렀다. 그는 2017년 세계경제포럼에서 "AI 시대에는 블루칼라(생산직 노동자)나 화이트칼라(전문 사무직)가 아닌 '뉴칼라'가 필요하다"라고 강조했다.

AI 소사이어티에서 누구나 AI를 자신의 업무나 일상 속에서 사용할 수 있다. 그렇기 때문에 AI 소사이어티에서 개인이 경쟁에서 뒤처지지 않으려면 반드시 'AI 리터러시^{AI literacy}(AI 문해력)'를 갖춰야 한다. AI 리터러시는 AI를 이해하고, AI 기반으로 결정을 하거나 업무를 할 수 있는 역량이다. AI 리터러시를 갖추지 못한 사람은 새로운 사회에서 사실상 문맹처럼 살 수밖에 없다.

AI 리터러시를 갖춘 인재를 양성하다

이미 세계의 수많은 아이들은 학교와 가정에서 AI 리터러시를 갖추기 위해 노력하고 있다. 유소년기의 교육에서는 수학을 필두로 물리, 화학 등에 집중하고, 논리적인 사고방식을 단련하는 것이 중요하다. 향후 AI 리터러시를 갖추기 위한 기초 체력을 기르는 과정인 셈이다. 미래에 AI 개발에 종사하고자 하는 아이라면 이공계 학문 지식을 더욱 체계적으로 다질 필요가 있다.

최근에는 여러 초중고교에서 'STEM Science, Technology, Engineering, Mathematics (과학, 기술, 공학, 수학) 교육'을 적극 도입하며 AI 리터러시를 갖춘 인재를 양성하는 추세다. 이공계 기초 학문에 집중하면서 프로그래밍이나 코딩 교육 등을 곁들이는 방식이다.

'중국의 실리콘밸리'라고 불리는 광둥성 선전시는 아예 학교에 AI 체험 교육을 도입했다. 2019년 4월 선전시는 초중학교 100곳을 선정해 AI 랩을 조성했다.[6] 랩 안에는 고사양의 컴퓨터, 전자 칠판, 3D 프린터, AI 스피커, AI 스피커와 연동되는 스마트 가전, 인간 모양의 AI 로봇, 조립식 AI 로봇, AI 글라스를 갖췄다. 이는 웬만한 전문 AI 교육 시설에 요구되는 수준이다. AI 랩에서 학생들이 받는 체험 교육은 완성도가 높은 편이다. 예컨대 학생이 음성 명령을 로봇 개발사 클라우드에 전송하면, 음성 인식 AI는 전달받은 음성 정보를 기계 언어로 변환시켜 로봇에 보낸다. 이를 통해 학생은 자신이 전송한 음성 명령에 따라 움직이는 로봇을 눈으로 보게 된다.

중국의 AI 대학 교육은 AI 기술자 육성에 방점을 둔다. AI 업계의 인재난이 심각한 만큼 졸업 후 곧장 일터에 투입될 수 있도록 실전 기술을 익히는 것이다. 세계 각국의 대학원은 AI 기술 개발의 메카로 변모하고 있다. 대기업과 정부가 예산을 대면서 대학원의 기술 개발을 전폭적으로 지원하고 있기 때문이다. 이로 인해 대학원이 출원하는 AI 관련 특허 역시 빠르게 늘어나는 추세다.

AI 리터러시=데이터 활용 능력+컴퓨팅 사고 능력

AI 리터러시를 갖추기 위해 개인은 여러 AI에 관해 배우고 다양한 방식으로 접해야 한다. 우리가 문해력을 갖추는 과정에서 수많은 책을 읽고, 글을 쓰며, 다양한 방식의 훈련을 받는 것처럼 말이다. AI 리터러시를 갖추기 위해 노력하는 과정에서 헤매시 않도록, 여기서는 2가지 능력을 집중적으로 키울 것을 제안한다.

첫째, AI의 원료인 데이터를 활용하고 분석할 줄 알아야 한다. AI는 수많은 데이터를 수집하고 분석하면서 성능이 향상되는데,

어떤 데이터를 학습하느냐에 따라서 그 특성이 달라진다. 데이터에 대한 개인의 이해도가 높을수록 AI의 결과물을 더 정확하게 이해할 수 있고, AI가 사전 학습하는 데이터를 적절하게 다듬어 최상의 결과물이 도출되도록 유도할 수 있다. 또한, AI가 우리에게서 어떤 데이터를 수집하고 가공하는지 정확히 알고 있으면, 중요한 개인 정보 등을 더 잘 보호할 수 있기도 하다.

둘째, 컴퓨터의 사고방식을 배워야 한다. 오늘날 AI가 탑재된 기계들은 인간의 사고방식을 따라 하며 인간의 언어로 우리와 소통하고 있지만, 우리 또한 기계와의 협업이 원활할 수 있도록 기계의 사고방식을 배울 필요가 있다.

기계의 사고방식을 배우는 방법은 곧, '컴퓨팅 사고력Computational Thinking'을 키우는 것이다. 구글은 컴퓨팅 사고력을 '문제를 어떻게 풀지 생각하는 컴퓨터의 방식'이라 간단히 정의하고 ① 분해, ② 패턴 인식, ③ 패턴 만들기(추상화), ④ 알고리즘 작성 4가지로 구성돼 있다고 설명한다. 즉, 문제를 나눠 생각하고, 데이터 안에 있는 패턴과 규칙을 찾아, 일반적인 규칙을 정의하고, 문제를 풀기 위한 방법을 알고리즘화하는 것이 바로 컴퓨팅 사고력이다.

컴퓨팅 사고력을 키우는 방법은 다양한데 코딩을 배우는 것도 하나의 방법이 된다. 물론 코딩을 배우는 것만으로 컴퓨팅 사고방식을 터득할 수는 없다. 그러나 코딩 학습이 컴퓨팅 사고력을 이해하는 기초 단계인 것은 분명하다. 개발자와 같은 전문가 수준까지 배우지 않더라도, 기초적인 프로그래밍 언어와 해당 언어를 활용한 알고리즘 문제 해결 등에 대해 배우는 것만으로 컴퓨팅 사고력을 키울 수 있다.

실제로 필자 주변의 다양한 배경의 전문가들은 AI 리터러시를 갖추기 위해 코딩을 배우고 있다. 외국계 기업에서 해외 영업을 담당하고 있는 지인은 "시대에 뒤처지는 것이 두렵고, AI에 대해 좀 더 이해하고 싶다"라며 코딩 공부를 시작했다. 최근에는 한 대기업의 CEO와 함께 식사하는 자리에서 그가 내게 (프로그래밍 언어인) '파이썬'을 배우고 있다고 말해 놀랐던 기억도 있다. 다양한 연령과 배경을 가진 사람들이 AI 리터러시를 키우기 위해 저마다의 노력을 기울이고 있는 것이다.

그러나 인간다운 모습은 반드시 지켜야 한다

AI 소사이어티는 개인에게 수많은 혜택과 기회를 제공하지만, 이와 동시에 개인의 정체성과 관련해 큰 도전 과제를 던져주는 사회다. AI가 제공하는 수많은 맞춤형 서비스에 둘러싸여 살면 개인의 인격과 지적 성장에 도움이 되는 자극과 도전을 놓칠 수 있고, 지나치게 유능한 AI와 함께 일하고 거주하면서 개인이 가진 고유의 장점과 특성을 발휘하지 못할 수 있기 때문이다. 특히 AI 소사이어티에서는 인간의 공감력, 포용력, 창의력이 도전받게 되는데, 이를 지키기 위해서 각별한 노력을 기울일 필요가 있다.

창의력

AI 소사이어티에서 인간은 'AI가 모든 것을 인간보다 더 훌륭하게 창조한다'는 느낌을 받게 된다. 인간을 더 이상 무엇인가를 만들고 혁신을 주도하는 존재가 아니라, 수용하고 협력하는 존재로 생각하게 되는 것이다.

그러나 AI 소사이어티에서도 당신이 창조하는 것은 충분히 그 가치를 인정받을 수 있다. 무엇보다 AI를 통해 현실 세계와 점점 더 비슷하게 변하고 있는 메타버스는 당신에게 거대한 창작의 공간과 자원을 제공할 것이다. 과거 유튜브가 세상에 처음 등장했을 때 많은 사람들이 그 진가를 알아보지 못했지만, 일부는 발 빠르게 창의력을 발휘해 새로운 양식의 콘텐츠를 만들었듯이 당신도 새로운 무대에서 창의력을 발휘할 수 있다.

메타버스가 아니더라도 당신은 다양한 일터와 삶의 공간에서 AI와 창의적으로 협력할 수 있다. AI는 당신에게 '스스로 움직이는 물감'이나 '알아서 형체를 바꾸는 점토'처럼 다루기 까다로울 수 있지만 분명 가능성이 무한한 창작의 재료가 되어줄 것이다.

포용력

AI 소사이어티에서 당신에게 모든 것을 맞춰주는 AI는 당신의 포용력을 앗아갈지도 모른다. 세상의 모든 것이 내가 원하는 것들로만 채워진다면, 내가 원치 않는 것, 싫어하는 것에 대한 참을성이 극도로 부족해지기 때문이다.

하지만 나와 다른 존재들과 어울려 사는 인간에게 포용력은 너무나 중요하고도 기본적인 능력이다. AI 소사이어티에서 사실 우리들은 더 많은 사람과 기계, 가상의 존재들과 어울려 살 기회를 얻게 되는데, 포용력이 부족하면 스스로를 고립시키는 결과를 초래하게 될 수밖에 없다.

생각의 오류나 잘못된 태도를 고치는 데도 포용력은 필요하다. 끊임없이 내가 가진 생각과 다른 이론이나 주장을 접하고, 이를 받아들이는 과정에서 더 입체적으로 세상을 인지하게 되고 편협한 생각을 벗어던질 수 있기 때문이다. 포용력을 포기한 인간은 자신의 입맛에 맞는 정보와 제한적인 경험에 둘러싸여 사실상 거짓된 삶을 살게 된다.

공감력

AI 소사이어티에서 AI는 타인에 대한 당신의 공감 능력을 무너뜨릴지도 모른다. 인간관계에 대한 의존성을 크게 낮춰 다른 사람의 마음을 이해하고, 공감할 필요를 못 느끼게 하기 때문이다. 과거 인간은 생존에 있어서 서로가 너무나 필요했기에 온 마음을 다해 함께 울고 웃으며 연대를 맺었지만, 오늘날 이런 끈끈한 인간관계는 벌써 흔하지 않은 것이 돼가고 있디.

공감 능력의 중요성에 대해서는 이미 많은 학자들이 강조해 왔다. 경제학자 제러미 리프킨Jeremy Rifkin은 저서 《공감의 시대》에서 인류의 역사는 경쟁이 아니라 연대와 공감으로 이어온 것이라고 주장한다. 21세기 인류의 역사를 주도하는 가장 강력한 에너지는 공감이고, 공감 능력이 뛰어난 '호모 엠파티쿠스Homoempartcus'가 무한 경쟁 사회를 협력의 사회로 바꿀 것이란 예측도 있었다.[7]

그렇기에 AI 소사이어티에서 당신이 지켜야 할 가장 중요한 것은 다름 아닌 공감 능력이다. AI 덕분에 수많은 것들과 '연결'됐지만, 정작 타인과는 멀어지는 이 사회에서 공감 능력은 인간을 인간답게 만들어주기 때문이다. 많은 사람들이 공감 능력은 타고나는 것이라고 생각하지만, 훈련을 통해서도 충분히 공감 능력을 키울 수 있다. 가장 많이 언급되는 방법으로는 고전 도서를 읽거나 훌륭한 영화와 드라마를 보는 것, 다양한 사람들과 토론하거나 대화하는 것 등이 꼽힌다.

21세기 초 많은 미래학자들과 기술 전문가들은 2020년까지 다양한 종류의 로봇과 AI가 일상생활에서 이용될 것이며 육체적인 일은 거의 완전히 로봇이 맡게 되리라 전망했다. 영국의 미래학자 이언 피어슨Ian Pearson은 20년 전에 "2020년 이전에 초인적인 수준의 지능을 가진 의식적인 컴퓨터를 만드는 것이 가능하다. 그 컴퓨터는 분명 감정도 갖고 있을 것"이라고 말했다. 그러나 피어슨은 2020년 CNN과의 인터뷰에서 "생각했던 것만큼 연구가 빨리 진행되지는 않았다"라고 말하며 지난 예측에 대해 해명했다.

《특이점이 온다》로 유명한 미래학자 레이 커즈와일Ray Kurzweil도 미래 예측에 틀린 적이 있었다. 2004년 그는 또 다른 저서《영원히 사는 법》에서 "소화관과 혈류에 들이긴 수십억 개의 작은 나노 로봇은 음식에서 우리가 필요로 하는 영양분을 정확하게 추출하고 나머지는 배출시킬 것"이라고 주장하며 2020년까지 식량 소비가 사라질 것이라고 말했다.

이들이 틀렸다고 조롱하고 싶은 것이 아니다. 다만, 기술이 사회에 미치는 영향을 정확하게 알 수 없다는 말을 하려는 것이다. 기술 발전은 선형적으로 이뤄지지 않으며, 사회 발전에 따라 인간이 원하는 것 역시 계속 달라지게 되기 때문이다.

그렇기 때문에 이 책은 AI 소사이어티에 대한 자극적인 예측은 최소화하고, 최대한 '현재 일어나고 있는 일', '이미 개발된 기술', '이미 상용화된 서비스' 등으로 AI 소사이어티를 묘사하고자 노력했다. 다행히 한발 앞서 AI 기술과 서비스를 삶과 일터에 적용한 '얼리 AI 어답터'들이 수많은 사례와 인사이트를 제공하고 있었기 때문에 이러한 작업에 어려움은 없었다. 미래는 이미 도래해 있었던 것이다.

AI 소사이어티는 최종 목적지가 아니다

AI 소사이어티의 미래에 대해 당돌한 예측은 하고 싶지 않지만, 분명히 아니라고 말할 수 있는 것들이 몇 가지 있기는 하다. 우선, AI 소사이어티는 인류의 최종 목적지가 아니다. 인류는 증기 시대를 거쳐 전기 시대로 이동했고, 전기 시대에서 정보 시대로 이동해왔다. AI 소사이어티도 인류가 이상향으로 향하는 길에 거쳐 가는 한 시대의 모습 중 하나다.

그리고 AI 소사이어티는 유토피아도, 디스토피아도 아니다.

오늘의 문제는 어제의 기술적 성공에서 비롯되고, 오늘의 문제를 해결하는 기술은 내일의 또 다른 문제를 초래한다. 케빈 켈리는 '과정Process'과 '진보Progress'라는 단어에서 유래한 '프로토피아Protopia'라는 개념을 사용해 우리가 디스토피아도 유토피아도 아닌 프로토피아를 향해 가고 있고, 이미 프로토피아에 와 있다고 주장한다. 그는 프로토피아가 새로운 혜택 못지않게 새로운 문제를 많이 일으키기 때문에 그 진보를 알아차리기 어렵다고 말한다. 그렇기에 AI 소사이어티에는 긍정적인 요소와 부정적인 요소가 엉켜 있고, 이를 쉽게 구분하기도, 딱 잘라 무엇이 좋고 나쁘다고 말하기도 어렵다.

마지막으로, AI 소사이어티가 왔다고 해서 모두가 기술을 찬양할 필요는 없다. 누군가는 우려하고, 항의하는 역할을 맡아야 한다는 얘기다. 전기는 인간에게 매우 유익한 기술이지만, 동시에 잘못 다룰 경우 각종 감전 사고를 일으키는 등 치명적인 위험을 초래한다. AI도 이와 다르지 않다. 그렇기에 AI 소사이어티를 더 나은 사회로 만들기 위해서는 구성원들이 AI 기술을 이해하고 포용하는 동시에 끊임없이 각종 문제를 제기하며 토론하는 자세가 필요하다. 두려워할 필요는 없지만 경계할 필요는 있는 것이다.

2022년 1월,
김태헌·이벌찬

| 주 |

Part 1 · 우리는 이미 AI 소사이어티에 살고 있다

<u>1</u> "AI 시대, 가장 주목해야 할 나라 한국… 구글도 네이버를 라이벌로 생각", 《조선일보》, 2021.08.24.

<u>2</u> Erik Brynjolfsson·Daniel Rock·Chad Syverson, 〈Artificial Intelligence and the Modern Productivity Paradox: A Clash of Expectations and Statistics〉, NBER, 2017.11.

<u>3</u> "A Special Town Hall Event with Google and YouTube", MSNBC, 2018.01.19.

<u>4</u> "Emotion recognition: can AI detect human feelings from a face?", 《Financial Times》, 2021.05.12.

<u>5</u> "강의실엔 교수도 교과서도 없지만… AI 대학, 하버드 아성 흔든다", 《조선일보》, 2021.05.11.

<u>6</u> "중국 '온라인 거래 새 강자' 핀둬둬, 비결은 AI", 《한국일보》, 2018.07.22.

<u>7</u> "核心电商企业的分析框架与拼多多三分天下的商业逻辑", 《东吴证券》, 2021.12.23.

<u>8</u> "20년 쌓아올린 알리바바 제국, AI 무장 新生기업에 추월당했다", 《조선일보》, 2021.04.28.

<u>9</u> "코로나가 바꾼 스타벅스 매출… 출근길 커피 줄고 가족 메뉴 인기", 《매일경제》, 2021.04.28.

10 "Amazon's Automated Checkout Is Coming to Full-Size Supermarkets", 《Bloomberg》, 2021.04.22.

11 "스마트 방석이라더니… 근무시간·앉은 자세까지 감시한 회사", 《조선일보》, 2021. 01.06.

12 "노트북에 '제3의 눈' 심어… 직원 엿보는 中 테크기업들", 《조선일보》, 2021.07.02.

13 "AI가 바꿔놓은 재택근무의 세계", 《한국경제》, 2021.07.29.

14 "The computers rejecting your job application", BBC, 2021.02.08.

15 "입꼬리 올리면 경멸, 찡긋하면 짜증… AI 면접관은 다 알아챈다", 《조선일보》, 2021.07.04.

16 "테슬라 '완전 자율 주행' 출시로 본 자율 주행 현주소", 《매일경제》, 2021.11.03.

17 "피닌파리나, 독특한 공간 구성이 돋보이는 '테오레마 컨셉' 공개", 《한국일보》, 2021.07.22.

18 "하루 10시간 '지루함'과 사투… 자율 주행 자동차 운전자의 삶", 《머니투데이》, 2018.04.03.

19 "아바타 은행장이 말했다 '어서 타, 메타버스'", 《조선일보》, 2021.07.13.

20 "재무 관리도 사람보다 AI가 더 낫다… 5년 내 전문가 대체할 것", 《한국경제》, 2021.02.16.

21 "Would you let a robot lawyer defend you?", BBC, 2021.08.15.

22 "The android priest that's revolutionizing Buddhism", CNN, 2019.08.29.

23 "12년 전 단종된 로봇개 '아이보' 장례식 봇물… 800마리 거쳐갔다", 《아시아경제》, 2018.05.05.

Part 2 · AI 소사이어티의 3가지 특징

1 "상품 찾으러 에쓸 필요 없는 '무노력 점포' 등장", 《조선일보》, 2021.04.28.

2 "AI powered marketing: A 5-stage path to success", 《Forbes》, 2021.09.24.

3 "디지털 전환에 미래 달렸다… 글로벌기업 85% AI 활용", 《한국경제》, 2021.10.24.

4 Mary Meeker, 〈2018 Internet Trends Report〉, Kleiner Perkins, 2018.03.31.

5   Manuel Castells, 《Rise of the Network Society》, tmecca, 1996.

Part 3 · AI 소사이어티의 5가지 혜택

1   "이 동네 고객 40%가 혼밥… 빅데이터가 알려주네", 《조선일보》, 2021.03.16.

2   "Artificial Intelligence may diagnose dementia in a day", BBC, 2021.08.10.

3   "오늘 밤 당신 동네 범죄… AI는 이미 알고 있다", 《한국일보》, 2021.09.18.

4   "쿠팡 로켓배송의 비밀은? 개발자 콘퍼런스 들어보니", 《이데일리》, 2020.12.11.

5   "반려동물 감정 번역기부터 로봇펫까지 지금은 펫테크 전성시대", 《매일경제》, 2021.03.09.

6   "日 편의점 업계, AI 활용해 '버려지는 음식' 줄인다", 《한국일보》, 2021.01.03.

7   "Georgia researchers have designed this AI-powered backpack for the visually impaired", 《Washington Post》, 2021.04.10.

8   "포춘 글로벌 500, 데이터로 쌓아 올린 핑안보험의 성", 《포춘코리아》, 2019.

9   Chang L·Tsao DY, "The Code for Facial Identity in the Primate Brain", *Cell*, Vol.169, Issue 6, 2017.

10 "Now We're Talking: How Voice Technology is Transforming Computing," 《The Economist》, 2017.01.07.

11 "지구 최강 인공지능 인터뷰… 거짓말도 지어냈다, 섬뜩했다", 《조선일보》, 2020.09.06.

12 "美 빅테크 다음 전쟁터는 헬스케어… 원격의료 확대하는 아마존", 《한경글로벌마켓》, 2021.09.05.

13 "말만 하면 문서로… 직장인들 '내 인생 최고 AI'", 《조선일보》, 2021.09.03.

14 "끔찍한 기억 또 묻지 않도록… 성폭력 피해 조서 AI가 쓴다", 《서울경제》, 2020.12.14.

15 "콜센터 전화하니 AI 상담로봇이… IT, 통신업계 '13조 시장' 쟁탈전", 《조선일보》, 2021.09.17.

16 "영상은 애니메이션으로, 글은 웹툰으로… AI가 바꿔드립니다", 《조선일보》, 2021.08.19.

Part 4 · 유토피아인가 디스토피아인가

1   "섬뜩하지만 효과는 최고… 시위참가자 위치 추적해 선거운동", 《조선일보》, 2020. 06.15.

2   "China makes 'world's largest satellite image database' to train AI better", 《South China Morning Post》, 2021.04.30.

3   "미국인 '해외고용보다 AI가 미 일자리 위협'", 《매일경제》, 2018.03.12.

4   "편견·차별 부르는 AI 알고리즘… 해법은 있을까", 《한겨레》, 2019.10.27.

5   "비디오판독이 알려준 AI 시대 생존법", 《한겨레》, 2019.06.17.

6   "Why IBM Built An AI Avatar To Answer Questions About Marine Litter", 《Forbes》, 2020.08.10.

Part 5 · AI 소사이어티에서 승자가 되는 법

1   Daniel Castro·Michael McLaughlin·Eline Chivot, 〈Who is Winning the AI Race: China, The EU or The United States?〉, ITIF, 2019.08.19.

2   리즈후이, 《데이터를 지배하는 자가 세계를 지배한다》, 더봄, 2019.

3   "Chinese, US Scholars Jointly Develop AI Model to Improve Diagnosis of Sick Children", 《South China Morning Post》, 2019.02.13.

4   Nigel Cory·Luke Dascoli, 〈How Barriers to Cross-Border Data Flows Are Spreading Globally, What They Cost, and How to Address Them〉, ITIF, 2021.07.19.

5   Jacques Bughin·Jeongmin Seong·James Manyika·Michael Chui·Raoul Joshi, 〈Notes from the AI frontier: Modeling the impact of AI on the world economy〉, McKinsey Global Institute, 2018.09.04.

6   "關於濼溪學校參與 '中小學人工智能敎育項目'", 《貴驗工作的通》, 2019.07.10.

7   "인공지능시대, 공감능력이 경쟁력이다", 《전북도민일보》, 2019.10.23.

AI 소사이어티

스마트 인류가 사는 세상

초판 1쇄 발행 2022년 1월 24일

지은이 김태헌 · 이벌찬
펴낸이 성의현
펴낸곳 (주)미래의창

편집주간 김성옥
편집진행 안대근
디자인 공미향
홍보 및 마케팅 연상희 · 김지훈 · 김다울 · 이희영 · 이보경

출판 신고 2019년 10월 28일 제2019-000291호
주소 서울시 마포구 잔다리로 62-1 미래의창빌딩(서교동 376-15, 5층)
전화 070-8693-1719 **팩스** 0507-1301-1585
홈페이지 www.miraebook.co.kr
ISBN 979-11-91464-69-6 03320

※ 책값은 뒤표지에 있습니다. 잘못된 책은 바꿔 드립니다.

생각이 글이 되고, 글이 책이 되는 놀라운 경험. 미래의창과 함께라면 가능합니다.
책을 통해 여러분의 생각과 아이디어를 더 많은 사람들과 공유하시기 바랍니다.
투고메일 togo@miraebook.co.kr (홈페이지와 블로그에서 양식을 다운로드하세요)
제휴 및 기타 문의 ask@miraebook.co.kr